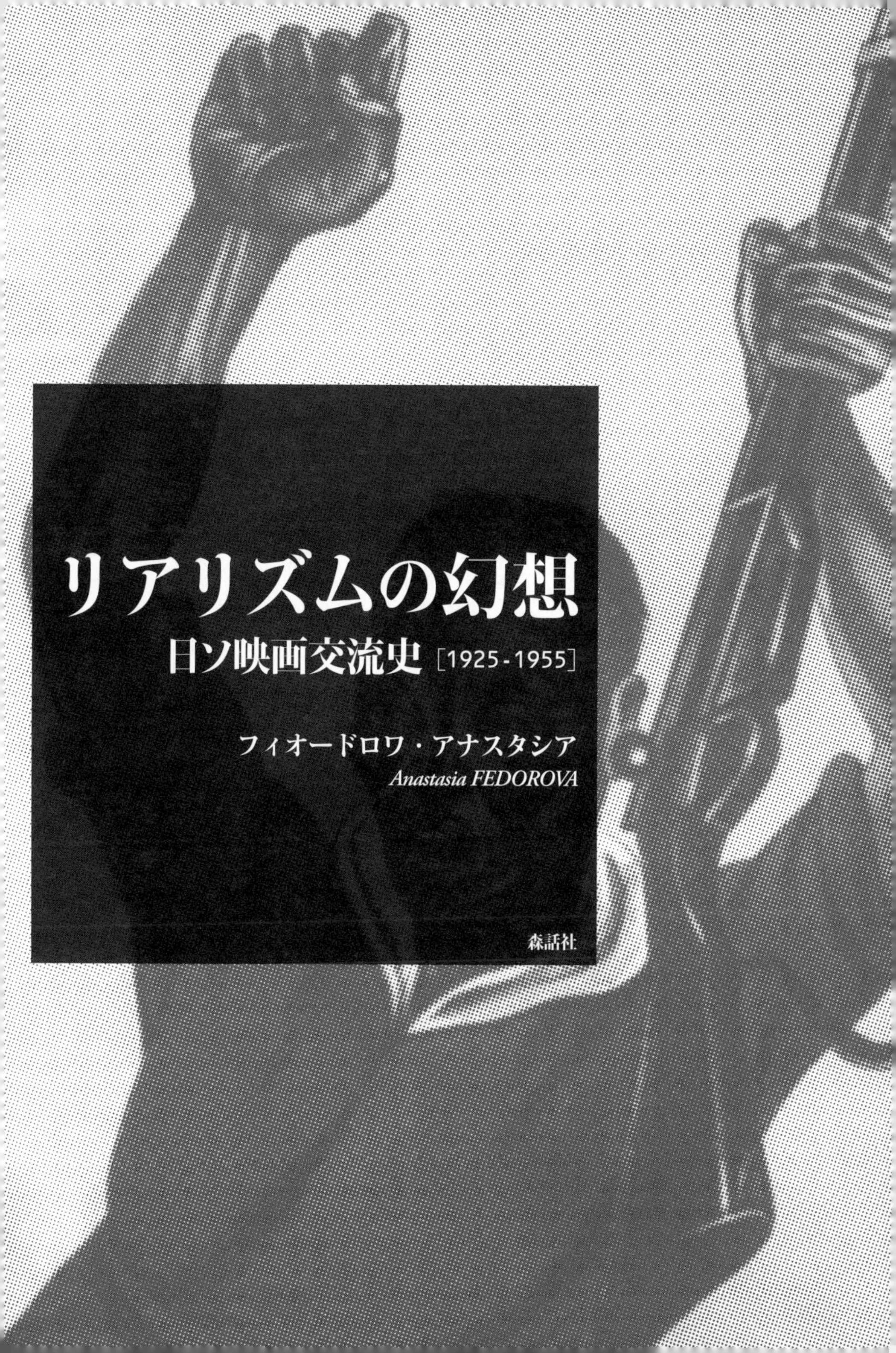

リアリズムの幻想

日ソ映画交流史［1925-1955］

フィオードロワ・アナスタシア
Anastasia FEDOROVA

森話社

映画世界社と東宝株式会社によって企画された「ヨーロッパ映画祭」の様子。1948 年 11 月 30 日から 12 月 5 日にかけて開催されたこのイベントでは、イギリス、フランス、そしてソビエトの映画にまつわる資料が展示された。

目次

［凡例］

- 映画作品、書籍、新聞、雑誌は『 』、音楽作品は《 》、論文、小説などは「 」で括った。映画作品は、各章の初出に製作年を付した。引用文中の筆者の補足・注記は〔 〕で括った。
- 日本語文献の引用については、特定の固有名詞をのぞき旧漢字は新漢字に改め、仮名遣いは概ね原文のままとした。
- 外国語文献の引用については、特に注記のない場合は著者による翻訳である。

はじめに

本書は、日本とロシアの映画史を扱う。映画という二〇世紀を代表する視聴覚メディアが輝かしい発展を遂げた、一九二〇年代から一九五〇年代後半に焦点を当て、日本とロシアにおける文化交流の歴史を考察する。現在のロシアがまだソビエト連邦と呼ばれていた当時、両国の映画史にはどのような接点があり、またその交流を動機付けていたのは何だったのか。両国の映画人や観客は、互いをどう受け止め、相手から何を学び取ろうとしたのか。これらの問題を、日ソ間における映画知識の共有、映画作品の相互受容、合作映画への試みを分析しながら検討する。

日ソ両国の映画史を扱う本書は、ロシア人である筆者が日本研究の一環として始めたものだった。ソビエト映画との関わりを一つの軸に、日本映画の発展を辿っていけば、何か新たな発見が出来るかもしれない。そう考えたのが研究の始まりであった。国境をまたいでの文化交流は、人間同士のコミュニケーションにもよく似ている。対話の相手は、そのときどきの関心によって変化し、対話の形もまた、相手次第でガラッと変わる。普段の行動や姿形からは全く想像がつかないような性格の一面が、他者との交流のなかで初めて明らかにされることだってある。日本の映画界は、様々な理想や不安、そして矛盾などを抱えながら、時代とともに変化してきた。ソビエトとの対話は、そうした日本映画の発展を映し出す鏡である。

もちろん、ソビエト映画との対話だけが、そうした機能を果たしている訳ではない。他の国との交流の軌跡もまた、日本映画の研究に新たな視座を与えてくれる。「他者」との比較は、「自己」の特異性を際立たせる有力なツールだ。二〇世紀の後半にかけて、飛躍的な発展を遂げた学問領域としてのジャパニーズ・フィルム・スタディーズが、日本映画と外国映画の関係に特別な関心を注いできたのは、そのためであろう。フランスの映画学者であるノエル・バーチは、その代表作である *To the Distant Observer: Form and Meaning in the Japanese Cinema*（一九七九）のなかで、戦前から戦中にかけて日本で製作された映画作品を古典的ハリウッド映画と対比させることで、西洋の支配的コードに対する日本映画独自の「抵抗」を見出した。[†1] バーチの本は、日本映画の通史として今なお世界で読まれ続けている一方で、そのオリエンタリズムに対する批判も強固である。バーチの著作に見られるような理想化された歴史認識に大きな打撃を与えたのは、山本喜久男の『日本映画における外国映画の影響――比較映画史研究』（一九八三）である。日本映画の草創期から一九四〇年代に入る頃までの映画言説を網羅的に調査し、戦前の日本で活躍した批評家たちの証言に綿密な言説分析を施した山本は、アメリカやヨーロッパにおける映画製作の影響を受け入れながらも、独自な発展を遂げてきた日本映画の姿を浮き彫りにしている。[†2] 二〇〇〇年代に入ってからの日本映画研究に重要な方向性を与えたアーロン・ジェローは、日本映画における外国映画の影響を直接扱ってはいないが、「日本映画」をめぐる言説そのものに着目することで、「西洋の眼差し」を内面化することに拘り続けた日本映画の歩みを明らかにしている。[†3] 最近では、日本と東アジア諸国の映画交流に重点を置く研究も活況を呈している。[†4]

　本書では、これらの先行研究を踏まえたうえで、日本映画の研究に「対ソビエト」という新たな視点を加えたい。というのも、日本とソビエトの映画交流史に焦点をあてた研究書は、これまでに存在しなかった。[†5] これは、決して二国間における接点が少なかったからではない。本書のなかで詳しく取り上げる事例以外にも、例えば黒澤明によるロシア文学の映画化や、セルゲイ・エイゼンシテインの日本文化に対する深い関心は、世界的に有名である。黒澤明は一九七五年に『デルス・ウザーラ』*Дерсу Узала* という日ソ合作映画をソビエトのモスフィルム撮影所で製作しており、一九三〇年代の初頭には、セルゲイ・エイゼンシテインも同様に日本の松竹から映画製作の依頼を受けていた。[†6] 戦前の日本映画界におけるソビエト・モンタージュへの強い関心は、日ソ間における文化交流を専門的には扱っていない映画学の研究でも、頻繁に取り上げられてきた。[†7] 一九〇四年に勃発した日露戦争は、日本における記録映画の発展に注目すべき影響をおよぼし、両国間における映画交流を促すことにもなった。一九一三年のロシアでは、『日本少女の恋』*Любовь японки*（ヤコフ・プロタザーノフ、カイ・ハンセン共同演出）という、日露戦争を背景に繰り広げられるメロドラマが製作されているが、これには彫刻家オーギュスト・ロダンのミューズにもなった女優、太田花子が出演しており、日本映画では女形の起用がまだ一般的であった一九一〇年代に、日本人の女優が国外で映画デビューを果たした珍しい例の一つとなった。

日本とソビエトにおける映画交流の研究を妨げてきた最大の要因は、イデオロギー的なものであった。映画研究が学問として本格的な成長を遂げた二〇世紀後半は、米ソによる冷戦構造が確立された時代でもあった。西側陣営に組み込まれていた日本において、ソビエトやロシアの文化・歴史に関する研究は極端に政治化され、執筆者のイデオロギーを表明するツールと化していた。こうした時代が産み出したソビエト映画に対する言説には、客観性を欠いているものが少なくない。一九五九年に書かれた今村太平の論文「ソビエト映画の影響――戦前の回想」は、親ソ的な知識人によく見受けられる、ソビエト文化の重要性や影響力に対する過大評価が表れている。今村は、戦前の日本で僅か数十本しか公開されなかったソビエト映画を「日本映画にもっとも深い影響を与えた外国映画」として位置付け、小津安二郎の映画作品にも、ソビエト的な「絵画的構造と叙情」を見出している。[†8] これと対極の関係にあるのが、一九七七年に刊行された佐藤忠男の『日本映画理論史』

である。「現場の一流の監督たちはモンタージュ論をほとんど相手とせず、むしろそこから遠いところで傑作をつくっていた」と言い切る佐藤は、ソビエト映画の影響力ばかりでなくモンタージュ理論に対しても相当の反感を抱いていたようである。[†9]『日本映画理論史』の「あとがき」には、そうした彼の思想が反映されている。

外国の映画理論の紹介を専門にしている日本の映画美学者の著書のなかには、日本にはかつて学ぶに足る映画理論や映画評論はなかったかのようなことをこともなげに書いたり、長い間、モンタージュ理論だけが唯一の映画理論として日本の映画界を支配していたかのようなことを書いたりしているものもある。もし私のこの本がそのような浅はかな放言を止めさせ、われわれの先輩たちの業績に対する正当な関心を甦らせることになれば幸いである。[†10]

冷戦下のイデオロギー対立に縛られることなく、ソビエト映画の「影響」を論じようと試みたのは、先述した山本喜久男の『日本映画における外国映画の影響』である。ソビエト映画が公開された当時の日本の映画人や評論家による言説を集めた山本の大著はしかし、戦後の日本でソビエト映画を研究することの難しさも十分に伝えている。各章や節のタイトルは、「日本におけるドイツ表現主義映画」や「日本におけるフランス印象主義映画」、「アメリカ父性愛映画の影響と展開」というように、特定の芸術潮流や映画ジャンルばかりでなく、それを生み出した国名も明示している。ところが、ソビエト映画の影響を扱った第一一章だけは、「モンタージュと無声期の日本映画」というタイトルが付けられている。社会主義を連想させる「ソビエト連邦」を目次から外すことで、山本は「モンタージュ」をイデオロギーと無縁な、形式主義的な手法として位置付けようとしていたのではないだろうか。

アメリカにおける社会主義リアリズム研究の古典とされる*The Soviet Novel: History As Ritual*（一九八一）の冒頭において、著者のカテリーナ・クラークは、自身の研究テーマを同僚に打ち明ける際に生じた「ぎこちない沈黙」を率直かつユーモラスに描き出している。[†11] スターリン体制下のソビエトで公式に認められていた唯一の芸術潮流である社会主義リアリズムは、ソビエトの文学ばかりでなく、美術や演劇、音楽や映画の領域においても採用された。クラークが研究していた文学作品は、社会主義建設や、それを担う主人公のイデオロギー的な目覚め、良き共産党員としての成長を描く内容が殆どで、レフ・トルストイやフョードル・ドストエフスキーといった文豪たちが生みだしてきた傑作と比べられるような、芸術性や表現力、哲学的メッセージを持つ作品ではなかった。冷戦下の欧米諸国において、社会主義リアリズムは決して学者に人気のある題材ではなく、それを研究対象に選んだクラークのイデオロギー的立場に戸惑う者もいれば、彼女の研究が持つ学術的意義を疑う者もいただろう。

日本とソビエトにおける映画交流史研究もまた、これと同等の扱いを受けることがある。一九一九年の国有化以来、ソビエトの映画産業は共産党の直接的な支配下にあり、その内容とスタイルは厳しいイデオロギー統制を受けてきた。戦前戦後の日本でそうしたソビエト映画との対話に従事してきた人々のなかには、何らかの形で左翼思想に関心を抱いていた者は少なくない。日ソ間における映画交流史研究に挑むことは、「左翼的な日本映画」の歩みを追究することでもある。執筆者のイデオロギー的信念が問われる可能性の高いこうした研究は、日本の学術界のなかで長年敬遠され続けてきた。しかし、一九五〇年代に台頭した独立プロ映画を含む左翼的な文化運動は、戦後の日本を形作る重要なアスペクトであり、その影響は現在の日本社会にも受け継がれている（二〇〇〇年代に起こった『蟹工船』ブームは記憶に新しい）。冷戦構造が崩壊してから三〇年近くが経つ現在、日本における左翼的な文化運動を巡る調査は、初めて研究者個人のイデオロギー的立場と切り離したうえで遂行することが可能になってきている。このことを証明するかのように、アメリカでは去年、独立プロ運動のリーダー的存在であり、共産党員でもあった山本薩夫の自伝が翻訳出版され[†12]、日本でも戦後に台頭した生活記録運動や、国民的歴史学運動、うたごえ運動の研究が充実してきている。[†13]

冷戦構造の崩壊とともに生まれた研究の新たな可能性を活かし、本書では日本とソビエトにおける映画交流史のより包括的な理解を目指す。これまでの日ソ映画交流史研究が、ソビエト映画の黄金期とされる一九二〇年代に台頭したモンタージュ理論の紹介・受容の考察を中心に進められてきたのに対して、本書では、日本におけるソビエトの音声映画や、戦後から影響力を増す社会主義リアリズム、さらには戦前戦後のソビエトにおける日本映画の受容も研究の対象としている。冷戦の終了は、イデオロギー的に「ニュートラル」な立場で行う研究の可能性を広めると同時に、日ソ間の交流を裏付ける一次資料へのアクセスをも比較的容易なものにした。本書のなかで紹介する研究の成果は、ペレストロイカ以降に初めて閲覧可能となったロシア公文書館のアーカイヴ資料や、戦後の日本で自ら左翼運動に携わってきた映画関係者などのプライベート・コレクションの調査を通して得られたものである。[†14]

両国間における映画交流の歴史を、三〇年という比較的長いスパンで見つめていくなかで浮かび上がってくるのは、「リアリズム」という鍵概念である。互いの経験から学ぶ必要性を主張するにあたって、日本とソビエト双方の映画人が繰り返し強調してきたのは、相手国の映画が保持するリアリズムだった。リアリズムという概念が持ちうる解釈の多様性は、ここで繰り返し強調するまでもない。一九五〇年代のアメリカやヨーロッパへ本格的な進出を果たした日本映画に対して、欧米の批評家たちは好んでリアリズムという言葉を用いたが、それに込められていた意味は必ずしも一貫していた訳ではない。フランス・ヌーヴェルヴァーグを理論的に支えた『カイエ・デュ・シネマ』の初代編集長で、リアリズム映画論の生みの親とされるアンドレ・バザンは、溝口健二監督のロング・テイクに日本映画のリアリズムを見出し、同時代のフランスで活躍していた映画評論家のジョルジュ・サドゥールや、俳優のジェラール・フィリップは、日本の左翼的な映画人が作り出した社会派の映画作品群を論じる際に"néoréalisme Japonais"という言葉を用いた。[†15] 一九五〇年代のフランスという限定された時空間においても、何をリアリズムの条件とみなすかは、個々の論者によって大きく異なっていた。日本やソビエトの映画人がリアリズムという言葉に託してきた意味も、時代とともに変化してきたが、リアリズムという概念に対する、両国の強い拘りは、時代の流れに左右されることなく、一九二〇年代から一九五〇年代の後半にかけて不変であった。一九二〇年代の日本で公開された記録性に依拠したソビエト映画も、一九五〇年代のモスクワやレニングラードで劇場公開を果たした日本の独立プロ映画も、相手国の活字メディアでは、リアリズムを象徴する作品として称賛されてきた。国際主義から民族主義へ、芸術におけるアヴァンギャルドから全体主義へ、両国の映画製作を取り巻く環境が大きく変動するなかで、双方のリアリズムに対する期待は一貫して強かった。[†16] 本書では、この現象を探るにあたって、ソビエトの記号学者であるユーリ・ロトマンが提示した理論的枠組みを応用する。

タルトゥ学派の創始者であるユーリ・ロトマン（一九二二―一九九三）は、ロシア文学の研究を行うかたわら、西洋とロシアにおける文化交流史の研究にも尽力し、その過程で「文化の対話」（культурный диалог）という概念を打ち出した。ロトマンは、文化交流を行う当事者の力関係が絶えず変化することを強調し、文化的影響を「受信する」側が、そうした影響を「発信する」側へと発展していくことの必然性を説いた。人間同士の会話にも似て、文化による対話は「聞く」と「話す」の繰り返しである、などとイメージすれば分かりやすいだろう。ロトマンによると、異文化同士の交流にはおおよそ五つの段階があり、それらを順番に辿っていくことで、文化的影響力の「受信者」と「発信者」の立場は逆転し、異文化同士の「対話」が成り立つ。

ここでは、記号論の専門用語に親しみがない読者にも分かりやすいように、文化的影響力を発信する側をA、それを享受する側をBとして、ロトマンが提示するモデルの五つのステージを紹介する。

①文化圏Aで生み出されたテクストは、文化圏Bに持ち込まれる。この初期の段階において、外から入ってくるテクストは、その「異質性」を保っており、翻訳の過程を経ずに、「外国語のままで」紹介されることも多い。外から持ち込まれたテクストは「誠実で、美しく、神聖」なものとして称賛され、もとからBに存在したテクストは「粗悪」で「野蛮な」ものとして「最低の評価」を受ける。文化圏Aが生み出すテクストと、それを織りなす言語は、「文化」そのものの象徴として称えられる。

②文化圏Aで創出されるテクストの翻訳、加工、適応化が進む。テクストとともに持ち込まれた文化圏Aの支配的コードが、Bの文化に溶け込む。外国への憧れ、自国の文化に対する恥じらい、それを軽視する傾向は緩和される。

③文化圏Aのテクストを通して文化圏Bにもたらされた世界観の上位概念を、「特定の国民文化」（Aの文化）から切り離そうとする意欲が芽生える。上位概念に対する文化圏Aの理解は乏しく、文化圏Bのなかでのみ、それは正しく解釈され、実現されうるとの認識が強まる。文化圏Aに対する敵意が煽られ、そのテクストに内在する価値観は、文化圏Bに特徴的なものとして再提示される。

④Aのテクストは、完全にBの文化に溶け込む。文化圏Bが新たに創出するテクストは、文化圏Aのなかで生み出されてきたものを明らかに意識していながらも、それらとは全く違った、独自な構造を持つモデルとして称賛されるようになる。

⑤文化圏Bで新しいテクストが続々と生まれ、文化圏Aを含む世界各地にそれが発信される。外からの影響力を受信する側にあったBが、それを積極的に発信するようになる。[†17]

ロトマンが研究の対象としていたのは、中世から一九世紀にかけての西洋諸国とロシアにおける文化交流の歴史（キエフ・ルーシにおけるキリスト教の導入、ピョートル大帝の西欧化政策、トルストイやドストエフスキーによる古典文学の外国語への翻訳・受容）だが、彼が導き出した理論的アプローチは、日本とソビエト間における映画交流史研究にも適用可能である。

ロトマン自身も認めているように、「対話」に臨む者同士は、必ずしも五つの段階全てを通過する訳ではない。彼が提示するのはあくまで一つのモデルである。ロトマンの理論はまた、「中心」─「周縁」の二項対立に依拠し、対話に応じる異文化同士の関係が、対等でないことを示唆している。影響力の発信者は文化的空間の「中心」にあり、その影響を享受する者は、同じ文化的空間の「周縁」に位置するというのだ。しかし、我々はいったい何を基準に、ある文化の「中心性」や「周縁性」を語れるのだろうか。異なる文化圏に無理やり上下関係を押し付けるような議論は、一歩間違えれば極端なエスノセントリズムや、排他主義にも繋がりかねない。こうした弱点を抱えつつも、ロトマンが提示するモデルは、異文化による交流を、より大きな歴史のなかで捉え直すにあたって極めて有力なツールである。そのままでは混沌とした印象を与える、日ソの映画史における様々な接点は、ロトマンのモデルに当てはめることで、一つの一貫した流れを持つ「対話」のプロセスとして浮かび上がってくる。一九二〇年代後半から一九三〇年代初頭にかけて、日本の知識層の間で関心を集めていたソビエト映画の「記録性」は、日本の社会構造や文化的特質、その歴史的コンテクストに応じた変化をともない、映画製作や映画評論における具体的な手法として日本の映画界に根を下ろしたのち、一九五〇年代半ばにソビエトへ「逆輸入」され、日本映画のリアリズムを象徴する要素として受け止められた。

全五章からなる本書では、一九二〇年代から一九五〇年代後半までの日ソにおける映画交流を年代ごとに考察していく。I章では、ソビエトとの国交が樹立された一九二五年以降の日本における無声ソビエト映画の公開・受容を扱う。一九二〇年代後半から一九三〇年代初頭の日本において、ソビエト映画が「リアリズム」という概念と連想されるようになった主な要因が挙げられ、戦前の日本でソビエト映画の上映を支えた全ソ対外文化連絡協会（ＢＯＫＣ《ヴォクス》）の内部資料をもとに、ソビエト連邦が戦前の日本で展開していた文化政策の様相が明らかにされる。戦前の日本で公開されたソビエト映画のなかでも、特別な影響力を発揮していたのは「紀行映画」と呼ばれる一連の作品群であった。満州事変以降に目覚しい発展を遂げた日本の記録映画は、アジアや極東への探検を描くソビエト映画をどの程度意識していたのか。日ソの記録映画作品における樺太（サハリン）の描写に着目し、同じ地理的空間を異なるイデオロギーの観点から描く作品を研究対象とすることで、両国の映画製作スタイルや政治的イデオロギー、文化政策における違いを浮き彫りにしていく。

Ⅱ章では、日本の知識人がソビエト映画のリアリズムに対して抱いていた期待が、ソビエトとの合作映画『大東京』*Большой Токио*（一九三三）の製作・公開を通していかに実現され、また裏切られてきたかが解明される。これまでは現存しないものと考えられていたトーキー映画『大東京』のフィルムにテクスト分析を施し、日本とソビエト双方の活字メディアにおける受容を考察することで、両国が合作に挑んだ背景や、それが失敗に終わった要因を明らかにしていく。Ⅲ章は、日本を代表する記録映画作家で、ソビエトへの留学経験を持つ、亀井文夫（一九〇八—一九八七）の芸術活動を研究対象としている。亀井が生みだしてきた映画作品や、映画作りに対する発言を、ソビエト映画人のそれと比較考察することで、一九二〇年代のソビエトで台頭したモンタージュや、記録映画に対する認識が、戦時下の日本でいかに再解釈されていったかを探求していく。亀井の映画作品と、ソビエト・アヴァンギャルドとの連続性・相違を明らかにしたうえで、一つの映画作品に複数のイデオロギー的観点を共存させてきた亀井独自のモンタージュ美学に光を当てていく。

Ⅳ章では、占領期およびその終了直後の日本におけるソビエト映画の受容が考察される。この時期の日本で公開された、社会主義リアリズム映画の内容とスタイルは、戦前の日本で話題を集めていた「記録性」に重点を置くソビエト映画とは、大いに異なるものだった。これらの作品はしかし、占領期に抑圧されていた日本の愛国心に訴えることで、多様な観客層からの人気を得ることが出来た。社会主義リアリズムの規範に基づく映画の公開を支持してきた日本の左翼的な批評家たちは、過度にイデオロギー的で単純化されたソビエト映画の短所を充分に理解していながらも、ソビエトが提示する国民参加型の映画製作や、「明るい」未来を視覚的に想像することで、その到来を近付けようとする姿勢に強い共感を覚えた。Ⅴ章では、亀井文夫の劇映画『女ひとり大地を行く』（一九五三）を例に、ソビエトで生まれた社会主義リアリズムの諸特徴が、戦後日本の文化的・政治的ニーズにあわせて、いかなる変化をともない、左翼的な独立プロ映画のなかで応用されてきたかを追跡する。戦前のソビエトで支配的だった日本映画に対するオリエンタルな眼差し、リアリズムの概念からは程遠いナショナル・シネマとしての日本映画のイメージを明らかにしたうえで、映画『女ひとり大地を行く』のソビエト公開にあたって、それが大きく覆されていった過程を照らし出す。また、社会主義リアリズムからの影響と見受けられる要素、その規範から大きく逸脱する要素を併せ持っていた亀井の劇映画が、雪解け期におけるソビエト映画の復活を予期するシグナルとして機能していた事実も明らかにしていく。

本書で扱う日ソ映画交流史の事例は、ロトマンが提示する五段階モデルのそれぞれ異なるステージに相応する史実として解釈することが可能である。対話初期の段階で、外国から入ってくるテクストを「誠実で、美しく、神聖」なものと見なす一方で、国内で創出されたテクストを、「文化的でない」ものとして非難する傾向は、本書のⅠ章とⅣ章で取り上げる、戦前戦後の日本におけるソビエト映画の受容に特徴的であった。ソビエトから入ってくるサイレントの記録映画や、社会主義リアリズムに依拠した作品は、日本で作られる映画作品よりも遥かに優れたものとして讃えられ、その独自な内容とスタイルは、日本の映画人には決して真似できない、「翻訳」が効かないものとして論じられてきた。ロトマン・モデルの第一の段階が、戦前と戦後の二回に分かれていたのは、一九三七年から一九四六年にかけて、ソビエト映画の輸入が中断されていたことと、日本に入ってきていたソビエト映画の性格そのものが、戦前と戦後で劇的に変わっていたことと関係している。

外国から入ってきたテクストの翻訳、加工、適応化が進む第二の段階に当てはまるのは、合作映画『大東京』の事例である。ソビエトとの共同製作を望んでいた日本の知識人は、ソビエト映画に特徴的なモンタージュ技法や、マルクス主義的なスタンスを日本の映画製作に応用することで、日本のより現実的な姿を、世界各地に通用する言語で発信出来ると確信していた。ソビエト映画に世界的な知名度をもたらした製作のアプローチを、日本のイメージ戦略に活かすことは、映画『大東京』の中心的課題であった。こうした期待はしかし、日ソにおける相互理解の乏しさや、一九三〇年代初頭に目まぐるしく変化してきた国際情勢の影響により、実現されることはなかった。これと時期を同じくして、日本では「編集映画」と呼ばれる、ソビエトのモンタージュ技法や記録性に感化された長編の記録映画作品が量産され、日本の映画界は、ソビエトの専門家たちからの協力を取り付けることばかりでなく、自らソビエト的な映画製作の方法を習得し、実践的に応用していくことにも意欲的であった。

ロトマンが提唱する文化交流モデルの第三・第四の段階では、外国から入ってきたテクストの吸収・消化が進む。外国からもたらされたテクストの特徴は、それを生み出した外国文化から切り離され、国内における文化的伝統の一部として再解釈される。こうした動きは、映画におけるモンタージュと、俳句や絵巻物の類似を強調する議論が台頭していた一九三〇年代から一九四〇年代初頭の日本でも顕著であった。本書のⅢ章で扱う、戦時下の日本で製作された亀井文夫の記録映画は、日本独自の「俳句モンタージュ」を実践的に応用している例としての評価を集めている一方で、その映画テクストには、ソビエト・アヴァンギャルドからの引用も多くみられ、一九二〇年代のソビエトを代表する映画人との理論的な継続性も見受けられる。ソビエト映画に特徴的だった記録性やモンタージュの利用が、日本映画の一部として再解釈され、日本の映画人が、その創作活動のなかで容易に応用していけるような、非ソビエト的な、無国籍な手法として定着していくにあたって、亀井文夫が果たしてきた役割は大きい。

ロトマン・モデルの最後のステージにおいて、外国からのテクストを受け入れてきた側は、それらを独自に再解釈したうえで、新たな作品を創出し、自ら外国への影響を与え始める。これに相応する現象として、本書で取り上げるのは、戦後のソビエトにおける日本映画の受容である。第二次世界大戦の後、日ソにおける国交が回復したのは、鳩山首相を代表とする全権団が、モスクワで日ソ共同宣言に署名した一九五六年のことであった。その二年前にソビエトで公開された亀井の劇映画『女ひとり大地を行く』は、両国における国交正常化へ向けて、ソビエトの世論を準備する極めて重要なメディア・イベントであった。ソビエトの大手新聞や雑誌のなかで、『女ひとり大地を行く』は「リアリスティック」かつ「進歩的な」な映画として称賛され、こうした評価は、亀井作品のイデオロギー的な正当性や、ソビエト映画との類似性を強調する一方で、ヨシフ・スターリンが亡くなって間もない頃のソビエト映画界で、日本で製作される映画の演出や撮影法が、極めて新鮮なものとして受け止められていた事実を物語っている。

本書が対象としているのは、映画を介したトランス・ナショナルな交流や、日本とソビエトにおける文化的な繋がり、両国の映画史における特定の時代や、人物に関心を持つ幅広い読者層である。ここで紹介する研究の成果が、日ソ映画交流史に対する新たな疑問や、調査への関心を生み出すことができれば幸いである。比較映画史という古典的な研究アプローチが持つ新たな可能性、日本とソビエトを対象とする比較研究が持つ多彩なポテンシャルを少しでも引き出すことが出来たなら、筆者にとってこれ以上嬉しいことはない。

†1 Noël Burch, *To the Distant Observer: Form and Meaning in the Japanese Cinema*（Berkeley: University of California Press, 1979）.

†2 山本喜久男『日本映画における外国映画の影響——比較映画史研究』早稲田大学出版部、一九八三年。

†3 Aaron Gerow, "Narrating the Nation-ality of a Cinema: The Case of Japanese Prewar Film," in *The Culture of Japanese Fascism* ed. Alan Tansman（Durham: Duke University Press, 2009）, 185-211; Aaron Gerow, *Visions of Japanese Modernity: Articulations of Cinema, Nation, and Spectatorship, 1895-1925*（Berkeley: University of California Press, 2010）.

†4 邱淑婷『香港・日本映画交流史——アジア映画ネットワークのルーツを探る』東京大学出版会、二〇〇七年。晏妮『戦時日中映画交渉史』岩波書店、二〇一〇年。李英載『帝国日本の朝鮮映画——植民地メランコリアと協力』三元社、二〇一三年。劉文兵『日中映画交流史』東京大学出版会、二〇一六年。

†5 本書を纏めるにあたっては、日ソの映画交流史を扱う以下の優れた先行研究から多くの知見を得た。岩本憲児「日本におけるモンタージュ理論の紹介」『比較文学年誌』一〇号、一九七四年、六七—八五頁。大平陽一「日本映画に与えたロシア映画理論の影響」奥村剋三・左近毅編『ロシア文化と近代日本』世界思想社、一九九八年、一一〇—一二七頁。Chika Kinoshita, "The Edge of Montage: A Case of Modernism / *Modanizumu* in Japanese Cinema," in *The Oxford Handbook of Japanese Cinema*, ed. Daisuke Miyao（Oxford: Oxford University Press, 2014）, 124-151; Мельникова И.В. Японская тема в советских оборонных фильмах 30-х годов // *Japanese Slavic and Eastern European Studies* no. 23（2002）: 57-82; Мельникова И.В. Чей соловей? Отзвук песен русского Харбина в японском кино // Киноведческие записки. № 94/95（2012）. С. 190-207. Irina Melnikova, "Constructing the Screen Image of an Ideal Partner," in *Japan and Russia: Three Centuries of Mutual Images*, eds. Yulia Mikhailova and M. William Steele（Folkestone: Global Oriental, 2008）, 112-133. 映画以外の分野における、日露の文化交流を対象とした研究も充実しており、本書はそれらの成果に多大なインスピレーションを受けて執筆された。Япония и Россия. Национальная идентичность сквозь призму образов / Редактор-составитель Ю.Д. Михайлова. СПб.: Петербургское Востоковедение, 2014; Молодяков В.Э. Россия и Япония в поисках согласия 1905-1945. М.: АИРО XXI, 2012; Ложкина А.С. Образ Японии в советском общественном сознании（1931-1939 гг.）.

Берлин: LAP LAMBERT Academic Publishing, 2011; J. Thomas Reimer ed., *A Hidden Fire: Russian and Japanese Cultural Encounters, 1868-1926*（Stanford: Stanford University Press, 1995）; Sho Konishi, *Anarchist Modernity: Cooperatism and Japanese-Russian Intellectual Relations in Modern Japan*（Cambridge: Harvard University Asia Center, 2013）; ポダルコ・ピョートル『白系ロシア人とニッポン』成文社、二〇一〇年。長塚英雄編『日露異色の群像三〇――文化・相互理解に尽くした人々』東洋書店、二〇一四年。太田丈太郎『「ロシア・モダニズム」を生きる――日本とロシア、コトバとヒトのネットワーク』成文社、二〇一四年。永田靖・上田洋子・内田健介編『歌舞伎と革命ロシア――一九二八年左団次一座訪ソ公演と日露演劇交流』森話社、二〇一七年。

†6 Natalia Ryabchikova, "The Flying Fish: Sergei Eisenstein Abroad, 1929-1932"（PhD diss., University of Pittsburgh, 2016）, 170.

†7 Joseph Anderson and Donald Richie, *The Japanese Film: Art and Industry*, Exp. ed.（Princeton, NJ: Princeton University Press, 1982）; Abé Mark Nornes, *Japanese Documentary Film: The Meiji Era through Hiroshima*（Minneapolis: University of Minnesota Press, 2003）; Naoki Yamamoto, "Eye of the Machine: Itagaki Takao and Debates on New Realism in 1920s Japan," in *Framework: The Journal of Cinema and Media* 56, no.2（Fall 2015）: 368-387.

†8 今村太平「ソビエト映画の影響――戦前の回想」『ソビエト映画の四〇年』世界映画資料社、一九五九年、三四―四五頁。

†9 佐藤忠男『日本映画理論史』評論社、一九七七年、一四六頁。

†10 同前、三二一―三二三頁。

†11 Katerina Clark, *The Soviet Novel: History as Ritual*（Bloomington and Indianapolis: Indiana University Press, 2000）, ix.

†12 Satsuo Yamamoto, *My Life as a Filmmaker*（Ann Arbor: University of Michigan Press, 2017）.

†13 北河賢三『戦後史のなかの生活記録運動――東北農村の青年・女性たち』岩波書店、二〇一四年。辻智子『繊維女性労働者の生活記録運動――一九五〇年代サークル運動と若者たちの自己形成』北海道大学出版会、二〇一五年。安丸良夫『戦後歴史学という経験』岩波書店、二〇一六年。道場親信・河西秀哉編・解題『「うたごえ」運動資料集』金沢文圃閣、二〇一六年―二〇一七年六月。

†14 本書を仕上げるにあたっては、日本やアメリカの大学図書館に加えて、ロシアに所在する以下の公文書館で網羅的に調

査を行った。ロシア国立文学・芸術文書館（Российский государственный архив литературы и искусства: РГАЛИ）、ロシア連邦国立公文書館（Государственный архив Российской Федерации: ГАРФ）、ロシア連邦外交政策公文書館（Архив внешней политики Российской Федерации: АВПРФ）、ロシア国立現代史公文書館（Российский государственный архив новейшей истории: РГАНИ）、ロシア国立社会政治史文書館（Российский государственный архив социально-политической истории: РГАСПИ）、ロシア国立映画・写真資料公文書館（Российский государственный архив кинофотодокументов: РГАКФД）、ゴスフィルモフォンド（国立映画保存所 Госфильмофонд России）。

†15 Ryan Cook, "Japanese Lessons: Bazin's Cinematic Cosmopolitanism," in *Opening Bazin: Postwar Film Theory and its Afterlife*, eds. Dudley Andrew and Hervé Joubert-Laurencin（New York: Oxford University Press, 2011）, 330-334; Georges Sadoul, "Existe-t-il un néoréalisme Japonais?" *Cahiers du Cinema* 28（1953）: 7-19; Gerard Philippe, *Les Lettres françaises* 493（1953）: 3-10.

†16 帝政ロシアやソビエトの文学、美術、映画における「現実」との向き合い方が、数多くの研究を生み出してきたなか、日本映画におけるリアリズムの問題が本格的な研究の対象として浮上してきたのは、近年に入ってからである。Naoki Yamamoto, "Realities That Matter: The Development of Realist Film Theory and Practice in Japan, 1895-1945"（PhD diss., Yale University, 2012）. 本書では、映画学における、こうした新たな風潮を考慮しつつ、日ソ間における映画を介した文化交流のなかで、リアリズムの概念が果たしてきた役割に注目する。

†17 Лотман Ю.М. Семиосфера. СПб.: Искусство-СПб, 2000. С. 268-269. ロトマンが提唱してきた理論の日本語での紹介は、以下の書物を参考のこと。エドナ・アンドリューズ『ロートマンの文化記号論入門――言語・文学・認知』而立書房、二〇〇五年。ユーリー・M・ロトマン『文学理論と構造主義――テキストへの記号論的アプローチ』勁草書房、一九九八年。

I

無声期ソビエト映画のリアリズム

紀行映画の製作・受容を中心に考える

七〇年近くの歴史を持つソビエト映画が、世界で最も注目されたのは、その草創期においてである。ロシア革命前後における社会変動、アヴァンギャルド芸術の台頭に感化されながら、ソビエト映画は目覚ましい発展を遂げた。この時期に製作されたセルゲイ・エイゼンシテインの『戦艦ポチョムキン』*Броненосец Потёмкин*（一九二五）や、フセヴォロド・プドフキンの『母』*Мать*（一九二六）、ジガ・ヴェルトフの『カメラを持った男』*Человек с киноаппаратом*（一九二九）は、ソビエト映画史上の傑作であり、今日に至るまで世界の評論家や映画学者、映画製作のプロや一般の観客からの関心を集めている。革命後のソビエトで活躍してきた映画人は、「編集」の重要性を説く独自のメソッドとして「モンタージュ理論」を打ち出し、世界各地における映画理論の発展に注目すべき影響をおよぼした。

アメリカやヨーロッパ、そしてアジアや南米におけるソビエト映画の受容研究は、これまでにも多くの学者が取り組んできた課題である。[†1] 戦前の日本におけるソビエト映画の「影響」を巡る研究もまた、モンタージュ理論の受容史研究を中心に行われてきた。日本の伝統芸術とモンタージュの連続性を説くセルゲイ・エイゼンシテインの論考が、寺田寅彦や奥平秀雄、今村太平の絵巻物と映画を巡る議論に与えた影響は広く知られている。[†2] 日本映画に対するソビエト映画の影響に懐疑的であった佐藤忠男でさえ、一九三〇年代初頭の日本では「映画理論に関心のある人たちにとって、映画理論といえばエイゼンシュタインとプドフキンのモンタージュ理論がその全てであった」いう記述を残している。[†3]

しかし、戦前の日本において批評家たちの関心を集めていたのは、無声期のソビエト映画における編集技術ばかりではない。戦前の日本で公開されたソビエト映画に連想されたのは「リアリズム」の概念であった。本章では、昭和初期の日本におけるソビエトの記録映画、そして特に「紀行映画」と呼ばれるジャンルに属する映画作品の受容に着目し、ソビエトで作られた映画作品が「リアリズム」を象徴するものとして受け止められるようになった過程を明らかにしていく。ソビエトで製作された紀行映画の特性を浮き彫りにしていくため、同年代の日本で作られた記録映画との比較考察も試みる。日本とソビエトの国境が引かれた樺太（サハリン）の表象に注目することで、両国における映画を介した地理的啓蒙政策のイデオロギー的・文化的特徴を解明していく。その前にまず、革命後のソビエトで作られた映画が、戦前の日本で紹介されてきた過程について、いまいちど確認しておこう。

1　全ソ対外文化連絡協会（ＢＯＫＣ《ヴォクス》）の活動

日本とソビエトにおける映画交流の起点は、一九二五年に遡る。北京で日ソ基本条約が締結され、ロシア革命の勃発以降関係が途絶えていた両国は、国交正常化を果たした。これと同年、ソビエトでは諸外国との文化交流を促す公共機関として、全ソ対外文化連絡協会（ＢＯＫＣ《ヴォクス》）が設立された。レフ・トロツキーの妹であるオリガ・カーメネワが初代会長に任命され、国外におけるソビエト文化の宣伝や、ソビエト国内における外国文化の紹介、ソビエト国外の研究者や芸術家、観光客の招待・アテンドを中心とする活動が進められた。一九二七年に東京で開催されたソビエトのアヴァンギャルド美術展や、一九二八年にモスクワとレニングラードを訪れ、セルゲイ・エイゼンシテインに深い印象を与えた二代目市川左團次一座の歌舞伎公演は、ヴォクスが企画した催しであった。Ⅲ章で取り上げる、亀井文夫のソビエト留学（一九二九―一九三一）もまた、ヴォクスを通して実現されたものであった。

一九二〇年代後半、発足して間もないヴォクスは、首都モスクワに位置する本部と、レニングラードやハリコフにおける支部局、世界各地の大使館に専用窓口を構える巨大な機関へと成長していた。[†4] モスクワ本部には「アート・セクション」が設けられ、写真、美術、演劇、音楽、映画、五つの分野での事業が展開された。一九二八年に設置された映画部門の主な活動は、ソビエト映画に関する情報の収集、外国の専門家に対する情報提供、ソビエト映画の無償貸出、ソビエト国内における外国映画の非商業上映などであった。ヴォクスの活動は、中央集権的な傾向が顕著で、外国の研究者や評論家が、モスクワ以外の撮影所に関する情報や、そこで働く映画人との交流を望む場合でも、全ての交渉はモスクワ本部を通して行われた。ヴォクスが外国の専門家に提供する情報はまた、事前審査の対象となっていた。ヴォクスの存在によって、ソビエトに関する情報へのアクセスは簡易化される一方で、そのイデオロギー的な内容は厳しく統制された。非営利団体として設立されたヴォクスとは別に、ソビエト映画の輸出を商業目的で行う「ソユーズイントルグキノ」という機関もあり、日本を含む外国でのソビエト映画の宣伝は、この団体がヴォクスと協力する形で行われた。

日本におけるヴォクスの初代代表は、エヴゲーニー・ゲンリホヴィッチ・スパルヴィン（一八七二―一九三三）であった。大学時代に日本語の専門教育を受けてきたロシア人の第一世代にあたるスパルヴィンは、大学教授として日本語・日本文化の研究に従事するかたわら、駐日ソビエト大使館の通訳・外交官として日露両国の文化交流史に大きな足跡を残した。[†5] 日本語を流暢に話し、自らの回想や論文、随筆を収録した『横目で見た日本』（一九三二）は、日本語で刊行している。[†6]

スパルヴィンがヴォクス代表を務めた一九二五年から一九三一年にかけて、日本とソビエトの関係は安定しており、両国間における文化交流も活発であった。戦前の日本におけるソビエト映画の普及はしかし、スパルヴィン本人の力量に起因するところが大きい。マルクス主義に対する検閲の強化にもかかわらず、スパルヴィンが手がけたソビエト映画の上映・宣伝は、活字メディアからの注目を浴び、商業的にも成功を収めた。一九三一年の第一四半期において、国外におけるソビエト映画の上映による利益は、一位が米国で、日本は二位となり、総収入が三七〇〇ドルを上回った。[†7] この結果は、戦前の日本におけるソビエト映画への関心や、エヴゲニー・スパルヴィンの実力ばかりでなく、当時の日本における映画市場が、外国と比べてそれだけ発達していた証拠としても受け止められる。

　スパルヴィンは、映画の持つ宣伝価値と商業的な可能性を敏感に感じ取る一方、マルクス主義に対する規制が強まる昭和初期の日本で、ソビエト文化の普及に取り組むことの難しさも充分に理解していた。ヴォクス会長のオリガ・カーメネワに宛てた一九二八年六月二日付の書簡においてスパルヴィンは、共産主義を公に支持する人物を避け、イデオロギー的にニュートラルな専門家に頼ることの必要性を説いている。

> 我々には適切な日本人が必要です。誰と商談を持つべきか、そのときの会話をどう進めるべきか、どんな作品を選ぶべきか。それがちゃんと分かっている人間が必要なのです。どんなに優れた専門家でも、外国人にはできっこない。こうした事情を考慮した上で、現地の習慣に従い、優れた作品を輸出すれば、凄まじい影響力の発揮、収入の向上、需要の増加が期待できるでしょう。我々の芸術と主義主張を植え付ける力もどんどん増し、去年は決して考えられなかったような映画作品でも、一、二年経てばきっと上映可能になるでしょう。[†8]

　日本の映画界に直接入っていけるようなインサイダーを求めていたスパルヴィンにとって、かけがえのない協力者となったのは、ロシア語の翻訳家で映画評論家の袋一平（一八九七―一九七一）であった。東京外国語学校（現東京外国語大学）のロシア語科を卒業していた彼は、語学が堪能な上に、ロシアの歴史や文学に関する知識も豊富であった。そして、袋は政治に無関心だった。一九二〇年代の日本で台頭していた左翼運動には関与せず、映画を論じる際も、ソビエト共産党の掲げるイデオロギーを称賛するようなことはなかった。マルクス主義に対する袋のスタンスは、ときにスパルヴィンを苛立たせ、日本プロレタリア映画同盟からの反感も買った。一九三〇年、プロキノからヴォクス宛に寄せられた手紙のなかで、プロキノの会員たちは袋の「反革命的な態度」を厳しく批判し、それが訪ソを期に改められることへの期待を表明している。[†9]

袋はしかし、警察や保守層に疑いをかけられることなく、ソビエト映画の宣伝・上映に従事することができた。このことをよく理解していたスパルヴィンは、袋の映画観やイデオロギー的立場に反発することはあっても、彼との協力関係を絶つことはなかった。[†10] ソビエト映画関係の資料を求める袋一平の依頼がヴォクス本部によって却下されたときも、スパルヴィンは、これに抗議する文章をカーメネワ宛に送っていた。

袋一平が必要としている雑誌の多くが、彼に提供されなかったことを私は知っています。なにか内部のせめぎ合いを暴露する内容でも掲載されていたのでしょう。しかし、日本の新聞雑誌は、ソビエトをあからさまに非難するようなことはしません。袋氏が依頼している雑誌の内容もそのような目的で利用されることはないはずです。映画を題材とする雑誌のことですから、なおさらです。[†11]

一九三〇年五月から七月にかけて、袋一平はスパルヴィンの推薦で初めてソビエトを訪れ、モスクワやレニングラード、ウクライナの大都市を廻り、帰国後は『ソヴェート映画の旅』（往來社、一九三一）と『露西亞映画歴史略』（往來社、一九三二）を執筆している。旅行の最中は『何が彼女をさうさせたか』（一九三〇）を含む日本映画の上映に携わり、フセヴォロド・プドフキンなどソビエトを代表する映画監督との親交も深めた。帰国の際は、一〇〇枚を超えるソビエト映画ポスターを日本に持ち帰り、現在その貴重なコレクションは、国立映画アーカイブに所蔵されている。

袋に対するヴォクスの支援は、他の外国人研究者や評論家と比べても遥かに手厚いもので、日本におけるソビエト映画の宣伝・配給がいかに重要視されていたかをうかがわせる。日本でソビエト映画を公開することの必要性は、ソビエトの活字メディアのなかでも繰り返し強調され、日本に関する情報の乏しさは、政府当局の非難を浴びることさえあった。ソビエト映画の輸出を巡るエヴゲーニー・チヴャレフの著書『外国におけるソビエト映画』（一九二九）には、ソフキノ撮影所の副会長であったミハイル・エフレモフによる「まえがき」が掲載され、そのなかには、日本に言及した次のような一節もあった。

> 我がソビエトの国が、日本映画に多大な関心を示している現在（ヴォクスが企画した日本映画の展示を思い返してみよ）、筆者はアメリカやドイツ、フランスやイギリス、イタリアの映画ばかりでなく、日本の映画が持つ特徴にも注目を払うべきだった。日本における映画市場の規模は発展しているにもかかわらず、我々の映画進出は難航している。こうした事態を詳しく追究すべきである。[†12]

日本におけるソビエト映画の進出を妨げる最大の要因は検閲だった。日ソ基本条約が締結され、ヴォクスが創設された一九二五年、日本では治安維持法が公布された。終戦に至るまで、思想統制・大衆運動弾圧の目的で行使されてきたこの法律は、ソビエトとの接近による共産主義の普及、革命運動の激化を懸念して制定されたものだった。戦時下の日本におけるマスメディアの統制を研究してきたグレゴリー・J・カザは、これを

「左翼に対する究極の武器」と称した。[†13] 一九二五年はまた、内務省警保局が「活動写真フィルム検閲規則」を制定し、映画検閲の中央集権化を図った年でもあった。

フィルムの検閲は手数料を要し、内務省での検閲ばかりでなく、税関での審査も義務付けられていた外国映画の輸入は、時間的にも経済的にも負担のかかるビジネスだった。高額な検閲手数料が原因で、実際に映画の上映を諦める会社も多くあった。一九二九年の六月末に東京で開催された欧州映画展覧会では、当初ソビエト映画の上映も予定され、ヴォクスと在日ソビエト連邦大使館の通商代表部経由で、展示会の主催者であった全関東映画研究会（朝日新聞社の会員制映画観賞団体）には、二本のソビエト映画が貸し出された。これらのフィルムはしかし、税関を通過せねばならず、その検閲手数料は映画一本につき一〇〇〇円を上回った。これに対して、ヴォクスによる映画の貸し出しは無償で行われ、展覧会での上映も無料で行われるはずだった。当初予定されていたソビエト映画の上映期間は、六月二七日から二九日までと短く、僅か三日間だけのために二〇〇〇円を超える巨額を支払うのは、経済的に不利だった。こうした金銭的なトラブルを背景に、結果的に欧州映画展覧会では、映画ポスターのみが展示されることとなった。ソビエト映画の輸入・公開が難航していた一九二〇年代後半から一九三〇年代初頭の日本では、ソビエト映画にまつわる展示会が数多く催され、そこで紹介されたポスターは、実際のフィルムにかわって、ソビエト映画の内容とスタイルを伝える「代用品」としての役割を担っていた。[†14]

ソビエト映画に対する検閲は厳しく、『戦艦ポチョムキン』や『母』といったソビエト・アヴァンギャルドを代表する映画作品は、日本では戦後まで一般公開されなかった。[†15] 劇場公開に漕ぎ着けた映画作品も、重要なシーンが検閲でカットされるなど、オリジナルにはおよばない「不完全」な映画テクストだった。米英の帝国主義に立ち向かうモンゴルの遊牧民を描いたフセヴォロド・プドフキンの『アジアの嵐』*Потомок Чингисхана*

（一九二八、原題『チンギス・カンの末裔』）は、検閲でフィルムの七〇〇メートル以上がカットされ、再編集によって「革命精神溢れるモンゴルの若者」は、「愛国主義的な群衆」へと変貌を遂げた。[†16] こうした検閲の介入にもかかわらず、映画『アジアの嵐』は、春秋座によって舞台上演されるなど、戦前の日本社会における反響は大きかった。昭和天皇の弟宮にあたる秩父宮雍仁親王の依頼で、皇族向けの特別上映が行われた記録も残っている。[†17]

イデオロギーの統制が強まる昭和初期の日本において、権力者に対する武力蜂起を呼びかける『アジアの嵐』が厳しい検閲を受けたのは、いわば当然のことであった。戦前の日本ではしかし、社会主義革命とはまるで関係のないソビエト映画でも、実に些細なことが原因で、検閲に引っかかることがよくあった。スパルヴィンの記録によると、一九二七年の日本で公開されたユーリ・ジェリャブシスキー監督の『ポスト・マスター』（*Коллежский регистратор*（一九二五）では、ロシア帝国軍の将校たちが開く豪華な宴会シーンが削除の対象となった。近代ロシア文学の父、アレクサンドル・プーシキン（一七九九―一八三七）の短編小説『駅長』（一八三一）を映画化した『ポスト・マスター』は、歳老いた父親と二人で暮らす美しい娘が、若い将校と駆け落ちする物語を描いたもので、社会主義建設とは何ら無縁のメロドラマであった。検閲官の目を引いたのは、酒に酔った将校が片手持ちのサーベルでローストビーフを捌く宴会のシーンであり、これは三種の神器の一つとされる「剣」に対する無礼な行為として解釈され、削除されたという。[†18] 映画『ポスト・マスター』の検閲申請に立ち会ったソビエト大使館通商代表部のエレーナ・テルノフスカヤは、作品のなかで描かれる帝政ロシア軍は解体され、既に存在しないものだと抗議したが、検閲側は、軍隊という組織が、国籍に関係なく大衆からの尊敬を受けるべきで、その「暗い側面」は映画に描かれるべきではないことを強調した。テルノフスカヤによると、警視庁での試写会に出席していたのは、検閲官の親戚や知人を含む約二五人で、彼らの関心を集めたのは、ロシアの伝統的な踊りや雪遊び、トロイカが走っていく様子など、「民族的な要素」を前景化する描写だった。[†19]日本における検閲の厳しさは、ソビエトで活躍する映画評論家たちの間でもよく知られており、先述したチヴァレフの著書『外国におけるソビエト映画』には、以下のような微笑ましい記述もある。

長い接吻を描く映画に対して、日本の検閲は容赦ない。接吻自体の描写は許されているが、それは「短く」なければいけない。暴力の描写は固く禁じられている。君主《ツァーリ》は、歴史的事実に反する場合でも、必ず心優しく愛嬌のある人物として描かれなければならない。[†20]

一九二七年から一九三六年まで、日本で封切られたソビエト映画は僅か三三本だったが、これとは別に、非公式のルートで上映されていた映画作品もあった。一九三〇年七月、袋一平がソビエトから持ち帰った二本の映画も、そうした検閲を通さない非合法な形で上映された。古都キエフを描くミハイル・カウフマン監督の詩的ドキュメンタリー『春』*Весной*（一九二九）と、ヴラジーミル・レーニンゆかりの地を巡るゲオルギー・シロコフ監督の記録映画『流刑先のレーニン』*Места ссылки Ильича*（一九二九）であった。これらの映画作品は、日本での非公開上映を目的に、ヴォクス映画部から貸し出されたもので、映写の際は、エヴゲニー・スパルヴィンの特別許可を受けることが義務付けられていた。袋自身の証言によると、彼は一九三〇年の一〇月末までに、こうした上映会を東京で一〇回以上行い、各回につき観客の動員数は、三〇人から五〇人程度であった。[†21]ゲオルギー・シロコフの映画作品は、内容があまりに政治的であり、日本での一般公開を果たすことはなかったが、ミハイル・カウフマンの『春』は、一九三一年の三月に劇場公開され、中井正一を始めとする日本の文化人から多大な関心を集めた。

袋一平がソビエトから持ち帰ったのは、いずれも特定の「地域」を描く非劇映画であった。ウクライナの大都市キエフを紹介する『春』と、流罪を宣告されたレーニンが過ごしたシベリアの街を描く『流刑先のレーニン』は、記録映画のサブジャンルにあたる「紀行映画 travelogue」として位置付けることが可能である。日本での劇場公開を目的に、袋一平がヴォクスに購入を申し込んでいたのも、ドイツで撮影されたヴラジーミル・エロフェエフ監督の『幸福の港へ』*К счастливой гавани*（一九三〇）や、中央アジアからコーカサス、ソビエト各地を描くジガ・ヴェルトフの『世界の六分の一』*Шестая часть мира*（一九二六）など、「旅」を主題とする映画だった。こうした傾向は、袋一平の個人的な興味だけを反映している訳ではない。袋がソビエトから持ち帰り、購入を希望していた作品以外でも、昭和初期の日本で公開されたソビエト映画には、旅を主題とするジャンルの作品が目立つ。

戦前の日本で公開されたソビエト映画の半分以上が記録映画だったことは、映画評論家の今村太平も以前から指摘していた。[†22] 中央アジアにおける鉄道建設を描くヴィクトル・トゥーリン監督の『トゥルクシブ』*Турксиб*（一九二九）や、動物界における弱肉強食を科学的に実証するヴラジーミル・コロレーヴィチ監督の『生存の闘争』*Битвы жизни*（一九二八、アメリカで編集された音声版は一九三二）、女性に対する性教育の必要性を説くヤコフ・ポセリスキー監督の『新女性線』*Гигиена женщины*（一九三一）など、その内容は実に多様であった。ソビエト映画に対する関心が最も顕著であった一九二九年から一九三三年までの五年の間に、日本の映画館で上映されたソビエト映画は計一五本あり、そのうち、記録映画でないものは、僅か三本だった。当時の日本において、記録映画に対するこうしたバイアスが生まれた理由は何だったのか。日本とソビエト双方の文化的・歴史的事情を考慮しながら、明らかにしていく。

2　ソビエト映画におけるドキュメンタリー・モーメント

一九一七年のロシア革命が人々の生活にもたらした変化は、政治や経済ばかりでなく、芸術や文化の領域にもおよんだ。革命後のソビエトにおいて、「芸術」は共産党の掲げる政策やイデオロギーを宣伝するための道具として認識され、創作活動は、自己を表現するための手段ではなく、芸術家が担う社会的義務として再定義された。ソビエトの芸術家に求められていたのは、社会主義建設への貢献であった。一九二〇年代のソビエト文学や美術、映画に特徴的な「記録性」は、こうした新たな課題と向き合うなかで養われてきた。ソビエトの芸術家たちは、活字メディアにおけるルポルタージュや、ニュース映画を思わせるような創作スタイルを応用し、綿密な取材や調査を通して集められた資料（ドキュメント）を引用することで、自らの芸術作品に信憑性を与えた。ソビエトの文学者や映画人はまた、ソビエト社会における目まぐるしい変化を忠実に記録することで、その変化を生み出す当事者として、自らを位置付けようとした。ロシア文学の研究者であるエリザベス・パパジアンは、こうした広い意味での「記録」に対する関心の高まりを、ソビエトの文化史における「ドキュメンタリー・モーメント」と称している。[†23]

革命直後のソビエトで作られていた映画作品の内容を振り返っても、その大半が「フロニカ」と呼ばれるニュース映画であったことが分かる。内戦状態にあったロシアでは、こうした非劇映画を製作するのが最も経済的で、手っ取り早かった。民衆教育やプロパガンダ政策における記録映画の可能性にいち早く気が付いたヴラジーミル・レーニンが、フロニカ増産のために自ら働きかけた説はいまなお有力である。ソビエトの初代教育大臣アナトリー・ルナチャルスキーとの会話のなかでも、レーニンは、娯楽映画が教育映画と併映されることの必要性を説き、「共産主義思想にみちあふれ、ソビエトの現実を反映する新しい映画の製作はフロニカから始めなければならない」という言葉を残している。[†24] 泥炭の採掘や運搬方法を紹介する科学映画を観て、レーニンが大いに感動した話は有名である。

後にソビエトを代表する記録映画作家となり、編集に依拠した独自の映画スタイルを生み出したジガ・ヴェルトフや、エスフィリ・シューブも、駆け出しの頃は、フロニカの再編集を中心に活動していた。劇映画を悪質で「ばかげたもの」として蔑んでいたヴェルトフは、「ありのまま」の生活を忠実に描くことを映画の使命として掲げた。人間の視力や感受性に勝る「映画眼《キノ・グラース》」の定義を打ち出し、肉眼では捉えきれない真実《プラウダ》を記録映画の製作に求めた。カメラが捉えた「真実の断片」を編集することで、より大きな、絶対的な真実が見出せるとヴェルトフは信じていた。その傑作である『カメラを持った男』は、革命後のソビエトを捉えた貴重な記録であると同時に、映画というメディアの持つ可能性を多角的に追求した実験的な試みであった。アヴァンギャルドの精神に溢れるヴェルトフの創作活動が世界映画史に残した足跡は大きく、一九五〇年代のフランスで台頭したシネマ《映画》・ヴェリテ《真実》や、ジャン＝リュック・ゴダールらによって結成された「ジガ・ヴェルトフ集団」の活動は、その端的なあらわれである。

一九二〇年代に活躍したソビエトの映画人がみな、ヴェルトフのように劇映画を全否定していた訳ではない。フセヴォロド・メイエルホリド率いる国立高等演劇工房で演劇の基礎を学んだのち、映画製作に身を投じたセルゲイ・エイゼンシテインは、現実を客観的にとらえる「映画眼」に対して観客に積極的に働きかける「映画拳骨《キノ・クラーク》」の概念を打ち出し、ヴェルトフが掲げる記録映画至上主義に対して、批判的な態度を貫いた。そんなエイゼンシテインの代表作もしかし、西洋での公開に際しては、「記録映画」として認識・宣伝されることが多々あった。ロシア革命にまつわる歴史的事件を描いた、セルゲイ・エイゼンシテインの『戦艦ポチョムキン』や『十月』*Октябрь*（一九二七）、フセヴォロド・プドフキンの『アジアの嵐』や『サンクト・ペテルブルグの最後』*Конец Санкт-Петербурга*（一九二七）といった作品は、劇映画でありながら、その大掛かりなロケーション撮影や、素人俳優を用いた大衆描写ゆえに、「記録映像」として解釈されることがよくあった。[†25] ウクライナの水力発電所で働く青年の成長を描いたアレクサンドル・ドヴジェンコの劇映画『イワン』*Иван*（一九三二）も、一九三四年に日本で公開された際は、「文化映画」として宣伝された。

　戦前の日本でソビエト映画が最も注目されていた一九二〇年代後半から一九三〇年代初頭、ソビエト国内では、工業化と農村集団化を目指す「第一次五ヵ年計画」が導入され、ソビエト共産党が掲げる新政策を促すプロパガンダの手段として、記録映画の製作・公開は、それまでにも増して重要視されるようになった。記録映画を巡る本格的な専門書が初めてロシア語で刊行され、記録映画だけの上映を行う映画館がモスクワやレニングラードで設立されたのも、この時期においてだった。一九二〇年代の後半にソビエトを訪れた亀井文夫や岡田桑三が、帰国後は共に日本の記録映画界をリードする存在として名を上げたことは注目に値する。一九二八年の三月にモスクワで開かれた共産党主催の映画協議会では、文化映画の生産と配給の活性化、労働組合での文化映画上映制度の導入、劇映画の上映時間の短縮が主張され、[†26] 一九二九年の一二月に発布された「政治的啓蒙映画の生産・上映強化」を巡る法令には、劇映画と記録映画の併映を義務付ける項目が盛り込まれた。[†27] 一九二〇年代後半から一九三〇年代初頭のソビエト映画界において、記録映画の製作は重要なプライオリティーであり、このことは国外に輸出されるソビエト映画の内容や、その受容パターンにも注目すべき影響を与えた。

　文化映画の強制上映は、一九三九年の日本で制定された映画法のなかにも盛り込まれていた項目である。一九三〇年代後半から一九四〇年代初頭にかけ、日本の文化映画はいわゆる「黄金期」を迎える。軍隊や、その他の政府機関による後援のもとで記録映画は量産され、そのなかから世界の映画史に名を残す傑作も生み出された。しかし、こうした動きが生じるのは満州事変の勃発以降であり、ソビエトの記録映画が日本で注目を集めていた一九二〇年代後半から一九三〇年代前半において、日本で本格的な長編の記録映画が製作されることはまだ珍しかった。映画学者の阿部マーク・ノーネスも指摘しているように、文化映画の隆盛に先立つこの時代において、記録映画が果たしていたのは、活字メディアを補うあくまで「添加物」としての機能であった。記録映画の製作を担っていたのも、映画会社ではなく、もっぱら大手の新聞社だった。[†28]

非劇映画の持つ扇動能力と商品価値に対する日本政府の認識がまだ低かったこの時代、ソビエトで作られる記録映画は、検閲を比較的容易に通過することができた。映画における主要な部分が無残に削除された劇映画とは対象的に、ソビエトの記録映画はオリジナルに近い形での上映が許可され、戦前の日本における知識層の注目を集めた。内務省警保局が発刊していた『活動写真「フィルム」検閲年報』を見ても、記録映画に対する審査が、劇映画と比べて遥かに寛大であったことがうかがえる。記録映画『トゥルクシブ』が、戦前の日本で最も有力なソビエト映画となりえたのは、それが「検閲に何ら歪められることなく見得る唯一の本格的ソヴェートト・ロシア映画」[†29]として宣伝されたことと直接的に関係している。昭和初期の日本において、「娯楽性」に欠ける記録映画は、観客の動員数も少なく、イデオロギー的にも「無害」なものとして受け止められていたようである。この時期の日本における映画が、主にエンターテインメントの媒体として認識されていたことは、一九二九年五月に書かれたエヴゲニー・スパルヴィンの手紙からもうかがえる。

日本の大都市では、教育映画が劇場で公開されることは殆どありません。事件が起こった数日後に封切られる「最新」のフィルムを除けば、ニュース映画が上映されることも稀です。これらの上映は、ニュース映画を製作した新聞社の宣伝を主な目的としており、上映は無償で行われます。劇場では稀にアメリカのニュース映画をみかけますが、これらは主にジャズや曲芸を題材とする娯楽的な内容です。さらに珍しいのは、アメリカ製の教育映画です。これが劇場公開を果たすのは、何か特殊な芸を持つ動物たちが登場する場合や、弁士によるコメントが愉快かつユーモラスな場合に限ります。[†30]

こうした娯楽性を重んじる傾向は、観客を啓蒙し、教育する映画に対する期待へと繋がった。ソビエトで作られる記録映画の影響力が発揮されたのも、この領域においてである。文化映画の製作・配給を政治的・経済的に後援するシステムがまだ整っていなかった満州事変前後の日本において、非劇映画に対する需要は既に存在していた。このことを裏付けるのは、一九二九年に結成された日本プロレタリア映画同盟（プロキノ）の活動である。一九三四年に解体を余儀なくされるまで、記録映画の製作・上映を中心に活動してきた日本プロレタリア映画同盟は、その活動内容やイデオロギーにおいて、一九二〇年代のソビエトにおける映画政策や、プロレタリア文化の啓蒙団体として一九一七年にソビエトで創設されたプロレトクリト（プロレタリア文化協会）の活動や組織形態を少なからず意識していた。日本各地で活躍するプロキノの会員が、自ら撮影したフィルムをプロキノ本部に届けることで、ニュース映画の製作に貢献していく「プロキノ映画通信員」制度の導入を呼びかける「根拠」として、映画評論家の北川鉄夫は、ソビエトの大手新聞社における「労農通信員制度」の存在を挙げていた。現役の労働者や農民が、大手の新聞社とタイアップし、自らの労働状況などのローカルな情報を発信していくシステムは、ソビエトの活字メディアばかりでなく、プロキノによるニュース映画の製作にも適用可能だと北川は考えていた。

我がプロキノは、かかる映画通信員を全国的に募る。通信員は、常にプロキノ本部と連絡をとり、撮影したニュース・リールを本部配給部に送附することによって完全なニュース・リールを製作することが出来る。完成されたニュース・リールは、プロキノの手から、工場、農村へ。[†31]

ソビエト各地でフロニカ（ニュース映画）の撮影を行うアマチュア映画通信員の制度は、ジガ・ヴェルトフも熱心に支持していた。[†32]

プロキノの活動を経済的に支援する団体として組織された「プロキノ友の会」もまた、ソビエト映画の経験を活かしたものだった。友の会が設立された意義や、その会費などについて説明する文章のなかで、劇作家の高田保は「ソヴェート映画の国際的な擁護者として「ソヴェート映画友の会」が果たしつつある役割を、我々は我がプロキノの為に「プロキノ友の会」を設けて、これを成長せしめたい」と述べている。高田がここで言う「ソヴェート映画友の会 Общество друзей советского кино（ОДСК）」は、一九二五年に設立された映画愛好家の団体で、映画事業の宣伝や、ソビエト各地の映画館を訪れる観客の研究、素人俳優の育成、アマチュア映画の製作・上映、機関紙の発行を中心に活動していた。

プロキノの創始者である佐々元十は、『プロレタリア映画』一九三〇年一一月・一二月合併号のなかで発表された「ソヴェート映画から何を学ぶか」のなかで、「プロキノ友の会」と「ソヴェート映画友の会」の連続性に言及しつつ、プロキノはソビエト映画の形式主義的な側面（モンタージュ）を取り入れる前に、まずその組織的な仕組みや、イデオロギー性を見習うべきであると主張している。佐々は、日本映画における「ソヴェート映画の単なる芸術としての、テクニックとしてのモンタージュ」の利用を、「盗み喰い式な摂取」として非難し、モンタージュ理論の根底にあるイデオロギーの習得を呼びかけた。[†33]

しかし、プロキノの会員はソビエト映画のイデオロギーにばかり気を取られ、そのスタイルや技術に全く無関心であった訳ではない。佐々元十の記事が発表された『プロレタリア映画』一一月・一二月合併号には、アニメーション映画『不在地主』（一九三〇）の製作過程を巡る記事が掲載され、同作の監督を務めた中島信は、映画『トゥルクシブ』の終盤近くに登場するアニメーションの手法を、自らの作品のなかでいかに「借りて試みた」かを綴っている。[†34] プロキノの機関紙におけるこうした証言や、前節で取り上げたプロキノによるヴォクス宛の手紙は、両者の間に存在した密接な交流を裏付けている。

ソビエトで製作された映画の記録性と扇動能力を、日本の映画界が目指すべき「モデル」として捉えていたのは、左翼的な文化運動に携わっていた者ばかりではない。内務省警保局と参謀本部は、「社会主義建設の研究」を目的として、『トゥルクシブ』の特別上映を行っており、[†35] 参謀本部と鉄道省は、『トゥルクシブ』を「推薦映画」として認定していた。[†36] 左翼的なイデオロギーに反感を抱いていた文化人の多くは、ソビエト映画におけるイデオロギー的な偏りを見抜いていながらも、その内容とスタイルが持つ高度なプロパガンダ性を認めていた。映画評論家の清水千代太も、『トゥルクシブ』における中央アジアの描写を「ソヴェート聯邦の植民政策——東方侵略政策を、最も巧妙にカムフラージュ」したものとして位置付ける一方で、それを「宣伝映画の好模範」として高く評価し、「ソヴェート映画の方法と技術とを知る最良の参考として、映画に関心を持つ人士の是非一見すべき」ものと断定している。[†37]

日本で公開されたソビエトの記録映画は、世界で初めて社会主義革命を起こした国の生活文化を知る貴重な情報源でもあった。ソビエトを実際に訪れる機会に恵まれていた者はごく僅かで、ソビエトで製作された記録映画の上映は、ソビエト共産党の掲げる政策を支持していた者や、左翼思想に対する強度な反感を抱いていた者にとっても、ソビエトを「見る」数少ないチャンスであった。日本で『トゥルクシブ』が公開された際、衣笠貞之助は、この作品を通して、日本の観客が「ソヴェート映画の勝れた手法、その製作計画のみでなく、「生きているソヴェート同盟」そのものをさえ見ることが出来る」ことを指摘していた。[†38] ジガ・ヴェルトフの『カメラを持った男』の日本公開に際しては、『これがロシアだ!!』という邦題が付けられ、ヴェルトフの映画作品における芸術性やアヴァンギャルドの精神よりも、革命後のロシアを捉えたこの作品が保持する記録性や情報価値が強調された。

ヴォクス代表であったエヴゲーニー・スパルヴィンが、日本の配給会社から受けてきた依頼の多くは、ソビエトで作られる「教育映画」の公開・上映の可能性を巡るもので、[†39] 日本を訪れるソビエトの映画人に求められたのも「記録映画」の製作だった。プドフキンを日本へ招く企画があがった際、『東京日日新聞』はそれを次のように伝えた。

松竹キネマではロシアの名監督プドーフキン氏を迎へてわが国文化の映画化した作品を造り欧米各国へ配給して日本文化の紹介に努めることとなった。[†40]

フセヴォロド・プドフキンが、映画監督として名声を得たのは、『アジアの嵐』や『母』、『サンクト・ペテルブルグの最後』といった劇映画の公開を通してであり、『頭脳の構造』*Механика головного мозга*（一九二六）という記録映画を演出して以来、彼が非劇映画の製作に関わることはなかった。日本の新聞では、「わが国文化の映画化した作品」や「我が文化紹介の映画」という表現が用いられているが、[†41] プドフキンが所属していたメジュラブポム・フィルム撮影所の資料には、日本との合作による「文化映画」が企画されていたことが明記され、劇映画を中心に活動してきた映画監督に、あえて記録映画の製作が求められていたことを裏付けている。[†42]

戦前の日本におけるソビエト映画のイメージは、それだけ「記録性」と密接に関連していた。ソビエトの映画人はまた、日本文化を海外へ紹介するのに相応しい仲介者として認識されていたようである。天皇制や資本主義に敵対するイデオロギーを持っているはずの監督たちに、何故そんな期待が持たれていたのか。一九二〇年代のソビエトで量産された記録映画のジャンル的特質に着目しながら、考えてみたい。

3　アジアに「近い」映画

戦前の日本で公開されたソビエトの記録映画のうち、半分は東アジアや北極など、アメリカやヨーロッパの都市部から遠く離れた地域への探検を描く、いわゆる「紀行映画」であった。ソビエトとドイツの研究者によるタジキスタン南部への遠征を描くヴラジーミル・シュネイデロフ監督の『パミール』*Памир* (*Подножие смерти*)（一九二九）や、綿花栽培が盛んなトゥルケスタンにおける鉄道建設を捉えたヴィクトル・トゥーリン監督の『トゥルクシブ』、古都ヒヴァを舞台にウズベキスタンでの社会主義建設を描くニコライ・クラド監督の『黒い砂』*Оазис в песках*（一九三三）。ソビエトによる北極海への進出を描くニコライ・ヴィシニャク監督の『極北に進むソヴェート』*Курс Норд*（一九三〇）や、北極海で遭難した砕氷船の救出を捉えた『チェリュースキン号の最後』*Герои Арктики* (*Челюскин*)（一九三四）。日ソ初の「合作」映画として、一九三二年から一九三三年にかけて製作された、ヴラジーミル・シュネイデロフ監督の『大東京』（一九三三）もまた、日本を舞台とするいわゆる「紀行映画」だった（この映画作品の製作・公開に関しては、Ⅱ章で詳述する）。モスクワやキエフ、オデッサといったソビエトの大都市を描くジガ・ヴェルトフの『カメラを持った男』や、ミハイル・カウフマンの『春』もまた、紀行映画に近いタイプの映画作品として位置付けられよう。

「旅」を主題とする記録映画は、一九二〇年代後半から一九三〇年代初頭のソビエトで急速に台頭した人気のジャンルだった。もちろん、ソビエトで初めて登場したものではない。映画史の草創期に、リュミエール社やパテ社が、新鮮な題材を求めて、自社の撮影技師を特派員として世界各地に派遣していたことは有名である。世界の記録映画史に多大な足跡を残したロバート・フラハティが、生涯を通じて探検映画を撮影し続けてきた事実も、ここで繰り返し強調するまでもないだろう。カナダ北部におけるイヌイット族の生活を捉えたフラハティの映画『極北のナヌーク』*Nanook of the North*（一九二二）は、世界の映画史におけるドキュメンタリーの紛れもない「原点」である。もっとも、記録映画を意味する英語の documentary は、フランス語の documentaire から派生した単語で、一九一〇年代のフランスでは、観光映画や探検映画など、「旅」を主題とする非劇映画全般を指すものとして用いられていた。[†43] ロバート・フラハティと同様に、「ドキュメンタリー映画の父」としての名声を持つイギリスの記録映画作家ジョン・グリアソンも、記録映画の発展史における「第一章」を、紀行映画の製作に見出していた。[†44]

一九二〇年代後半のソビエトで、探検映画（экспедиционная фильма）や、民族誌映画（этнографическая фильма）と呼ばれた「旅」を主題とする作品群は、新興国ソ連のアイデンティティー形成において、重要な働きを担っていた。ソビエトが占める広大な領土や、そこに生きる多様な民族、彼らの生活様式をフィルムに収めることで、ソビエトの記録映画は、これらの地域や人々が、共産党の支配下にあることを視覚的に訴えた。シベリアや中央アジア、ドイツや中国、極東やアラブ諸国など、ソビエトの紀行映画に描かれる地域は多様で、ソビエトや外国の地理、経済、文化に対する知識を広めると同時に、マルクス主義に依拠した「正しい」世界観や歴史認識を観客に植え付ける働きも担っていた。
　ソビエトで作られる紀行映画は外国でも上映され、興行的に成功を収めた。[†45] 西洋におけるソビエト製紀行映画の人気を支えていたのは、その映像が持つ稀少価値だった。ソビエトの紀行映画は、他の国籍を持つ映画人が立ち入ることが困難な地域を取材している場合も多く、その「リアリズム」に対する期待は高かった。非ヨーロッパ圏の描写を得意とするソビエト映画のイメージは、ユーラシア大陸を東西に跨るロシアの地理的特徴や、シベリア、コーカサス、極東へと地続きに勢力を伸ばしていったロシアの植民地政策とも深い関わりを持つ。西洋諸国に拠点を置く批評家たちのなかには、ソビエトで製作される紀行映画の「リアリズム」を称賛するにあたって、ソビエトが内包するアジア的なアイデンティティ、ロシアで生活する人々が伝統的に持つ「アジア」との人種的・文化的な繋がりを強調する者もいた。ヴラジーミル・エロフェエフ監督の『アフガニスタン』*Сердце Азии (Афганистан)*（一九二九）がベルリンで公開された際、ドイツの著名な批評家であったレオ・ヒルシュは、タイ北部で撮影された『チャング』*Chang: A Drama of the Wilderness*（メリアン・C・クーパー、アーネスト・ショードサック共同演出、一九二七）や、ケニアが舞台となっている『シンバ』*Simba: King of Beasts*（マーティン・ジョンソン、オサ・ジョンソン共同演出、一九二八）など、それまでのドイツで上映された「エキゾチック」な題材を持つ作品が、非西欧諸国をロマンチックに受け止め、冒険に対する観客の情熱を刺激することで成功を収めたのに対して、「東洋により近い立場にいる」ロシア人のエロフェエフは、『アフガニスタン』のなかで「東洋を初めてリアリスティックに表象してみせた」と主張していた。[†46]
　エロフェエフの映画に対する評価は、ヒルシュの批評が掲載された、イデオロギー的にニュートラルな『ベルリン日報』ばかりでなく、ドイツ共産党員のヴィリー・ミュンツェンベルクが発行していた *Berlin am Morgen* や *Welt am Abend*、さらには *Deutsche Allgemeine Zeitung* や *Nachtausgabe* に代表される右翼系の定期刊

行物においても、一貫して高かった。[†47]

イデオロギー的に多様な観客層からの支持は、ソビエトで作られる紀行映画の重要な特徴であった。ソビエトの国内外における『トゥルクシブ』の受容を調査してきたマシュー・J・ペインは、中央アジアにおけるソビエトの進出を捉えたこの作品が、共産党のエリートや、ソビエトの一般観客、資本主義社会に生きる「オランダの町人や、ドイツの労働者、イギリスの知識人」からも熱烈な支持を受けてきたことを明らかにしている。[†48]ペインは、こうした多様なバックグラウンドを持つ観客に共通していたのは、西洋文明に根付く「アジアに対する優越感」とオリエンタリズムだったと推測している。

一九世紀の後半以来、「脱亜入欧」を掲げ、全面的な近代化政策を推し進めてきた日本においても、『トゥルクシブ』の反響は大きかった。記録映画作家の加納竜一（戦前は香野雄吉のペンネームを使用）は、『トゥルクシブ』が「ソヴェート映画として画期的な作品であるばかりでなく、世界の映画史上から見ても記念すべき作品」であったことを述べ、[†49]映画評論家の岩崎昶は、『トゥルクシブ』への言及がなされた谷口善太郎のプロレタリア小説『綿』（一九三一）の一節を引用して、『トゥルクシブ』を初めて観たときの印象を次のように綴った。

この映画はもうたんなる映画ではなくて、西の方に花咲いた新しい社会と国家からの啓示のようなものとして受けとれた。谷口善太郎さんがその頃加賀耿二のペンネームで、プロレタリア文学の名作としていまに残る、「綿」という小説を書いたが、その中で、この主人公が母親とともに「トゥルクシブ」を見物する場面がある。

「ひろびろとした豊かな綿畑、羊の群れ、見わたすかぎりのトルキスタンの原野、ひでりに苦しむ未開拓の土地、輝きわたった紡織工場の内部、積雪の中に立ち茂るシベリアの大森林、穀物の滝〈省略〉私たちはものにつかれたように呆然としていた。昂奮と感激のあまりにわれを忘れたのだった。」

これはその頃の私たちが「トゥルクシブ」にたいして持った感激と昂奮とをよくあらわしている。[†50]

昭和初期の日本における『トゥルクシブ』の受容を考えるにあたって、重要な手掛かりを与えてくれるのは、プロレタリア作家、平林たい子の論考である。[†51] 雑誌『映画往来』に掲載されたその批評文において、平林は映画『トゥルクシブ』の「強み」が、その「事実」を描写する力にあることを指摘している。平林によると、その「事実」は、映像の写実性に由来するものではなく、「実在するものを最も正しく強く正確に認識」することで初めて見出されるものである。すなわち、平林の求める「事実」とは、ソビエトの映画人が有する物事の正しい見方、換言すれば、その「正しい」イデオロギーを基盤としている。マルクス主義的な階級認識から生まれる世界観をリアリズムの前提と見なしているのだ。

平林はさらに、日本の映画人が「『事実』を見る目」を全く持っておらず、外国映画の「真似ばかりやっている」と述べ、その欠点を克服するためには、『トゥルクシブ』のような映画に学び、「日本にある劇の伝統、生活の姿態、日本人の日常」を映画製作に活かすことの必要性を強調している。『キネマ旬報』の「読者寄書欄 編集部選」に掲載された一般読者のトゥルクシブ評においても、これと同様の考えが述べられている。批評文を執筆した中野健二は、日本の劇映画が「ワキガの様なエロティシズムの臭い」を漂わせ、「虫唾が走る」ものだと指摘したうえで、これと対照的な写実性を有する『トゥルクシブ』が、日本の映画界に対する「一警報としての重大な意義」を持つと主張した。[†52] 自国の文化に対する厳しい批判と、外国文化に対する大袈裟な賛美は、ユーリ・ロトマンの言う「文化による対話」の第一段階に特徴的な現象である。昭和初期の日本で顕著だったソビエト映画の「コンティニュイティー」を専門書や映画誌のなかで詳しく再現しようとする試みも、外国から入ってくるテクストを出来るだけ「オリジナル」に近い形で受け入れようとする願望を裏付けるもので、「文化による対話」の第一ステージに相当する。これと同時に、前述した平林たい子の論評には、ロトマンの言う「文化による対話」の第三、第四の段階に特徴的なナショナリスティックな傾向も垣間見られる。ソビエト映画が持つイデオロギーとスタイルは、純日本的な映画製作を擁護する論点として用いられ、『トゥルクシブ』的な手法を採用すれば、日本映画は西洋の影響を阻止できるとの主張がなされた。

しかし、平林の主張は多少矛盾しているようにも見える。『トゥルクシブ』のような外国映画が、日本で働く映画人にとって、伝統文化への回帰を促す「教訓」となりえるのはどうしてか。平林が非難している「外国映画」とソビエト映画の根本的な違いは、「事実」の描き方にあるというが、ソビエト映画のみが浮き彫りにする「事実」とは、いったいいかなるものなのか。平林が称賛しているのは、おそらく『トゥルクシブ』における「近代化するアジア」のリアスティックな描写であろう。こうしたシークェンスの魅力は、平林以外の評論家も指摘している。作家の神近市子は、平林の論評が掲載された同じ『映画往来』のなかで、「文字を習い、自動車、汽関車の運転を習い、この文明に取り残されていた世界の一区域がいかに文化の黎明を迎えつつあるかを想像することは愉快なことである」と指摘している。[†53]

鉄道建設に励むトゥルクメン人やカザフ人の力強い姿こそ、ソビエト以外の外国映画で稀に見る特殊なイメージであった。映画におけるリアリズム研究の大御所、ハッラムとマーシュメントも指摘している通り、これまでの映画史における社会主義リアリズムやネオリアリズム、キッチン・シンク・リアリズムといった「リアリズム」の付く概念・運動は、いずれも同時代の映画群から欠落していた「何か」、他の映画では描かれなかった特定の「事実」を映し出そうとする願望から生まれたものだった。[†54] 映画『トゥルクシブ』のリアリズムが高く評価されていた一九三〇年代初頭、西欧諸国の映画から欠落し、ソビエト映画のなかで積極的に描かれていたものは、アジアの台頭と、アジア民族の解放であった。戦前の日本で反響を呼んだフセヴォロド・プドフキン監督の『アジアの嵐』や、ニコライ・エック監督の『人生案内』*Путёвка в жизнь*（一九三一）でも、主人公として肯定的に描かれているのは、アジア系の登場人物たちである［図1］。同年代の欧米諸国で作られていた映画にも、アジア系の風貌を持つ俳優が起用されることはあった。しかし、その描写はあらゆる偏見に満ち溢れ、決してポジティヴであるとは言い難いものだった。[†55] こうした状況は、昭和初期の日本を代表する映画人にとって、悩みの種でもあった。

純映画劇運動のリーダー的存在であった帰山教正は、一九二九年に発行された『映画往来』の日本映画海外進出特集号のなかで、日本映画が輸出されない根本的な要因として「俳優の人種問題」を挙げている。[†56] 唐突な意見だが、日本で作られる映画を欧米の製作モデルに近付けようと尽力してきた帰山だからこそ、その説得力は大きい。帰山は、日本で製作される映画の「作品価値」が、脚色法や撮影術においては「外国物に劣ることは絶対にない」ことを提唱しつつ、俳優の人種と密接な関係にある日本映画の「商品価値」は、乏しいままだと指摘している。しかし、帰山の意見が発表された一年後に劇場公開を果たした『トゥルクシブ』や『アジアの嵐』は、俳優の人種が、映画の国外進出を妨げる要素でないことを実証して見せた。アジア系の俳優が主役を演じているにもかかわらず（あるいは、それゆえに）、これらのソビエト映画は世界各地で高評価を得た。戦前の日本におけるソビエト映画への注目は、こうした事実とも関係している。日本映画の国外進出を望む知識人にとって、アジアを描くソビエト映画の成功は、目指すべき一つのモデルであった。

もっとも、ソビエト映画におけるアジアの描写は、西洋諸国に根付くヨーロッパ中心主義の傾向から全くもって自由な訳ではなかった。映画『トゥルクシブ』において、中央アジアの原住民が担っているのは、もっぱ

図1　『キネマ旬報』1931年1月下旬号に掲載された『アジアの嵐』の宣伝。主役を演じるワレーリー・インキジーノフと、春秋座の演劇で同役を演じる市川猿之助の外見的な類似をほのめかし、映画と演劇、音楽レコードが同時に宣伝され、現代日本におけるメディアミックスの手法を先取りしている点が注目に値する。

ら鉄道建設をめぐる重労働であり、その指揮にあたっているのは、都市部からやってきたロシア人である。軍服を思わせるロシア人技師の装いは、中央アジアに対するソビエトの帝国主義的な野望を連想させる。昼寝をしている原住民が、ロシア車のクラクションで目を覚ますといった描写も、中央アジアに生きる人々が、あくまで「文明化」の恩恵を受ける対象であることを示唆している。トゥルクシブ鉄道建設の中心的存在であったカザフ人技師、ムハメジャン・トゥイヌィシュパーエフ（一八七九―一九三七）の業績も、映画のなかでは全く語られていない。[†57]『トゥルクシブ』が公開された当時の日本において、これらの問題が指摘されることは稀であり、西洋諸国における観客同様、日本の批評家は『トゥルクシブ』が保持するオリエンタリズムに不満を抱くことなく、それを積極的に受け入れていた。映画評論家の飯田審美は、『キネマ旬報』のなかで、従来の「演技映画」にも勝る『トゥルクシブ』の凄まじい「迫力」を絶賛し、それを作り出す「感動的な」要素として、ロシアの測量隊が初めてカザフの村落を訪れる「微笑ましい情景」や、「いよいよ工事開始になってから相異る人種が協力して労働に従事する涙ぐましい意気込み」、「最初の工事が完成して新しい線路に走る機関車を追ってゆく土民たちの驚きと喜び」、「文化の輸入に遅れまいと勉強する彼らの奮発心」を挙げている。[†58]

前述したような高圧的な描写を多分に含んでいながらも、『トゥルクシブ』のようなアジアを舞台とするソビエト映画は、名目上は、国籍や人種的な違いに基づく差別を徹底的に拒絶するマルクス主義思想を、その製作理念として掲げており、これに共感を抱く左翼的な文化人は多かった。また佐々元十は、雑誌『プロレタリア映画』のなかで、ソビエトの映画が「民族の解放」を目指していることから、ブルジョア諸国で製作される「植民地映画」とは全く異なることを説いた。[†59]映画評論家の来島雪夫は『映画評論』のなかで、『トゥルクシブ』の翌年に公開されたシュネイデロフ監督の『パミール』に対して、この作品が「ソヴェートの未開地および未開民族に対する政策が如何なるものか」を記録した重要な作品であることを指摘したうえで、「我々はここにブルジョア国の探検とソヴェートの探検とはその使命と理想において本質的に異るということを知らねばならぬ」と述べ、ソビエトの探検の目的が「未開地にソヴェート国を建設し、労農文化を普及すること」であるのに対して、「ブルジョア国」のそれは、「帝国主義的侵略」であり、資本主義を助長するための富の搾取、市場の開拓であると力説している。[†60]

来島雪夫による『パミール』評が掲載された頁をめくると、同じく来島による『白魔』*Der weiße Teufel*（一九三〇）という作品の批評が目に入ってくる。ドイツのＵＦＡ撮影所で作られたこの作品は、レフ・トルストイの中編小説『ハジ・ムラート』（一九一二）を映画化したもので、一九世紀のコーカサス戦争で、帝政ロシアと戦っていた山岳民族の英雄が、ロシア軍に降伏した実話を、恋愛メロドラマ風にアレンジしている。ドイツで撮影されたこの作品の製作にあたったのは、監督のアレクサンドル・ヴォルコフをはじめとする亡命ロシア人の映画スタッフであった。主役を演じたのも、帝政ロシアの映画スター、イワン・モジューヒンだった。コーカサスに生きる少数民族を描く『白魔』に限らず、イワン・モジューヒンが謎めいた「東洋の王子」に扮する『蒙古の獅子』*Le Lion des Mogols*（一九二四）や、フランス統治下の北アフリカ、マグリブが舞台の『無名戦士』*Le Sergent X*（一九三一）など、亡命ロシア人が製作に関与していたヨーロッパ映画は、欧州に生きる観客の東方趣味を念頭に置くものが多かった。[†61] 革命後のソビエトで量産された紀行映画も、祖国を追われたロシア人亡命者によって製作された劇映画も、エキゾチックな「東洋」を描くことで、外国人評論家による高い評価と、商業的成功を得ることが出来た。

ユーラシア大陸に跨るロシアで生まれた人間は、そのイデオロギー的信念に関係なく、ミステリアスな「東洋」を描くのに相応しい人物として認識されていたようである。アジアとの深い関わりを持つ、ロシアの歴史と地理に所以してのことだろう。近現代史における日本もまた、「西」と「東」の間で揺れ動きながら、その国家アイデンティティーを形成してきた。昭和初期の日本における『トゥルクシブ』の受容は、そうした日本社会における複雑な自己認識を反映している。一九三〇年代初頭の文化人は、ソビエト映画におけるアジアの表象に惹かれ、その「非帝国主義的」な姿勢を奨励する一方で、日本をアジアの「一部」とは見なしておらず、ソビエトの映画作品が保持するオリエンタリズムを無抵抗に受け入れていた。

戦前の日本における映画『トゥルクシブ』の人気は、その製作者であるヴィクトル・トゥーリンの特殊な経歴とも関係していたように思われる。革命後のソビエトで記録映画作家としてデビューしたトゥーリンは、ハリウッドで俳優・脚本家として仕事をした経験を持ち、劇映画に関する知識が豊富であった。『トゥルクシブ』の構成が極めて「物語的」であることは、これまでにも指摘されてきた。「演技映画にも勝る」感動を生み出すものとして、飯田審美が高く評価していた『トゥルクシブ』の演出スタイルは、ジョン・グリアソンを初めとするイギリスの記録映画作家たちが提唱してきた「現実の創造的劇化」に相応するものだった。ポール・ローサの著書『ドキメンタリー映画』（一九三五）の翻訳を通して日本に初めて輸入されたこの概念は、一九三〇年代後半の日本で多大な影響力を持つようになる。阿部マーク・ノーネスも指摘しているように、劇映画と記録映画の接近・混合は、戦時下の日本映画が持つ重要な特徴の一つであった[†62]。こうした傾向が生まれた背景には、ポール・ローサによる記録映画理論の普及ばかりでなく、映画『トゥルクシブ』からの影響もあったように思われる。その評判は、一九三〇年代後半になってからも衰えることなく、『トゥルクシブ』を日本映画の目指すべき模範として讃える評論家は多かった。日中戦争が勃発した直後の一九三八年、雑誌『映画界』に掲載された馬場栄太郎の文章は、このことを鮮明に物語っている。

現在我々が最も期待し得る我国の記録映画の題材は支那大陸にあることは論を俟たない。所謂大陸政策の線に沿った経済的文化的開発と、支那民衆の生活と、我々国民との密接な関係こそはドキュメンタリスト達にとっての最大のテーマを現実に提供しつつあるものといへる。「上海」と「南京」を出発点として、我々は将来幾多の「トルクシイブ」的な題材を映画化する必要に迫られるであらう。[†63]

4 ソビエト映画と「リアリズム」を巡る議論

革命後のソビエト社会で重要な文化的傾向をなしていた「記録性」に依拠し、「民族解放」や「階級闘争」を積極的に訴えたソビエト映画は、同時代の日本や欧米諸国の映画には見られない特別な「事実」を映し出すものとして、新鮮かつリアリスティックなイメージが強固であった。ソビエトで作られる映画が「リアリズム」の概念と結びつけられるようになった背景としては、昭和初期の日本における、文化人の理論的活動も挙げられる。一九二〇年代の日本で有力だった「プロレタリア・リアリズム」や「機械のリアリズム」といった概念の形成は、ソビエトにおける芸術文化の発展と密接に関係しており、ソビエト映画の受容パターンにも影響を与えた。

「プロレタリア・リアリズム」の概念を打ち出した蔵原惟人（一九〇二―一九九二）は、マルクス主義の支持者であり、一九二〇年代後半の日本で台頭したプロレタリア運動の代表的な理論家・文芸評論家であった。ソビエトへの留学経験を持ち、日本共産党へも入党していた彼の主張には、ソビエトで支配的だった文芸理論と共通する部分が数多く目立つ。なかでも、共産党の掲げる政策を忠実に反映する文学の創造を訴えたヴラジーミル・レーニンの有力な論文「党の組織と党の文学」（一九〇五）や、全ロシア・プロレタリア作家協会（ВАПП《ワップ》）による文学の定義が、蔵原の思想に与えた影響は大きかった。一九二八年に発表された「プロレタリア・リアリズムへの道」という論文のなかでも、蔵原はプロレタリアの「眼をもって」というワップの表現を引用しながら、自らの主張を明らかにしている。文学を階級闘争の武器として捉えていた蔵原は「プロレタリア前衛の眼をもって世界を見ること」、そして「厳正なるレアリストの態度をもってそれを描くこと」をプロレタリア・リアリズムの絶対条件として掲げた。[†64]階級認識に依拠した世界観を唯一の「正しい」理論と見なしていた彼は、労働者の闘争を描く作品にのみ、真の「リアリズム」を見出した。社会主義への期待が高まっていた昭和初期の日本で、こうした理論は絶大な影響力を発揮することが出来た。そして、このようなマルクス主義的な文芸理論を支持する知識人にとって、階級闘争を訴えるソビエト映画は、必然的に「リアリズム」を意味していた。

　一方で、蔵原が提唱する「プロレタリア・リアリズム」の概念を、過度に政治的で具体性を欠いたものとして非難する者もいた。美術評論家の板垣鷹穂（一八九四―一九六六）は、主観的でしかありえない人間の眼と比べて、遥かに機能的である「機械の眼」が生み出す「リアリズム」の存在を説いた。一九二九年に発表された「『機械のリアリズム』への道」において、板垣は、写真や映画を撮影するカメラが、世界を客観的に捉える有力なツールであることを述べ、人間の眼には見えない、隠れた「事実」を新たに発見し、複製することを可能にするカメラの「美しさ」と将来性を讃えた。板垣は、ソビエトで「映画眼」の概念を打ち出したジガ・ヴェルトフの理論を日本で紹介した評論家の一人であり、「機械のリアリズム」を巡るその理論には、ヴェルトフの主張と類似する部分も多くあった。[†65]しかし、これらのアイデアは「プロレタリア・リアリズム」に匹敵する影響力を持つことはなかった。日本を代表する美術評論家である中井正一や清水光、寺田寅彦らが発表したヴ

図2　『キネマ旬報』1932年2月下旬号に掲載されたジガ・ヴェルトフ『これがロシアだ！！』の宣伝からは、その実験的なスタイルは伝わってこない

エルトフ論は、ヴェルトフの映画作品を実際には何も観ずに書かれたものだった。ヴェルトフの映画が日本で初めて公開されたのは一九三二年になってからであり、その期待すべき上映は失望に終わった。ヴェルトフの傑作『カメラを持った男』に対する評価は極めて低かったのである〔図2〕。映画学者の山本直樹は、こうした反応を生み出した要因として、一九三〇年代初頭の日本映画におけるトーキーへの移行と、ソビエトにおける社会主義リアリズムの台頭を挙げている[†66]。日本におけるソビエト映画の評価が、ソビエト国内の動きに左右されることはよくあった。一九二〇年代後半のソビエト・メディアにおいて支配的であった、ヴェルトフを「形式主義者」として否定的に受け止める傾向は、左翼的な日本の文化人にも受け継がれ、プロキノの関係者によって発表されたヴェルトフ評は、同時代のソビエトにおける言説を極めて忠実に再現している[†67]。

　昭和初期の日本における、映画『カメラを持った男』への関心の薄さは、一九三二年当時の日本にお

ける政治的な動きとも関係していたように思われる。一九三一年九月には、南満州鉄道の線路が爆破され、中国の北東部は関東軍によって占領された。一五年戦争の起点とされる「満州事変」は、極東アジアにおける軍事力のバランスと、日本国内における人々の生活文化を大きく変えた大事件であった。ヴェルトフの作品が日本で初めて公開されたのは、一九三二年三月一〇日。満州国の建国が宣言された一〇日後のことだった。『キネマ旬報』に掲載された批評のなかで、『カメラを持った男』におけるヴェルトフの実験的な試みは「遊び」に喩えられ、その製作の「意義」は問題視された。[†68] 映画評論家の木内嗣夫は『映画評論』のなかで、ヴェルトフの映画が「決して五カ年計画の紹介になっていない」ことを惜しみ、作品全体における「統一」が欠落していることを指摘した。[†69] アヴァンギャルドの精神に溢れるヴェルトフの映画は、「未完結」で、「物足りなさ」が残る作品として厳しく評価されたのだった。

「非常時」の日本で求められていたのは、イデオロギー的メッセージの簡潔さと分かりやすさであった。このことを端的に示しているのは、『カメラを持った男』と同時期に公開されたもう一つのソビエト映画の人気である。一九二八年にヴラジーミル・コロレーヴィチ監督によって製作された『生存の闘争』は、「自然界をつらぬく弁証法的な法則」を題材として扱うサイレントの記録映画であった。アメリカへの輸出の際にはサウンド映画として再編集され、日本で劇場公開されたのも、この「サウンド版」であった。しかし、その音楽は「単なる気分描写のためのアンダーライン的役割」を果たしているもので、「気の効いた音楽伴奏」に過ぎないとして、殆ど注目されることはなかった。[†70] 評論家たちの関心を集めたのは、この作品の内容と、物語構成だった。文芸評論家の稲垣一穂は雑誌『映画評論』のなかで、コロレーヴィチの映画が、「生物の本能が闘争である」事実や、「階調とか平和とか静粛とか云うもの」が、決して「永遠の理想では有りえない」ことを「正確にモンタージュ」している点において高く評価していた。[†71] 中国との戦争に突入したばかりの日本社会にとって、自然界における「闘争」の必然性を説くコロレーヴィチの作品は、ヴェルトフの実験映画と比べて遥かにタイムリーで、上映価値を有する作品であった。[†72] エヴゲーニー・スパルヴィンの後にヴォクス日本代表となったミハイル・ガルコヴィチが、モスクワへ送っていた資料には、映画『生存の闘争』を観ていた昭和天皇が、この作品を「大変気に入られた」との記述もある。[†73]

アヴァンギャルドに代わって、社会主義リアリズムが台頭し、「何百万人もの観客に分かりやすい映画」の製作が国家事業として掲げられた一九三〇年代のソビエトにおいて、ヴェルトフの実験的な試みは時代遅れであり、これと同等の傾向は、満州事変以降の日本でも確認された。「非常時」における国民の動員と、植民地の紹介・啓蒙といった新たな課題に直面していた日本において、知識層の関心を集めていたのは、ソビエト映画が持つ芸術性よりも、むしろその記録性と扇動能力であった。もっとも、昭和初期の日本における文化人は、ソビエト映画を「観る」ことばかりでなく、その理論や技術から「学ぶ」ことにも意欲的であった。ソビエトの記録映画が、日本における「啓蒙的な地理的記録映画のジャンル誕生」に大きく貢献していたことは、山本喜久男も『日本映画における外国映画の影響――比較映画史研究』のなかで認めている。[†74] なかでも彼は、一九三四年の『キネマ旬報』に掲載された飯田審美の論考に言及しながら、同年のキネマ旬報ベスト・テン第六位に選ばれた、樺太を描く青地忠三監督の記録映画『北進日本』（一九三四）が、ソビエトで作られたニコライ・ヴィシュニャク監督の『極北に進むソヴェート』と、「立場こそ異なれ」同じ意図で製作されていたことを指摘している。[†75] 戦前戦中の日本における映画関係の定期刊行物で『トゥルクシブ』に学ぶ必要性が繰り返し強調されてきたことは、これまでにも指摘した通りである。

問題は、ソビエト映画に「何を」学ぶかであった。蔵原惟人が提唱した「プロレタリア・リアリズム」を支持する文化人は、ソビエト映画が保持するマルクス主義的な世界観に注目した。雑誌『映画往来』にトゥルクシブ評を投稿していた平林たい子は、日本の映画人が『トゥルクシブ』にみられるような製作法を用いて「東京というものの姿を実写しようとした場合」を想定し、その試みが成功する条件を次のように纏めていた。

もし、あの種の映画を日本でつくろうと考へる人があるなら、ただテクニックや題材の真似だけをしやうと思はずに、何故、ああいふ映画を生み得たか、といふロシヤの生活のバックまでをよく研究して頂きたい。[†76]

ソビエトの映画が持つ「記録性」や編集の「テクニック」、高度な扇動能力や近代化するアジアを肯定的に描く力を生み出すのは、ソビエト共産党が掲げるマルクス主義的な世界観なのか。ソビエトの映画が持つ特長は、その左翼的なイデオロギーと表裏一体の関係にあるのか。それは多くの知識人を悩ませていた問題であった。中井正一が発表した「春のコンテニュイティー」をはじめとする、ソビエトで作られた映画の構造を詳細に記録しようとする試みは、ソビエトの映画が保持する技術をそのイデオロギーから切り離そうとする努力のあらわれとしても解釈出来よう。ソビエトの記録映画に特徴的であった様々な要素は、マルクス主義と敵対するイデオロギー体制を持つ戦時下の日本で果たして適用可能だったのだろうか。前述した飯田審美の発言を手掛かりに、「立場こそ異れ」同じ意図を持って作られていたという、樺太を舞台とする日ソの記録映画に着目しながら、考えてみたい。

5 記録映画にみる樺太——比較映画史研究への試み

オホーツク海の南西部、北海道から約一六〇キロ北上したところに浮かぶ細長い島を日本人は樺太、ロシア人はサハリンと呼ぶ。日露両国の本格的な進出が始まる前から、この地にはニヴフ（ギリャーク人）や、ウィルタ（オロッコ人）、アイヌの人々が住み着いていた。日本とロシアは、これらの民族を巻き込みながら、樺太で様々な交流や衝突を繰り返してきた。島全体が日露によって領有されていた時代もあれば、帝政ロシアが樺太を流刑地として、単独で支配していた時期もある。一八九〇年にサハリンを訪れた作家のアントン・チェーホフは、島で暮らす囚人たちの生活を詳細に記録し、自らの調査結果を『サハリン島』*Остров Сахалин*（一八九五）という報告書風の書物に纏めた。日露戦争以降、樺太は日本の小説や映画にも描かれるようになった。島を旅した林芙美子の紀行文や、宮沢賢治や北原白秋の詩、樺太でのロケーション撮影が行われた田中重雄の劇映画『北極光』（一九四一）などは有名である。北海道に隣接しながら、一九四三年まで「外地」扱いを受けてきた樺太の視聴覚メディアにおける表象は、戦時下の日本における植民地政策や、郷土アイデンティティーの形成を考えていくうえでの重要な手がかりを我々に与えてくれる。[†77]

日露戦争後、樺太は北緯五〇度線を境に分割され、島の南半分は日本の統治下に置かれた。日本に「陸」の国境が出来たのは、このときが初めてである。一九〇五年から一九四五年まで、樺太の南半分は日本領として、北半分はソビエト領として発展し続け、両国はそれぞれに割り当てられた土地を、自国の一部として位置付けるにあたって、記録映画を巧みに利用してきた。ソビエト映画の「記録性」に強く惹かれつつも、日本の映画人が応用してきた樺太の表象戦略には、ソビエト映画のそれとは大きく異なる点も目立つ。同じ土地を描く日本とソビエトの記録映画を比較考察することで、両国における文化的・イデオロギー的な違いが、映画製作のなかでいかに表現されてきたかを浮き彫りにしていく。日本で製作された映画に関しては、東京国立近代美術館フィルムセンターで特別映写を依頼し、ソビエトの記録映画は、ロシア国立映画・写真資料公文書館（РГАКФД）で閲覧することが出来た［表1］。

表1に纏めたリストからまず浮かび上がってくるのは、「本土」に対する樺太の位置付けを巡る認識の違いである。日本で作られた映画が、樺太だけに焦点を置いているのに対して、ソビエトの記録映画は、カムチャツカやチタなど、他のロケーションと合わせて樺太を紹介している場合が多い。ソビエトのニュース映画において樺太が取り上げられるのは、そこでノルディックスキーの選手権やボート大会が開催されるときなど、何らかの大掛かりなイベントがあったときに限る。樺太はまた、それが島であるにもかかわらず、ユーラシア大陸の地続きとして描かれる場合が多い。ロシアの沿海地方と樺太の間に位置する間宮海峡（タタール海峡）は、冬になると凍結し、徒歩で横断することが可能となる。ソビエトの記録映画は、このユニークな地形を繰り返し強調し、氷と雪に覆われた海峡を徒歩で渡るスキー選手の姿は、樺太表象の定番となった。ソビエト本土と樺太の結束を象徴するこのイメージは、健康的な身体作りと忍耐力の育成、人間による自然の克服を国家レベルで掲げたソビエトの公式イデオロギーに相応するものだった。

冬のスポーツを描くシークェンスは、日本の映画人によって撮影された記録映画にも登場する。横浜シネマ商会製作の『アテナ・ライブラリー第五十篇　大氷海』（一九三一）には、樺太に駐在する日本軍が、「氷上の運動会」を開く微笑ましい場面がある。氷に覆われた真っ白な平野で輪を作り、一斉に体操を始めるその姿は、不自然ながらも、どこか愛嬌を感じさせる。字幕のなかで「運動会」という言葉が使われている点は、注目に

表1　樺太を舞台とする日本とソビエトの記録映画一覧　※現存する映画作品のみ

	作品名	製作年	製作者	撮影会社
日本	韃靼海峡氷原航海大正十二年二月	一九二三	近藤至誠	
	海豹島	一九二五		文部省
	北方の富源　樺太の産業	一九二五		文部省
	アテナ・ライブラリー第五十篇　大氷海	一九三一	青地忠三	横浜シネマ商会
	北進日本	一九三四	青地忠三、佐伯永輔、上野行清	横浜シネマ商会
	産業の樺太	一九三五頃	横浜シネマ商会	
ソビエト	カムチャッカとサハリンを行く *По Камчатке и Сахалину*	一九二九	L・ヴリフォフ M・レオンティエフ	ソフキノ
	チタ―サハリン *Чита - Сахалин*	一九三〇	N・ソロヴィヨフ A・クシェシュヴィリ	ソユーズキノ
	勝者の道 *Дорогой побед*	一九三四	M・ベイレホフ	ソユーズキノフロニカ
	サハリン *Сахалин*	一九三九	V・ボイコフ	ソユーズキノフロニカ
	Союзкиножурнал № 15	一九三三	O・ポドゴレツカヤ	ソユーズキノ
	Союзкиножурнал № 4/503	一九三四	V・ボイコフ	ソユーズキノ
	Союзкиножурнал № 32	一九三四	F・キセリョフ	ソユーズキノフロニカ
	Союзкиножурнал № 1	一九三五	O・ポドゴレツカヤ	ソユーズキノフロニカ
	Союзкиножурнал № 97	一九三九	V・ボイコフ	ソユーズキノフロニカ

値する。近代日本を象徴する体育行事として、明治末期から社会に広く普及した運動会は、地域を問わず日本全国で開催されている。こうした国民的行事を、氷の上で撮影することで、映画の製作者は樺太を本土と何ら変わりのない、日本の「一部」として位置付けると同時に、そのエキゾチックな側面を引き出すことにも成功している。日本文学や劇映画における樺太の表象を論じてきたテッサ・モーリス＝スズキも指摘しているように、日本統治下の樺太における郷土アイデンティティーは、「異質性」と「親しみやすさ」のバランスを模索するなかで形成されてきた[†78]。

樺太における気候の厳しさは、その異質性を引き出す重要な要素である。日本で製作された記録映画において樺太を象徴するのは、見渡す限り真っ白な雪景色にトナカイ、犬ゾリ、凍って動かなくなったカメラなどである。樺太に駐留する日本軍の生活を収めた『韃靼海峡氷原航海大正十二年二月』（一九二三）には、軍人による防寒対策が一種のデモンストレーションのように丁寧に描かれている。カメラの前に立つ兵隊は、自分が毎日重ね着している衣類を、一枚ずつ着用してみせる。鼻覆いまで付いた暖かそうな毛皮帽を被って、外へ出る準備は完了である。一九〇五年から一九四五年にかけて日本の統治下にあったのは樺太南部であり、その気候は、島の北部と比べてむしろ温暖であった（州都ユジノサハリンスクは、クリミア半島や、ロシア随一の保養地であるソチと同じ緯度にある）。それにもかかわらず、樺太を舞台とする映画の撮影が行われたのは主に冬で、撮影のロケーションとしては、ロシアとの国境沿いに近い北部のエリアが好んで選ばれた。

サハリン島北部と比べて遥かに住みやすかった樺太南部を、あえて極寒の地として描くことで、日本で製作された記録映画は、樺太ばかりでなく、大日本帝国という巨大なエンティティのイメージ構築に貢献していた。大日本帝国が占める地理的空間をより広範なものとして提示するために、樺太は北極を思わせるような極端に寒い場所として表象された。樺太に生きる原住民の生活を捉えた『アテナ・ライブラリー第五十篇　大氷海』

には、「サンタクロースの様なオロッコ人」という字幕も登場する。少し無理のある喩えではあるが、サンタクロースの居住地とされる北欧や、その他北極圏の国々と、樺太との共通点を見出そうとする製作者の意図が感じ取れる。いわゆる「内地」では決して見かけないエキゾチックな風景など、樺太の「非日本的」な要素を前景化し、それを日本の一部として位置付けることで、「日本」という空間そのものが再定義された。北極海へのアクセスは西洋諸国ならではの特権であり、北極と樺太の類似をほのめかすことで、日本は欧米列強にも決して劣らない、地理的に多様な帝国として表象された。樺太島の東側に浮かぶ海豹島の描写もまた、これと同様の役割を果たしてきた。この小さな無人島にあるオットセイの繁殖地は、アメリカやソビエトと並んで、世界最大規模であることが、映画の字幕やナレーションを通して繰り返し強調されてきた。

樺太を自国「固有の領土」として位置付けるにあたって、日本とソビエトの映画人が応用する手法は対照的である。日本語で書かれた看板や標識、菊花紋が刻み込まれた国境標石のイメージが多用される日本映画に対して、ソビエトのプレゼンスが提示されるのは、その市民を通してである。映画の撮影クルーとともに北樺太を実際に訪れた研究者やパイロット、現地で活躍する共産党員らの顔がクロースアップで映し出され、彼らの名前や職名が詳しく紹介される〔図3―5〕。首都モスクワから一万キロ近く離れた極東地域での生活は、具体的な人物と結びつけられることで、より現実味のあるものとして描かれ、実在する人物の名前や職名を引用することで、現地で撮影された映像にはより高度な信憑性が与えられた。ソビエトの記録映画において、クロースアップで映し出されるのは、スラブ系の風貌を持つ人物が殆どだが、樺太やその周辺で暮らす原住民や日本人が登場する珍しい描写もある。一九二九年に撮影された『カムチャッカとサハリンを行く』には、日本の漁師と思われる人物が「日本の労働者」という字幕付きで、クロースアップで映し出され〔図6〕、着物を着た日本人女性も、ときおり姿を見せる〔図7〕。一九二九年当時の日ソ関係が極めて良好であった事実や、革命直後のソビエトで掲げられた、国境を越えた労働者の団結と世界革命への夢が、映画製作の現場からまだ完全に消え失せていなかったことを裏付けるシークェンスである。『カムチャッカとサハリンを行く』に登場する日本人の男性が、ソビエトの空間に入り込めたのは、彼に「労働者」という肩書きがあったからである。

カムチャッカの水産加工工場で働くロシア人女性の多くは、頭に日本製と思われる和柄のハチマキを巻きつけており、日ソ間における民間レベルでの交流・品物の売買が行われていたことは、容易に想像がつく。一九二〇年代から第二次世界大戦が終了するまで、日本は北樺太で石油の開発も行っており、両国の関係は極めて密接であったが、映画のなかでこの事実が取り上げられることはない。日本の記録映画にも、ロシア人が登場する場面は殆どなく、その唯一の例外は、一九二三年に製作された『韃靼海峡氷原航海大正十二年二月』で、ロシア内戦中に日本軍が駐留していたアレクサンドロフスク・サハリンスキー（亜港）で捕虜となったロシア

図3　カムチャッカで共産党の書記を務めたN. ズィーキン（『カムチャッカとサハリンを行く』1929）

図4　内戦中、極東で赤軍のパルチザン運動を指揮していたI. ラーリン（同）

図5　極東を訪れたパイロットのS. シェスタコフ（同）

兵が、日本の病院で治療を受けている場面が描かれている。『北方の富源 樺太の産業』（一九二五）において、ロシアのプレゼンス（あるいはその不在）を感じさせるのは、南樺太が日本領となってから使われなくなった教会など、古びたロシアの木造建築である。全国樺太連盟のウェッブ・サイトで公開されている『産業の樺太』でも、昭和一〇年末に行われた人口調査への言及があり、島で暮らす人口の九割以上が「内地人」であることが強調された。

国境地帯である南樺太を、多民族的な空間として位置付けるような描写は避けられていたようである。これに対して、日本民族の優位を脅かす勢力として認識されていなかった島の原住民は、映画のなかで好んで描かれてきた。樺太に生きるニヴフやウィルタ、アイヌの人々を描くシーンは、日ソ両国の記録映画に登場するが、その表象パターンには注目すべき違いが確認される。ソビエトの記録映画では、原住民と彼らを啓蒙する立場にあるソビエト市民との交流に重点が置かれた。『カムチャッカとサハリンを行く』では、極東を訪れた共産党幹部のアレクサンドル・ショトマンが、アムール川流域に居住しているナナイ族の子供たちに本を読み聞かせている場面や［図8］、若手の党員たちが北樺太に住むギリャーク人と何かを語り合っている場面が描かれている［図9］。一九三四年にサハリン（スタート地点はハバロフスク）で行われたスキー選手権の様

図6　日本人の漁師（同）

図7　ペトロパブロフスク・カムチャツキーの様子（同）

図8　アレクサンドル・ショトマンとナナイ族のピオネールたち（同）

図9　ギリャーク人の村を視察で訪れた党員たち（同）

子を捉えた『勝者の道』では、選手の一人がコヒテという名前を持つナナイ族の娘にスキーを教える場面があり、このシーンはソビエトのニュース映画である『ソユーズキノジュルナール No.4/503』（一九三四）でも再度紹介された〔図10–12〕。ソビエト国内に生きる民族同士の友情を視覚的に裏付ける証拠として撮影されたこれらのシーンは、他のエスニシティに対するロシア人の優越を正当化するものでもあった。日本の記録映画における原住民の描写は、これとはまた違った問題を孕んでいる。日本で作られた映画作品には、樺太で暮らす原住民をかなりの近距離で撮影した場面が数多く登場するわりに、日本人の居住者をクロースアップで映し出す場面が一切見当たらない。両者が何らかの形で交流する場面も撮影されなかった。樺太に生きる原住民は、島が誇るエキゾチックな「風景」の一部であり、その身体は大胆な観察の対象であった。そうした撮影はしかし、樺太に生きる原住民の姿を表面的に捉えるだけで、その生活の実態に迫るものではなかった。

実在する人間への関心、その具体的な生活に関する情報が不十分であったことは、昭和初期の日本で活躍した批評家もよく指摘していた。一九三四年に公開された青地忠三の『北進日本』に対して、作家の平野零児は「強いて欠点をあげますならば、もう少し人間の生活といふものが現れていたらよかったと思ひました。ギリャーク人等の実写の裏に隠れている生活でもよろしいんですし、蟹工船の人の生活でも、も少し人間を取り扱ってもいいと思ひました」と述べ、[†79]ジャーナリストで評論家の大宅壮一は、「ただ一つ残念に思うことは、産業に従事している人達の生活が、出ていたらもっと面白かっただろうと思います。ギリャークやオロッコという人達でも、小学校の挿絵でしか知らない人達の実際の生活を所々に具体的に挟んで頂いたら、もっとよかったのではないかと思ひます」と発言している。[†80]

日本の知識人が求めていたのは、ソビエトの記録映画に見られるようなリアリズム（の錯覚）であった。これまで見てきたソビエト映画が、樺太での生活をどこまで現実的に描き出していたかは、大いに疑問が残る。極東地域に生きる人々の名前や職業を明示し、その顔をダイレクトに映し出すアプローチはしかし、観客に対しリアリスティックな印象を与えるものだった。一般の人々の生活に入り込み、それを自由自在に演出し撮影

図10　ディナモの選手とナナイ族の少女コヒテ（『勝者の道』1934）

図11　同

図12　同

していく力は、映画産業の国有化と、ソビエト共産党からの強力なバックアップによって支えられていた。ソビエト映画のリアリズムの根底にあるのが、その政治システムと社会構造だとする日本の知識人による指摘は、あながち間違いではなかった。ソビエト映画の大きな魅力として認識され、その「リアリズム」を生み出す条件の一つとして受け止められていた政府との緊密な関係は、満州事変以降の日本映画界にも深く浸透していくことになる。

†1 Vladimir Petric,"Soviet Revolutionary Films in America（1925-1935）"（PhD diss., New York University, 1973）. Голдовская М.Е. Советская кинооператорская школа и ее роль в мировом кино. Автореферат диссертации на соискание ученой степени кандагата искусствоведения. М.: Всесоюзный государственный институт кинематографии, 1968; Jessica Ka Yee Chan, "Translating 'montage': The discreet attractions of Soviet montage for Chinese revolutionary cinema," *Journal of Chinese Cinemas* 5, no.3（November 2011）: 197-218.

†2 木下千花『溝口健二論――映画の美学と政治学』法政大学出版局、二〇一六年、五三一―五五一頁。

†3 佐藤忠男『日本映画理論史』評論社、一九七七年、一〇頁。

†4 Michael David-Fox, *Showcasing the Great Experiment: Cultural Diplomacy and Western Visitors to the Soviet Union, 1921-1941*（New York: Oxford University Press, 2012）.

†5 藤本和貴夫「エヴゲーニー・ゲンリホヴィッチ・スパルヴィン（一八七二―一九三三）ウラジオストク東洋学院教授・在東京ソ連邦大使館書記」長塚英雄編『日露異色の群像30――文化・相互理解に尽くした人々』東洋書店、二〇一四年、一三〇―一五七頁。

†6 エヴゲニー・スパルウィン『横目で見た日本』新潮社、一九三一年。

†7 РГАЛИ. Ф. 2496. Оп. 2. Ед. хр. 1. Л. 56.

†8 ГАРФ. Ф. 5283. Оп. 4. Ед. хр. 35. Л. 5.

†9 ГАРФ. Ф. 5283. Оп. 4. Ед. хр. 68. Л. 38-39.

†10 ГАРФ. Ф. 5283. Оп. 4. Ед. хр. 68. Л. 36.

†11 ГАРФ. Ф. 5283. Оп. 4. Ед. хр. 35.

†12 ［Ефремов М. П.］Предисловие // Чвялев Е.Д. Советские фильмы за границей. Три года за рубежом. Л.: Теакинопечать, 1929. С. 5.

†13 Gregory J. Kasza, *The State and the Mass Media in Japan, 1918-1945*（Berkeley: University of California Press, 1988）, 41.

†14 川畑直道「日本におけるソビエト映画ポスターの受容——ポスター展を中心に」『無声時代ソビエト映画ポスター《袋一平コレクション》カタログ』独立行政法人国立美術館・東京国立近代美術館、二〇〇九年、八九―九七頁。

†15 岩崎昶や森岩雄を含む日本の映画人が、税関で働く検閲官向けに行われた『戦艦ポチョムキン』の試写に同席していた話は有名である。岩崎昶「ソビエト映画と日本」『ソヴェト映画』一九五二年一月号、一四頁。

†16 袋一平がヴォクスに宛てたロシア語の手紙からの引用。ГАРФ. Ф. 5283. Оп. 4. Ед. хр. 68. Л. 1.

†17 ГАРФ. Ф. 5283. Оп. 4. Ед. хр. 68. Л. 168.

†18 ГАРФ. Ф. 5283. Оп. 4. Ед. хр. 68. Л. 169-170.

†19 АВПРФ. Ф. 08. Оп. 9. П. 21а. Ед. хр. 130. Л. 42.

†20 Чвялев Е.Д. Советские фильмы за границей. Три года за рубежом. Л.: Теакинопечать, 1929. С. 46.

†21 ГАРФ. Ф. 5283. Оп. 4. Ед. хр. 68. Л. 169-170.

†22 今村太平「ソビエト映画の影響——戦前の回想」『ソビエト映画の四〇年』世界映画資料社、一九五九年、三四頁。

†23 Elizabeth Astred Papazian, *Manufacturing Truth: he Documentary Moment in Early Soviet Culture*（DeKalb: Northern Illinois University Press, 2009）, 5.

†24 Болтянский Г. М. Ленин и кино. М.: Л., 1925 г., С. 16-18.

†25 Julia Hallam and Margaret Marshment, eds., *Realism and Popular Cinema*（Manchester: Manchester University Press, 2000）,

32.

†26 Пути кино: Первое всесоюзное совещание по кинематографии / Под ред. Б.С. Ольхового. М., 1929.

†27 Собрание законов и распоряжений Рабоче-крестьянского правительства Союза Советских Социалистических Республик. Отд. 1. – 7 декабря 1929. – № 76. – С. 738.

†28 Abé Mark Nornes, *Japanese Documentary Film: The Meiji Era Through Hiroshima* (Minneapolis: University of Minnesota Press, 2003), 14.

†29 「ロシア名画トウルクシブ」『キネマ旬報』一九三〇年九月下旬号、三一頁。

†30 ГАРФ. Ф. 5283. О. 4. Ед. хр. 51. Л. 10.

†31 北川鉄夫「プロキノ映画通信員について——その草案」『プロレタリア映画』一九三〇年八月号、二一頁。

†32 Вертов Д. Статьи, дневники, замыслы. М.: Искусство, 1966. С. 81; Вертов Д. Творческая карточка. 1917-1947 / Публикация и комментарии А.С. Дерябина // Киноведческие записки. № 30 (1996). С. 163.

†33 佐々元十「ソヴェート映画から何を学ぶか」『プロレタリア映画』一九三〇年一一月・一二月合併号、五六―六〇頁。

†34 中島信「〝不在地主〟のダイアグラム」『プロレタリア映画』一九三〇年一一月・一二月合併号、五三―五五頁。

†35 ГАРФ. Ф. 5283. О. 4. Ед. хр. 68. Л. 169.

†36 「トゥルクシブを参謀本部、鉄道省推薦あそばる」『プロレタリア映画』一九三〇年一〇月号、五七頁。

†37 清水千代太「トウルクシブ」『キネマ旬報』一九三〇年一〇月下旬号、三三頁。

†38 衣笠貞之助「モスクワで見た「トゥルクシブ」」『映画科学芸術』一九三一年一月号、六頁。

†39 ГАРФ. Ф. 5283. О. 4. Ед. хр. 68. Л. 178-179; ГАРФ. Ф. 5283. О. 4. Ед. хр. 51. Л. 10.

†40 「ロシアから希望して来た 我が文化紹介の映画 同国名監督を招き松竹が撮影」『東京日日新聞』一九三〇年八月二三日、九面。

†41 プドフキンによる来日の予定は『大阪毎日新聞』によっても報じられた。「ロシアの名監督を迎へ わが国文化の映画化 松竹キネマに招かれるプドーフキン氏」『大阪毎日新聞』一九三〇年、八月二三日、七面。

†42 ГАРФ. Ф. 5283. О. 4. Ед. хр. 68. Л. 60.

†43 Roland Cosandey, “Some Thoughts on ‘Early Documentary’,” in *Uncharted Territory: Essays on Early Nonfiction Film*, eds. Daan Hertogs and Nico de Klerk（Amsterdam: Nederlands Filmmuseum）, 37-50.

†44 Elizabeth Sussex, *The Rise and Fall of British Documentary: The Story of the Film Movement Founded by John Grierson*（Berkley: University of California Press, 1975）, 29.

†45 Дерябин А.С. «Наша психология и их психология – совершенно разные вещи». «Афганистан» Владимира Ерофеева и советский культурфильм двадцатых годов // Киноведческие записки. № 54（2001）. С. 53.

†46 Leo Hirsch, Im Lande Amanullahs. In: Berliner Tageblatt, Nr. 256, 2.6.1929.

†47 Письмо из Берлина. «Афганистан» в Берлине // Кино（М.）. – 1929. – 25 июня. – С. 3.

†48 Matthew J. Payne, “Viktor Turin’s Turksib（1929）and Soviet Orientalism,” *Historical Journal of Film, Radio and Television* 21, no. 1（2001）: 37-62.

†49 香野雄吉「ソヴェート映画「トゥルクシブ」――コンティニュイティにそえて」『映画科学芸術』一九三一年一月号、五六頁。

†50 岩崎昶「『トゥルクシブ』と日本映画」『現代の目』一九五五年四月号、七頁。

†51 平林たい子「トゥルクシブ――観覧後の素人感」『映画往来』一九三〇年一一月号、三六―三七頁。

†52 中野健二「トウルクシヴを見て」『キネマ旬報』一九三〇年一一月号、五二頁。

†53 神近市子「組織的な自然征服」『映画往来』一九三〇年一一月号、三九―四〇頁。

†54 Hallam and Marshment, eds., *Realism and Popular Cinema*, xi.

†55 Karla Rae Fuller, *Hollywood Goes Oriental: CaucAsian Performance in American Film*（Detroit: Wayne State University Press, 2010）; Daisuke Miyao, *Sessue Hayakawa: Silent Cinema and Transnational Stardom*（Durham: Duke University Press, 2007）.

†56 帰山教正「日本映画の海外進出について」『映画往来』一九二九年九月号、一三頁。

†57 佐藤千登勢「映画『アジアの嵐』と『トゥルクシブ』における東と西」望月哲男編『スラブ・ユーラシアにおける東西

文化の対話と対抗』21世紀ＣＯＥプログラム研究報告集№21、二〇〇七年、一二三頁。

†58 飯田審美「トゥルクシブ」『キネマ旬報』一九三〇年九月下旬号、一三三頁。

†59 佐々元十「植民地映画に就て」『プロレタリア映画』一九三〇年一〇月号、一六―一七頁。

†60 来島雪夫「パミール」『映画評論』一九三一年五月号、七三―七四頁。

†61 メリニコワ・イリーナ「１９２０―１９３０年代のヨーロッパ映画における亡命ロシア人とロシアのイメージ」『言語文化』二〇一二年三月号、三五三―三七六頁。

†62 Nornes, *Japanese Documentary Film*, 105.

†63 馬場栄太郎「記録映画」『映画界』一九三八年八月号、四一頁。

†64 蔵原惟人『蔵原惟人評論集［1］』新日本出版社、一九六六年、一四六―一四七頁。

†65 Naoki Yamamoto, "Eye of the Machine: Itagaki Takao and Debates on New Realism in 1920s Japan," *Framework: The Journal of Cinema and Media* 56, no. 2 (2015): 368-387.

†66 Naoki Yamamoto, "Realities That Matter: The Development of Realist Film Theory and Practice in Japan, 1895-1945" (PhD diss., Yale University, 2012), 95.

†67 山内光「ソヴェート・ロシアの映画界を訪ふ」『プロレタリア映画運動の展望』大鳳閣書房、一九三〇年、二六七―二六八頁。

†68 和田山茂「これがロシアだ」『キネマ旬報』一九三二年四月上旬号、四三頁。

†69 木内嗣夫「これがロシアだ」『映画評論』一九三二年四月号、一三八―一三九頁。

†70 巨椋晋「ソヴェートロシヤのトオキイ」『映画評論』一九三二年五月号、七一頁。

†71 稲垣一穂「生存の闘争」『映画評論』一九三二年四月号、一三九―一四〇頁。

†72 一九七八年に東京国立近代美術館フィルムセンターで発行された『ソ連映画の史的展望〈一九二三―一九四六〉（一）』のなかでも、映画『生存の闘争』はソビエトを代表する記録映画として取り上げられているのに対して、ヴェルトフの『カメラを持った男』への言及は見当たらない。

†73 昭和天皇を巡る情報がガルコヴィチに伝えられたのは、「ナガタ」という人物を通してであった。ガルコヴィチはナガタに「『生存の闘争』に似た内容の『ステップ草原の真珠』というソビエト映画がある」ことを伝え、ナガタは「それを検討する」との約束を残していたことから、彼は映画関係者であったことが推測出来る。後に大映の社長となった永田雅一の名前が思い出されるが、彼とは別人であった可能性が高い。ГАРФ. Ф. 5283. Оп. 1а. Ед. хр. 195. Л. 86.

†74 山本喜久男『日本映画における外国映画の影響——比較映画史研究』早稲田大学出版部、一九八三年、一九四頁。

†75 同前。

†76 平林「トゥルクシブ」、三六頁。

†77 日本文学における樺太の表象に関しては、以下の文献を参照。Иконникова Е.А., Никонова А.С. Сахалин и Курильские острова в японской литературе XX – XXI веков. Южно-Сахалинск: Издательство СахГУ, 2016; 川村湊『南洋・樺太の日本文学』筑摩書房、一九九四年。山下聖美「宮沢賢治と林芙美子における樺太（サハリン）」『藝文攷』一八号、二〇一三年、一四四–一五四頁。松村正直『樺太を訪れた歌人たち——松村正直評論集』ながらみ書房、二〇一六年。

†78 Tessa Morris-Suzuki, "Northern Lights: The Making and Unmaking of Karafuto Identity," *The Journal of Asian Studies* 60 no.3 (August 2001): 645-671.

†79 平野零児「写実映画の魅力」『映画教育』一九三四年一二月号、二一頁。

†80 大宅壮一「素晴らしいワンダー」『映画教育』一九三四年一二月号、一八–一九頁。

II

トーキー・リアリズムの不可能性

日ソ初の合作映画『大東京』(1933)

一九三〇年代初頭は、サイレントからトーキーへの移行を控えていた映画界ばかりでなく、日本とソビエトを取り巻く国際情勢が大きな転機を迎えた時期だった。一九三一年に起こった満州事変は、日ソ間の外交ばかりでなく、その映画交流にも影響をおよぼした。日ソによる初めての合作への試みとなった、ヴラジーミル・シュネイデロフ監督の記録映画『大東京』*Большой Токио*（一九三二年撮影、一九三三年編集）における音声の使用も、一九三〇年代の政治的な動きと密接に絡んでいる。『大東京』の映像は、ソビエトの映画人が日本で初めて撮影したもので、その音響は、日本の著名な作曲家である山田耕筰（一八八六―一九六五）がソビエトへ自ら赴き、モスクワのメジュラブポム・フィルム撮影所で録音したものだった。トーキー映画の製作がまだ軌道に乗っていなかった日ソ両国にとって、『大東京』の合作は、互いの技術から学ぶ貴重な機会であった。

これまでにも見てきた通り、昭和初期の日本におけるソビエト映画は、ヨーロッパの中心部から遠く離れた地域の描写を得意とするイメージが強固であった。ソビエトで作られる映画が注目を集めていたのは、その記録性とプロパガンダ性、モンタージュに依拠した前衛的な演出スタイルや、台頭するアジアへの肯定的な描写においてであった。日本の映画人や評論家たちは、欧米諸国で興行的な成功を収めたソビエト映画を有意義な参考例と見なし、そのイデオロギーや製作スタイル、国際的なコネクションを日本映画の製作に活かすことに意欲的であった。満州事変の勃発以降、自国のイメージを改善する必要性に直面していた日本において、ソビエトの記録映画は、重要な模範として認識されていた。しかし、ソビエト映画の持つ特徴は日本での映画製作において、果たして適用可能だったのか。ソビエトの映画人による突然の来日は、このことを試す絶好のチャンスであった。一九三〇年、東京では関東大震災からの回復を祝う帝都復興祭が行われ、シュネイデロフ監督率いるソビエトの映画班が東京を訪れる一ヶ月前には、首都に隣接するエリアを包含する「大東京」の成立が宣言された。こうして、新たに生まれ変わった東京の魅力を外国に紹介することに対する期待は高まっていた。

映画『大東京』の製作を後援していた『東京朝日新聞』は、ソビエトの映画人や山田耕筰とのインタビューを幾つも掲載し、ヴラジーミル・シュネイデロフ監督による映画が完成するまで、その製作のプロセスを入念に報道していた。しかし、こうした言説は、一九三三年七月に朝日新聞東京本社で行われた映画『大東京』の試写会以降、途絶えてしまっている。雑誌『映画評論』や『フォトタイムス』、『国際映画新聞』に掲載された批評文を除いて、映画『大東京』が活字メディアに取り上げられることはなかった。これらの雑誌で発表された『大東京』に対する評論もまた、手厳しいものだった。一九三三年の一一月から神田の南明座で上映されていた『大東京』に対して、『国際映画新聞』は「一般の期待に反して矢張り外国らしい認識不足を暴露してゐる為余り評判は不良」と述べ、雑誌『映画評論』に掲載された加納章の批評文は「僕の期待は、大いに裏切られた」という言葉で始まっている。[†1]

日本の文化人がこの映画作品に抱いていた期待は、いかなるものだったのか。また、『国際映画新聞』の言う「外国らしい認識不足」は、どのような形で「暴露」されたのだろうか。映画『大東京』のフィルムは、長年の間、現存しないものだと考えられており、これらの疑問に答えるのは困難であった。ところが、著者による調査の結果、映画『大東京』のコピーは、現在もロシア国立映画・写真資料公文書館（РГАКФД）に所蔵されていることが確認された。[†2] 著者がモスクワ郊外のアーカイヴで観ることが出来たのは、一九三三年の暮れにソビエトで公開された映画のプリントであり、これとは別に、日本で上映された『大東京』のヴァージョンも存在していたようである。本章では、新たに閲覧可能となったソビエト版のフィルムを分析し、その製作および公開の背景を探ることで、合作映画『大東京』が二つの異なるヴァージョンで公開されるに至った経緯や、本作品の存在が映画史から忘れられてしまった理由、さらには昭和初期の日本における知識人が海外へ発信しようと試みていた「日本」の視聴覚イメージをも解明していく。

1 合作映画製作の背景

映画『大東京』の監督を務めたヴラジーミル・シュネイデロフ（一九〇〇―一九七三）は、I章で見てきた「紀行映画」ないしは「探検映画」と呼ばれるジャンルを専門とする記録映画作家だった。中央アジアやアラブ諸国など、極東への旅を記録するシュネイデロフの作品は、ソビエトの国内外で上映され、一九二八年に製作された『パミール』は、日本でも公開された。一九三〇年代後半からは、探検家の冒険を描く劇映画の製作も行い、晩年には人気テレビ番組『映画探検クラブ』*Клуб кинопутешествий*（一九六〇年から二〇〇三年まで放映）の初代司会者を務め、その生涯を旅と映画の製作に捧げた。シュネイデロフは、一九三二年の暮れに日本を訪れる前にも、北極海への探検に参加していた。一九三二年六月、シュネイデロフ率いる映画班は「シビリャコフ」という砕氷船に乗り込み、ウラジオストクを目指してロシア北西部の町アルハンゲリスクを出発した〔図1〕。一九三二年九月には、船の推進器が故障する事件があり、旅が中断される恐れもあったが、結局シビリャコフ号はひと夏でオホーツク海まで渡り、世界の航海史上初めて越冬することなく北極海航路を横断することに成功した。推進器が故障したため、シビリャコフ号はウラジオストクには入港せず、船の修理を行うために、急遽日本の横浜港に立ち寄ることとなった。このとき製作されたのが記録映画『大東京』である。

シュネイデロフによると、ソビエトの探検隊による訪日も、その結果として遂行されることとなった日ソ初の合作映画製作も、前もって計画されていたものではなかった。しかし、砕氷船シビリャコフ号による来航には、推進器の修理という物理的な必然性以外にも、激しく変動する東アジア情勢を吟味し、その安定化を計るという政治的な意図も含まれていたように思われる。満州事変の勃発以降、日本との不可侵条約の締結を強く望んでいたソビエト側にとって、[†3]シビリャコフ号の訪日は、日ソ間の交流・親善を促す絶好のチャンスだった。日本との合作映画の製作も、そうした外交戦略の延長線上にあった。

ソビエトの探検隊は、横浜に到着するや否や、日本の各種メディアの注目の的となった。砕氷船が横浜港に入った翌日、『東京朝日新聞』には、日本へやってきた船員たちが「早くもバラライカ、ギターなどを取りだし、これを奏し、朗らかにも故郷の気分にひたっていた」ことが伝えられた。[†4]「楽器に興ずる」その姿は、写真にも収められ［図2］、世論の関心を惹きつける見事なパフォーマンスとなった。ギターやバラライカを弾く船員たちの姿は、一〇年前の日本で起きたある事件を思わせるものだった。関東大震災が起こった直後、横浜港にはソビエトの医師や看護婦、救援物資を乗せた汽船「レーニン号」が入港していた。しかし、この船にはソビエトへ移住し、地下活動を行っていた日本の共産党員も乗り込んでおり、船上にはマルクス主義を広めるためのプロパガンダ資料が山積みされていた。レーニン号の船員たちは、毎日朝晩の二回ずつ、船上に並んでは《インターナショナル》などの革命歌を合唱し、隣接する船の乗組員たちを煽動した。[†5]あからさまプロパガンダ活動は日本政府の目に留まり、救援物資が被災者に届けられる前に、レーニン号は横浜港から退去せざるを得なかった。シビリャコフ号の船員たちによるバラ

図1　シビリャコフ号の映画班。右から監督のヴラジーミル・シュネイデロフ、カメラマンのマルク・トロヤノフスキー、助監督のヤコフ・クーパー

ライカを用いた「朗らかな」パフォーマンスは、レーニン号事件を想起させると同時に、そのとき植えつけられた過激なプロパガンダ政策のイメージを和らげる働きも担っていた。[6]

日本のメディアに働きかけることは、シビリャコフ号の隊員たちに課せられていた重要な任務だった。探検隊を率いるオットー・シュミット博士（一八九一―一九五六）や、シュネイデロフたちは、日本で幾つもの講演を行い、隊員たちによる写真やスケッチは、朝日新聞社の展覧会場で特別展示された。ソビエトの映画班によって北極海で撮影されたフィルムは、『毎日新聞』の前身にあたる『東京日日新聞』によって、一本のニュース映画に纏められた。[7] 隊員たちによって北極海で捕獲され、宮内省に献上されたシロクマのニュースも新聞で大きく取り上げられた[8]［図3］。

シビリャコフ号に対するメディアの関心は、隊員の一人が持つ特異なバックグラウンドとも関係していた。

図2　楽器を奏で、故郷気分に浸るシビリャコフ号の船員たち（『東京朝日新聞』1932年11月5日）

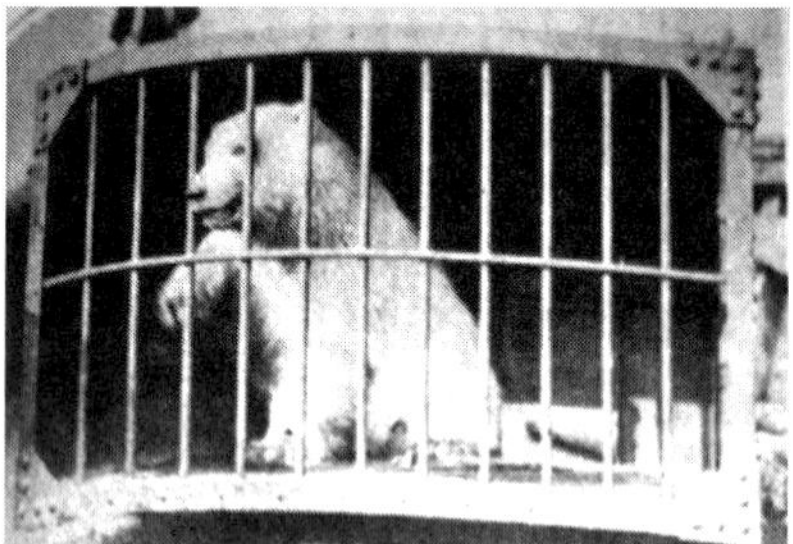
図3　ソビエトの探検隊から宮内省に献上されたシロクマの檻は、「エチオピア産ライオン夫妻の隣り」だった（『東京朝日新聞』1932年11月13日）

シビリャコフ号で日本へやってきたカメラマン、マルク・トロヤノフスキー（一九〇七—一九六七）は、駐日ソビエト大使アレクサンドル・トロヤノフスキー（一八八二—一九五二）の甥だった。後にソビエトを代表する記録映画のカメラマンとして活躍するマルク・トロヤノフスキーも、当時はまだモスクワの全ソ国立映画大学（ВГИК）を卒業したばかりの青年で、本格的な映画製作の経験は持っていなかった。そんな彼が叔父のいる日本に突然現れ、主任カメラマンとして一本の映画を撮りあげたことは、果たして偶然といえるだろうか。明確な答えを出すのは困難だが、ソビエトの映画班が日本へ到着してから、映画の撮影が開始されるまでの段取りが、極めてスムーズであったことには留意しておきたい。合作に関する朝日新聞社との交渉が始められたのは、シビリャコフ号が横浜港に入った僅か三日後の一一月七日、映画の製作を巡る契約書に調印がされたのは一一月一三日、トロヤノフスキーらによるロケーション撮影が開始されたのは、一一月末のことであった†9。

合作映画『大東京』の製作は、不可侵条約の締結を望むソビエトばかりでなく、国外における自国のイメージ改善に努める必要性を強く感じていた昭和初期の日本にとって、極めて重要な企画であった。映画『大東京』の製作依頼をソビエト側に持ち掛けた朝日新聞社は、対日イメージの構築に熱心で、一九三二年の一二月からは『ASAHIGRAPH OVERSEAS EDITION』という海外向け英文グラフ誌を刊行していた。ソビエトの映画人が日本を訪れる三ヶ月前には、『JAPAN: A PICTORIAL INTERPRETATION』（以下『JAPAN』）という、日本を紹介する海外向けの写真集を、英語と仏語の並立キャプション付きで刊行している［図4］。『JAPAN』における序文の執筆にあたったのは、日本史研究家で、当時学習院大学教授であったジョージ・ケイジャーであり、オーストラリア人である彼が、日本で発刊された写真集の「責任編集者」として選ばれたのは、『JAPAN』が生み出す「日本」のイメージを、より客観的なものとして提示するためであろう。朝日新聞社がシュネイデロフたちに求めていたのも、『JAPAN』の写真に動きを付けた「映像版」のようなものだった。実

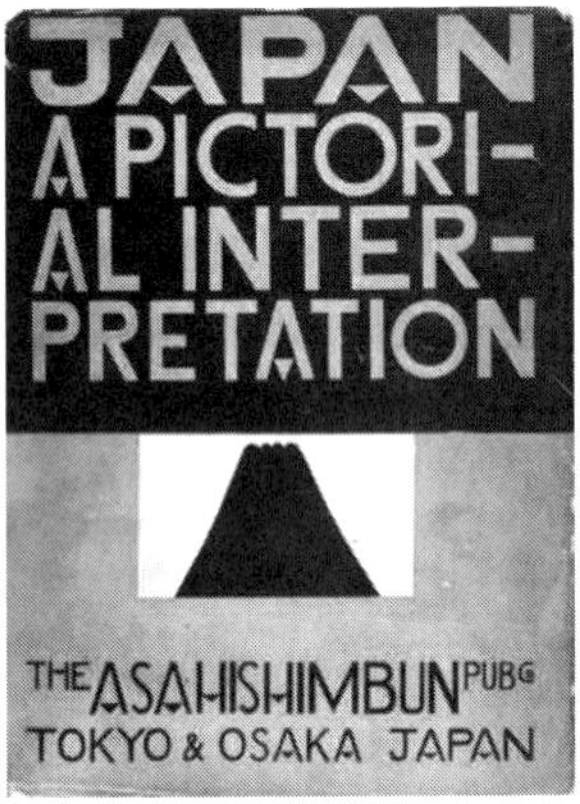

図4　『JAPAN: A PICTORIAL INTERPRETATION』（1932）表紙

際、ソビエトの映画人が捉えた日本の姿には、この写真集と類似する点も多くあり、シュネイデロフが、映画の撮影にあたって『JAPAN』を参考書のように使っていたと推測しても差し支えはないだろう。

もっとも、日本の新聞社による記録映画の製作が本格的に行われるようになったのは、満州事変の勃発以降であり、朝日新聞社に映画班が設けられたのも、シュネイデロフたちが日本を訪れる約半年前の一九三二年四月であった。大手映画会社よりも記録映画の製作開始が遅く、「出おくれの朝日」とまで言われていた『東京朝日新聞』[†10]は、日本初のトーキー・ニュース映画とされる『輝く皇軍』（一九三二）を製作するなど、自社の地位向上に繋がるプロジェクトに対しては極めて意欲的であった。当時の映画界を賑わせていたソビエト映画人と共同で行うトーキー映画の製作も大いに歓迎された訳である。

ソビエト映画人との共同作業はまた、国外進出のルート確保という点からみても、嘱望すべき事業であった。一九三一年に松竹キネマが日本へ招待するはずだったフセヴォロド・プドフキンも、一九三二年に実際に日本を訪れたヴラジーミル・シュネイデロフも、所属していたのは、ドイツとソビエトの共同資本をもとに設立されたメジュラブポム・フィルム撮影所であった。国際的な映画製作と配給を目指すこの会社との合作が、海外進出を望む日本の映画人にとって極めて有利であったことは、ここで繰り返し強調するまでもない。また、シュネイデロフたちが日本を訪れた一九三二年は、ソビエトのトーキー映画が日本で初めて公開された年であり、日ソ合作への関心をそそる重要な要因となった。日本の映画関係者が抱いていたソビエト映画の音響技術に対する期待は後に詳しく見ていくとして、ここではまず、日ソ初の合作映画となった『大東京』の製作過程、およびロシアのアーカイヴに所蔵されているフィルムの具体的な内容を検証してみたい（『大東京』のナレーションや字幕は本書巻末資料を参照）。

2　ソビエト映画人がみた日本

シュネイデロフたちによる撮影が行われたのは、一九三二年の一一月二七日から一二月一五日にかけての約二週間であり、その間ソビエト映画班のコーディネーターを務めたのは、山崎真一郎だった。戦後に東映東京撮影所長となった彼は、一九三二年当時は『東京朝日新聞』の計画部に所属していた。通訳を担当したのは、日本におけるソビエト映画の宣伝事業に長年貢献してきた袋一平であり、撮影に使われたフィルムは、朝日新聞社から支給されたものだった。しかし、ソビエトの映画人に対する懸念は相当に強く、日本各地でロケーション撮影を行うことは決して容易ではなかった。山崎真一郎は当時の状況を次のように振り返っている。

仕事をはじめてみると、はたして特高の干渉はうるさかった。「朝日が責任をもって作らせるのだから、国の機密がもれるようなところをとらせるはずがないじゃないか」とがんばっても、承知しない。結局、撮影場所にうんと制限をつけられたうえ、ずっと特高が付添うという。〔……〕でっぷり太った好人物のシュネーデロフ氏も「とれるところは銀座しかないじゃないか」とむくれるほどであった。[†11]

シュネイデロフ自身も、当時の日本における撮影が、大阪での「治安の悪さ」や、工場における「空気汚染」、農村での「悪臭の酷さ」といった理由で、厳しく制限されていたことを回想している。[†12] こうした状況のなか、ソビエトの映画人が撮影出来たのは、横浜港と東京駅、神奈川から東京の間に広がる農村地帯、銀座、浅草、そして日光といった、いわば典型的なロケーションばかりであった。[†13] 東京駅や銀座の周辺で撮影された風景は、作品のなかで繰り返し登場しており、シュネイデロフたちが二週間にかけて集めてきた日本の映像は、その分量と独自性において、一本の記録映画を完成させるには充分であったとは到底思えない。

ところが不思議なことに、本作品をまだ音響が付加されていない状態で目にした山田耕筰は、それを高く評価していた。山田は、撮ることが決して困難ではなかったはずの富士山や鳥居、天守閣などがシュネイデロフの作品に全く登場していないことに注目し、これを「日本風景のエキゾティシズム」および「風景的な奇異の集成」の意図的な回避として解釈している。[†14] 日本を「夢の国、詩の国、花の国、絵日傘の国としてのみ」見ようとする欧米人と違って、ソビエトの芸術家は「現実の日本を見つめ、その新しい姿から何ものかを学ばう」としているのだという。山田はまた、シュネイデロフによる映画製作の特徴を次のように纏めている。

シュネードロフは、昔風なしもたやの立ち並んだ狭い坂路を写しだす、しかしその坂路は一瞬にして坦々たるアスファルトの大通りに転化するのだ。〔……〕立話をしてゐる芸妓の後を、大またで通り過ぎるモダーン・ガール等々、シュネードロフのカメラは、現実の生活を素材とし、その手法は専ら対照を主として日本の姿を浮彫にしているのだ。[†15]

サイレントで観る『大東京』は、ソビエト映画のリアリズムに対する知識人の期待を裏切らなかったようである。これは恐らく、シュネイデロフらによる撮影が、『東京朝日新聞』の指示と特高の監視下で行われていたことと関係している。もっとも、『大東京』のなかでシュネイデロフが用いた、対比を重んじる極めてシンプルな編集方法は、[†16]前述の『JAPAN』においても採用されていたのである。現代日本における、西洋文化からの影響と、それに動じない伝統的な文化の共存が織りなす視覚的なコントラストは、映画『大東京』においても、日本を紹介する写真集『JAPAN』においても、物語構成の主要な軸をなしている。自分が撮影されていることに気付き、クスクス笑いながら会話を続ける二人の芸者［図5］、流行りの洋服に身を包み、カメラを堂々と見つめるモガ［図6］。山田耕筰が称賛していた『大東京』におけるこうした対比のモンタージュは、『JAPAN』のなかでも多用されている［図7］。

図5 「日本にはまだ昔風の芸者がいる」という字幕の後に映し出されるショット（ヴラジーミル・シュネイデロフ『大東京』1933）

図6 「ところが、今時の紳士が選ぶのはミス・エレクトリックだ」、「偉そうにしている。まるでアメリカ人のようだ」（同）

シュネイデロフの映画には、外国人が見慣れないような日本の光景や、社会主義国ソビエトからやってきた映画人の関心をいかにも引きそうな被写体が数多く収められており、それらは一見、製作者が持つ「ソビエト的な日本観」の表れであるかのように受け止められる。店の入り口付近にある引き戸を外し、

図7　『JAPAN: A PICTORIAL INTERPRETATION』84頁

何処かへ持って行こうとする女性の姿や〔図8〕、派手な衣類に身を包み楽器を奏でながら街中を行進するチンドン屋〔図11〕、大きな松の木が荷車に乗せられ、どこかへ運ばれていく様子などは〔図12〕、西洋人にとっては、理解し難い「謎めいた日本」を象徴しているかのようである。『大東京』に描かれるソビエト大使館の様子〔図9〕や、カメラ目線でこちらを見つめる日本人労働者の姿も〔図10〕、一見、ソビエト映画人特有の関心の寄せどころを反映しているかのようである。ところが、日本文化に不慣れな外国人が捉えたかのように見えるこれらのイメージは、日本人によって撮影・編集された『JAPAN』のなかにも、既に登場していた〔図13–14〕。

写真集のなかで母親に薩摩芋を買ってもらっている子供は、『大東京』で饅頭を買い与えられ、工場の煙突を写したパノラマショットに付けられているキャプション「Where are your pagodas now?」は、[†17]『大東京』のなかで、「古い絵葉書の日本はいった何処へいったのか?」というナレーションに生まれ変わっている。日本

図8　東京の朝をとらえたワン・シーン（『大東京』）

図9　ソビエト大使館で働く庭師（同）

図10　「港湾労働者」として紹介される男（同）

図11　チンドン屋の描写（同）

図12　「小さな樹木が延々と運ばれていく。人生は美しくなければいけない。そう思いませんか？」と告げるナレーション（同）

図13 『JAPAN: A PICTORIAL INTERPRETATION』103頁

図14 『JAPAN: A PICTORIAL INTERPRETATION』95頁

図15 『JAPAN: A PICTORIAL INTERPRETATION』105頁

での撮影を行うにあたって、シュネイデロフは朝日新聞社が発行していた写真集が提示する「日本像」に極めて忠実であった。

映画『大東京』で使われている映像と、『JAPAN』に収められた写真が大きく異なるのは、女性の描写においてである。シュネイデロフ監督の作品には、和服の上から白い作業衣を纏い、明治製菓の工場で働く少女の愛らしい姿や〔図16〕、ヨイトマケの歌にあわせて建設現場で働く女性の力強い姿〔図17〕、農婦や織物女工、赤ん坊をおんぶする老婆や小さな女の子など、あらゆる年齢の「働く女性」が収められている。国家の創立時とともに男女の平等を宣言していた社会主義国の映画人にとって、「働く女性」の描写は、記録映画製作のなかでも絶対に外せない重要な要素であった。しかし、こうしたシークェンスは、日本の観客には不評であった。一九三三年に完成した『大東京』を日本で観た批評家の池上華絢は、ヨイトマケのシーンに登場する女性たちを「男のような女」と呼ぶことで、自らの不満を表明している[†18]。現在の日本で活動を続けている国際交流基金（Japan Foundation）の前身にあたる国際文化振興会（一九三四年創設）で作られていた、日本を外国に紹介する対外文化宣伝映画においても、肉体労働を行う女性の描写は、「「近代日本」のイメージにふさわしくない」[†19]ものとして、極力避けられていたという。日本とソビエトにおけるイデオロ

図16　明治製菓で働く少女（『大東京』）

図17　ヨイトマケの歌にあわせて働く女性たち（同）

ギー的な差異が浮かび上がってくる興味深い事例である。

映画『大東京』において、日本は男女差別が著しく、女性の社会進出が極めて困難な文化圏として位置付けられているが、このイデオロギー的なメッセージは、映像だけでは全く伝わってこない。日本で映画を観た評論家たちに不満を与えたヨイトマケのシークェンスでさえ、日本社会で女性が虐げられているといった印象を与えるものではない。『大東京』のなかで、女性の社会的地位が批判の対象となるのは、ナレーションを通してである。『大東京』には、火の用心を訴える「防火デー」を捉えた場面があり、人前で演説をする警察官の姿を収めた映像には、次のようなヴォイス・オーヴァーが重ねられている。「皆さん、火事を出さないよう、ご注意下さい。台所の火を付けたままにしないで下さい。女性は、家から離れてはいけません。子供がマッチで畳に火を付けたら大変です。女性は、家から離れてはいけません。商人の皆さん、会社員の皆さん、労働者の皆さん。女性は、絶対に家から離れてはいけません！　女性は家を離れてはいけないのです」。拳を振りあげ、大衆に向かって熱く語りかける演説者のイメージは、農村や工場、建設現場で働く女性の姿とカットバックされる。映像が音と合わさったときに初めて、このシーンは男女差別に批判的なものとして解釈することが可能となる。しかし、日本で公開された『大東京』は、ソビエトの観客向けに録音されたナレーションを含んでいなかった。[†20]『大東京』を日本で観た観客は、そのナレーションに含まれていた反日的なニュアンスを感じ取ることはなかったが、同時に、この作品を本格的な「トーキー映画」として受け止めることもなかった。

3　山田耕筰による録音作業とその意外な結果

世界で初めてのトーキー映画とされる『ジャズ・シンガー』*The Jazz Singer*（一九二七）が製作されたアメリカにおいて、サイレントからトーキーへの移行は、一九三二年頃にはほぼ完了していた。これに遅れを取っていた日本とソビエトにおいて、本格的なトーキー映画とされる作品が登場したのは、一九三一年に入ってからである。ソビエトで最初の長編トーキーとされるニコライ・エック監督の『人生案内』がモスクワで封切られたのは、一九三一年六月一日のことであり、日本で五所平之助監督の『マダムと女房』が劇場公開されたのは、一九三一年八月一日のことだった。ソビエト映画界を代表する映画監督であったセルゲイ・エイゼンシテイン、フセヴォロド・プドフキン、グリゴーリ・アレクサンドロフら三人は、既に一九二八年において、発声映画の将来を予告する「トーキー宣言」を行っており、音と映像の対照的な編集を促すこの文章は、広く外国語に翻訳され、日本の映画人にも刺激を与えた。[†21] しかし、ソビエト映画界におけるトーキーの発展は、「予算と技術者の不足」により難航していた。[†22] 日本におけるトーキー映画への移行もまた、活動弁士や楽士によるストライキなど、長期的なプロセスを経ることとなった。[†23] ハリウッドからの遅れを取り戻そうと奮闘していた両国にとって、音響をともなう映画の合作は、互いの技術を学ぶ貴重なチャンスであった。[†24] そして、二つの国を繋ぐ文化的仲介者として選ばれたのは、日本における洋楽の受容と、外国における近代日本音楽の普及に精力を尽くしてきた音楽家、山田耕筰であった。

ベルリンへの留学を経て、日本で最初の管弦楽団の設立に成功した山田は、合作映画『大東京』の製作に携わる前から、映画界およびロシアとの関係が深かった。日本で最初の常設プロオーケストラとして、山田が近衛秀麿とともに設立した日本交響楽協会（ＮＨＫ交響楽団の前身）は、亡命ロシア人が多く住み着いていた中国北東部の街ハルビンで活動していたオーケストラに、日本人楽員を交えた「日露交歓交響管弦楽演奏会」を母体とするものだった。また、山田耕筰が指揮者を務めていたオーケストラは、一九二〇年代半ばから東京の映画館で無声映画の伴奏も行っていた。一九二七年に山田は、日本で最初のトーキー劇映画とされる小山内薫の『黎明』（音響技術が不完全で、一般公開にはいたらなかった）で録音作業を行い、シビリャコフ号が横浜港へやってくる数ヶ月前には、溝口健二監督の『満蒙建国の黎明』（一九三二）で音楽を担当していた。一九三〇年にモスクワとレニングラードで公演を行ってきたばかりの山田は、ソビエトの対外文化事業を統括するヴォクスとも良好な関係にあり、日ソ初の合作映画における録音作業を委任するには、最適な人物であった。

　一九三三年二月にソビエトへ向かった山田耕筰は、まずキエフとハリコフでの公演を行い、四月からはモスクワで一ヶ月近くに渡って映画『大東京』の録音を行った。彼はそのときの経験を、日本への帰国後に「『大東京』の録音」と題する短い文章に纏めて、『東京朝日』に発表している。一九三三年四月のモスクワの気温は想像以上に暖かく、山田も最初は「暑いシューバをぬぎすてて」喜んでいたという。しかし、メジュラブポム・フィルム撮影所が入っていた帝政時代の古い建物は暖房設備が整っておらず、山田は幾度も体調を壊し、「腹の底まで」伝わってくる冷気には相当悩まされたという。映画『大東京』のためには当初、新たな作曲も行うつもりであったが、ソビエト側の映画製作スタッフの勧めで、既に存在する旧作のなかから適当なものを選び出すことに決まった。[†25] ソビエトとの合作のために選出されたのは、山田耕筰が歌舞伎役者である五代目中村福助のために書き下ろした舞踊音楽《盲鳥》や、オペラ《あやめ》のなかで歌われる「箱根八里」の馬子唄など、邦楽の伝統を活かした「日本的」な響きを持つ音楽であった。ところが、一九三〇年代初頭のモスクワで日本の伝統楽器を調達するのは難しく、代わりに西欧の楽器が使われたのは、やむを得ないことであった。当時の状況を山田は次のように振り返っている。

鐘と太鼓は携行したものを使用出来たが、三味線が見当たらない。博物館にあるものは皮が破れて、骨とう品としては兎も角、楽器としては完全に廃物である。四十幾人の在留邦人を尋ねまはって、ようやく某夫人の秘蔵の品を借り出したが、さて私には調けんだけ出来ても演奏は出来なかった。[†26]

映画のなかで登場するチンドン屋の音を再現するときも、仕方なくクラリネットやトロンボーンが使われたが、「新宿あたりの小売店の売出広告にはもったいないほどの」美しい音色を醸し出すので、山田は「ヂンタのやりそうな誤り」をわざと演奏者に覚えさせ、「音」のリアリズムを追求した。馬子唄を披露するロシア人テノールに日本語を教えることもまた、至難の技であった。初めて日本語で歌うロシア人の発音を調整するのは難しく、『大東京』で流れる「箱根八里」は結果的には極めて不自然なものに仕上がっている。これは、モスクワで録音された日本語の曲全てに共通することであり、『大東京』が日本で公開された際には、映画のなかで流れるヨイトマケが、余りにも「洋楽」を思わせるとして非難する批評家もいた。[†27] このような批判を回避するためか、映画のなかで流れるラジオ体操の号令には、山田自身の声が使われた。

日本への帰国後、山田耕筰は「ソヴィエトから録音の技術を学んで帰らうとした私は、却って先方から教えを乞はれるやうな結果になった」と述べ、ソビエトにおける録音の技術が予想していたよりも遥かに未熟であったことを認めている。[†28] それでも「私はこの仕事に十分の興味とそして歓喜とを感じることが出来た」と述べていることからは、彼がソビエトでの体験に概ね満足していたことが読み取れる。[†29]

ところが、上記の文章は、完成した『大東京』が日本で公開される前に書かれたものだった。現在クラスノゴルスクのアーカイヴに所蔵されている『大東京』を観る限り、本作品における音響は山田耕筰の意図していたものとは大きく異なっていることが推測される。これが最も端的に表れているのは、『大東京』のオープニング・シークェンスにおいてである。山田自身によると、このシーンには次のような音響処理が施された。

冒頭のタイトルには、美しい音楽の伴奏をつけようとの説もあったが、私はそれを斥けて、まづ寺の鐘を聞かせ、工場の気笛をその上にかぶせた。古い日本の朝と、新しい日本の朝である。その効果は向こうにも喜ばれたらしい。[†30]

ところが、ロシアのフィルム・アーカイヴに所蔵されている『大東京』の冒頭において、上記のような音は聞こえてこない。

現存する『大東京』のオープニング・シークェンスを飾るのは、楽しげなジャズ音楽の伴奏と、日本人を装った妙な人物の登場である。まず、劇場の幕を背景に立つ司会者の姿がミディアム・ロング・ショットで映し出される。眼鏡にスーツ姿、右肩から手持ちのカメラをぶら下げている彼は、ロシア語と間違いだらけの日本語を駆使しながら、「日本ニ、ゴザイマス、イラッシャイ」と告げる。そして、カメラを出して日本を撮影する準備に取りかかるよう、我々に訴えかけるのだ［図18］。上記のイントロダクションの後、謎の「日本人」司会者に扮するメイエルホリド劇場の役者、ニコライ・モローギンは画面からその姿を消すが、彼の極めて明瞭で記憶に残りやすい声は、映画を通してヴォイス・オーヴァーとして観客の観賞体験を誘導し続ける。オフスクリーンで流れるナレーションは、ソビエト的なイデオロギーの観点から発せられており、それは『大東京』

に出てくる映像の「正しい」解釈方法を観客に明示する重要な働きを担っている。近代的な大都会の映像が映し出されると、ナレーターは現代の日本が「アメリカと封建主義の混合物」であることを観客に告げる。東京郊外の田園風景が映し出されるシーンにおいては、近代化の地理的なばらつきが強調され、田園の狭さや、そこで使われている農具の後進性が力説される。障子越しに和服を着た女性の姿が見えると、ナレーターは、彼女が虐げられている主婦であると述べ、彼女が口遊んでいる（とされる）歌（「赤い玉葱に、白い人参、そして料理鍋。ああ、私は一日中、そして一生、ずっと台所で過ごすのよ……」）を翻訳してみせる［図19・20］。

日本人を装った司会者のイメージは、日本映画における活弁の伝統に触発されたようである。周知の通り、サイレント期の日本では、弁士と呼ばれる解説者が、スクリーンの傍らで直接生の声で上映作品の解説を行っており、彼らの存在はソビエト映画人の間でもよく知られていた。一九二〇年代から三〇年代にかけて、ソビ

図18　日本人（？）に扮するニコライ・モローギン（同）

図19　家事におわれる日本人女性（同）

図20　壁に貼られたポスターに写っているのは、俳優の片岡千恵蔵（同）

エトの農村で映画の巡回上映を行っていた技師たちは、「日本の弁士」に倣って作品の具体的な解説を行うよう指示されていた。[†31] 一九二九年の夏にレニングラードで行われた日本映画の上映に訪れた観客も、観賞後のアンケートのなかで、「次は、日本で行われているような上映、即ち弁士の解説を伴う上映が観たい」との要望を残していた。[†32] ソビエトのスパイであったワシリー・オシェプコフが、一九二〇年から一九二五年にかけて東京で活動弁士として働いていたという記録も残っている。[†33] 映画『大東京』の監督であるヴラジーミル・シュネイデロフも、活弁を自ら体験していた。

ところで、『大東京』における解説者は、映画の本編が始まる前に舞台の上から司会をしているが、シュネイデロフが日本を訪れた一九三二年において、映画が始まる前に説明を加える「前説」の習慣は既になくなっていた。[†34] 昭和初期の日本において既に廃れていた「前説」が、映画『大東京』のなかで再現されなければならなかった理由は、少なくとも二つ考えられる。その一つは、当時の映画製作者や観客が持っていた「トーキー映画」に対する認識と関係している。一般的に、トーキー映画の基本的な条件として挙げられるのは、音の発生源がライヴではなく「録音」であること、そして音と画面が同期＝シンクロナイズされていることである。[†35] 即ち、ある作品が「トーキー映画」と見なされるためには、映画館のなかで聞こえてくる歌や言葉が、それを発している（とされる）人物の口の動きに一致する必要があった。記録映画である『大東京』が当時の映画観客に「トーキー映画」として受け止められるためには、そのナレーションを読み上げる声を、特定の人物と視覚的に結びつける必要があったのである。実際、映画の冒頭で解説者を登場させるという演出法は、『大東京』に限らず、トーキー移行期に作られた他の記録映画においてもしばしば見られることである。例えば、『大東京』が日本で上映される数ヶ月前に大阪毎日新聞によって製作された『非常時日本』（一九三三）では、荒木貞夫陸相が「オン・スクリーン弁士」の役割を担っている。[†36]

映画『大東京』のなかで読み上げられるナレーションに使われたのも、この作品が持つ「トーキー」としての魅力を引き出すテクストだった。『大東京』の脚本家として、映画のクレジットに名前が挙げられているのは、アジアを題材とする紀行文で有名な随筆家ボリス・ラーピンと、訪日体験を持つ演劇評論家グリゴーリ・ガウズネルだ。メイエルホリド劇場演出部の研修生であったガウズネルは、ソビエトの新聞『ナーシャ・ガジェータ』の特派員として、一九二七年に日本を訪れており、そのときの体験をリアルタイムで新聞に発表していた。ガウズネルはこれらの短い記事を加筆・修正したうえで、一九二九年に旅行記『見知らぬ日本』*Невиданная Япония* を刊行しており、これは映画『大東京』に録音されたナレーションのもととなった。文学作品として評価が高かったのは、一九二七年にボリス・ピリニャークが発表した『日本印象記』*Корни Японского солнца* だが、声を出して読みあげるのに適していたのは、断然ガウズネルの文章だった。一九三〇年にそれはラジオドラマ化され、メイエルホリド劇場の看板俳優だったエラスト・ガーリンが主人公を演じたモノドラマとして、ソビエトで絶大な人気を集めた。[†37] 映画『大東京』のなかで読み上げられるテクストとしてガウズネルの文章が選ばれたのは、それがラジオという「トーキー映画」と極めて親密な関係にあったメディア空間において、既に注目すべき成功を収めていたからであろう。映画『大東京』の音響に対する製作者の意気込みは強かった。

前述した『大東京』の冒頭におけるシークェンスは、トーキーへの移行期に特有の技術的・形式的な課題を担うと同時に、シュネイデロフが自らの映画作品のなかに意図的に盛り込もうとしていた「曖昧性」の演出にも貢献している。旅行好きな「日本人」を装うニコライ・モローギンが、冒頭シークェンスで登場することによって、映画のなかで読み上げられるロシア語のナレーションは、実際に「日本人」によって発せられているかのような印象を観客に与える。それと同時に、モローギンが扮する人物は、誰が見ても明らかに「日本人」

ではない。『大東京』の冒頭に登場するジャパナイズされた解説者（日本人の「仮面」を纏うロシア人俳優）は、異なる文化的・イデオロギー的空間を自由に行き来する人物として自らを位置付けている。というよりもむしろ、彼はいずれの文化圏にも属していない。外見的には日本人であるふりをしながら、彼が用いる日本語の文法は明らかに間違いだらけである。彼が発するロシア語の発音に訛りはなく、それは鮮明で聞き取りやすいが、そのイントネーションや異常なまでに丁寧な言葉使いは、彼の否定しがたい「他者性」を明示している。観客を日本へ誘い、我々に日本のあらゆる事象を分かりやすく説明してくれるのは、日本人の「仮面」を纏ったこの解説者である。しかし、同時に彼は、自らのことを「我々ソビエト人は」と言及したりもしている。映画全体を通して、俳優ニコライ・モローギンが扮する解説者の国籍や、彼の帰属意識の原点は、明かされないままである。

合作映画『大東京』において、このように曖昧なキャラクターが導入されたのは、日ソ関係を巡る一義的な発言を回避するためであった。一九三三年三月、日本政府が日ソ不可侵条約を却下したことを機に[†38]、ソビエト・メディアにおける日本のイメージは徐々に「仮想敵国」へと変化し始める。『大東京』の製作が最終段階に入っていた一九三三年において、両国間の関係はその過渡期にあった。反日的な態度を堂々と表明できるほど悪化していた訳ではないが、日本社会を完全に肯定的に描くほど良好でもなかった。このような状況において、極端に偏った政治発言を避けようとしていたシュネイデロフは、「日本人の仮面を纏ったロシア人解説者」という曖昧なキャラクターを登場させることで、日本に対する批判を「皮肉」のヴェールに包み、あくまで間接的に行うという手段を取っている。

また、『大東京』における「日本人を装ったロシア人」の登場は、映画史初のトーキー映画『ジャズ・シンガー』へのオマージュとみなすことも可能である。白人俳優が東洋人に扮する「イェロー・フェイス」や、黒人に扮する「ブラック・フェイス」は、戦前のハリウッド映画で頻繁に用いられる人種表現の方法であり、保守的なユダヤ系の家庭で育った主人公がブラック・フェイスのパフォーマーとして成功するまでの道のりを描く『ジャズ・シンガー』でも、物語の重要な構成要素となっている。ソビエト映画史初期の発声映画『大東京』における、ジャズ音楽の多用や、日本人に扮するロシア人俳優の登場といった要素は、全てのトーキー映画の原型たる『ジャズ・シンガー』を意識したうえで盛り込まれていたのかもしれない。

『大東京』に登場する「日本人」のイメージは、戦前の日本で人気を集めた『アジアの嵐』(一九二八)や『人生案内』に登場するアジア系の主人公たちのあくまで肯定的な表象とは大きく異なるものだった。日本人の「仮面」を付けた解説者が発する、現代日本に対する辛辣なコメント(彼は当時の日本における高い失業率や、差別の対象となっている日本人女性の悲惨な状況、アメリカの模倣でしかない不完全な近代化などを指摘している)もまた、偏見を帯びていて明らかに不適切である。しかし、上記の登場人物によるヴォイス・オーヴァーは、日本人の観客のために意図されていたものではなかった。前述の通り、日本で公開された『大東京』はナレーションをともなっていなかったのである。『国際映画新聞』のなかでも、それはサイレント映画に伴奏音楽を付けただけのいわゆる「サウンド版」として宣伝されている。日本で公開されたヴァージョンはまた、ソビエトのために製作されたヴァージョンよりも短かったようである。クラスノゴルスクのアーカイヴに所蔵されているのは、計五巻からなるプリントだが、『大東京』が日本で上映される際、それは全四巻からなる作品として宣伝されていた。日本における『大東京』の受容は、全体的に批判的な論調を帯びていたものの、本作品を論じた批評家は誰ひとり、日本人を装ったキャラクターの登場には言及していない。これらのことから、日本で上映された『大東京』のヴァージョンには、「日本人」の仮面を纏った司会者の姿も、彼が読み上げる大胆なナレーションも含まれていなかったことが推測される。

『大東京』に対する日本人観客の失望は、戯曲化された「日本人」が登場するシークェンスとは無関係であり、それはむしろ日本で公開されたヴァージョンの芸術的および技術的な平凡さに起因していた。「僕の期待は、大いに裏切られた」という言葉で始まる『大東京』の批評文を『映画評論』に寄せている加納章は、本作品が自分を失望させた要因の一つとして、「熱」も「力」もこもっていないという『大東京』の編集を挙げているが、彼がこのような印象を受けたのは、ソビエト初期の発声映画である『大東京』が、映像の編集よりも音響効果に力を入れていたからであろう。[†39] 仕事へ向かうサラリーマンや、店開きをする商人たち、工場や建設現場で働く労働者や、銀座でショッピングを楽しむ婦人、公園のベンチで昼寝をする浮浪者など、大都市に生きる人々の生活を朝から晩まで描いた『大東京』の物語構造は、一九二〇年代に一世を風靡した「シティ・シンフォニー」を想起させる。しかし、その映像にはワルター・ルットマンの『伯林大都会交響楽』*Berlin: Die Sinfonie der Großstadt*（一九二七）や、ジガ・ヴェルトフの『カメラを持った男』（一九二九）に見られるような前衛的な撮影方法や編集技術は見当たらない。シュネイデロフらソビエトの製作者が重視していたのは、映像そのものではなく、映像と「音」の相互作用であった。ロシアのフィルム・アーカイヴに所蔵されている『大東京』の最大の魅力は、その雄弁でときに毒舌なナレーションにあるが、日本の観客にそれを味わう術はなかった。彼らに残されていたのは、俳優ニコライ・モローギンによって読み上げられるナレーション以外の「音」だった。ところが、一九三三年当時の日本で発表されていた批評文を見るかぎり、そうした音響処理に対する評価もまた、手厳しいものだった。その理由を探ってみたい。

4　トーキー・リアリズムの理想と現実

雑誌『映画評論』に掲載された批評文のなかで、加納章は「鳴物入りで宣伝された」山田耕筰の音響処理について、次のように発言している。

> できる限り、日本的な音律を盛らうとした構成の、その意図はよみすべきものではあるが、街が現れ、十字街が現れゝば、「パリのマロニエ銀座の柳」であり、「酒は涙か溜息か」であり、再び、雑沓が現れ、街が現れれば、「わたし此の頃憂鬱よ」であり、「今日もクルくる人通り」である。「銀座の柳」の曲が都合幾度繰り返されたか。勿論、流行曲には普遍性があり、時代色があり、一九三一年〔この映画が撮影された年代〕には、それらの唄が巻を席巻してゐたし、この歌曲による音律的効果は十分首肯し得るが、街が現れる度毎に「銀座の柳」では鼻持ちならぬ気がする。もっと親切に、幾分芸術的にさえ、変曲し編曲されたらうものを。山田耕筰だけに、ソフ〔ィス〕ティケイトされ、リファインされた音律と構成を期待してゐただけに、失望は大きかった。[†40]

やや冗長な引用だが、『大東京』のなかで繰り返し流れる《東京行進曲》に対して観客が抱いていた呆れがよく伝わってくる。モスクワ郊外のアーカイヴに所蔵されている『大東京』を確認してみても、本作品における《東京行進曲》や《私の青空》といった流行曲の使用頻度は確かに異常である。『大東京』の録音に使われたレコードは、山田耕筰夫人がシュネイデロフとともに東京のレコード店で購入したものや、山田耕筰自身がモスクワに持ち込んだものであり、『大東京』のなかで当時の流行曲が使われることを彼が全く予期していなかったとは思えない。しかし、本作品の完成したヴァージョンにみられるような流行曲の乱用には、山田も相当驚き、不満を覚えたに違いない。『大東京』の日本での公開以降、山田耕筰は本作品の完成度に対する自らの考えを公に語ることはなかった。もっとも、彼が当初使うつもりであった鐘と気笛の音が最終的には『大東京』の冒頭部分から削除されてしまっていたことを考えると、同作品における流行曲が、彼の意図に反して『大東京』のライトモティーフと化していたことは容易に想像できる。[†41]

ナレーションが排除され、当時の流行曲がふんだんに盛り込まれた『大東京』の音響は、一九二〇年代の後半を中心に日本で人気を集めていた「小唄映画」を想起させるものだった。無声映画の上映に際して（ライヴもしくはレコードで）流行歌を歌わせる「小唄映画」は、関東大震災以降の日本で一世を風靡していたが、『大東京』が日本で公開された一九三三年頃には、ジャンルとしては既に衰退していた。[†42]『大東京』のなかで繰り返し聞こえてくる《東京行進曲》も、もとを辿れば一九二九年の溝口健二監督作品『東京行進曲』のために作られた「小唄」であり、一九三三年末の日本においては、もはや一昔前の流行歌になっていた。トーキー移行期における日本の観客がソビエトとの合作に求めていたのは、もっと斬新かつリアリスティックな音響効果であった。

エイゼンシテインやプドフキンによる「トーキー宣言」の対位法を巡る言説は、長らくの間、机上の理論でしかなかったが、一九三二年五月、日本ではソビエト初の本格的トーキー映画とされるニコライ・エック監督の『人生案内』が公開され、対位法を実際に応用している例として、批評家による称賛の対象となった。日本におけるトーキー音楽理論の権威である中根宏は、この作品に対して「これほど至高な感銘を受けたことがない」と述べ、それが自分にとっての「音画への道しるべ」であり、「音画案内」であるとまで言い切っていた。[†43]また、対位法の熱烈な支持者であり、『人生案内』を高く評価していた専門家の一人であった山田耕筰も「今まで見た音画の中で、最も完璧に近いものは、ソヴィエトで作られる映画だ」と公言していた。[†44][†45][†46]

当時の批評家たちが特に注目を示していたのは、『人生案内』のラスト・シークェンスにおける音響処理である。主人公の一人である浮浪児ムスタファが殺され、彼の遺体が機関車に乗せられ、仲間のもとへと運ばれていく。このドラマチックなシーンにおいて、聞こえてくる唯一の音は「幅広い低音の汽笛」である。中根によると、このシークェンスにおいて、音楽の代わりに力強く長く響く「無心の汽笛の音」こそ、「如何なる表情的な哀調を帯びた音楽よりも〔……〕勇敢な愛す可きムスターファ少年の死を悼む悲痛な情感を観るもののこゝろに激発させる」のである。[†47]『トオキイ音楽論』と題された書物を執筆していた中根が極めて高く評価したのは、そのタイトルに反して、むしろトーキー映画における音楽の不在であった。「『沈黙』と『騒音』の効果」と名付けられた章において、中根はトーキー映画における沈黙を「最も完全な最も具体的な最も有効な効果」と定義付けており、音楽ではなく、沈黙や騒音のような日常的な音こそがクライマックスシーンにおける感動を生み出すことを主張している。日本の映画は、それがまだ「無声」であったときから、伴奏音楽や解説者の声とともに受容させるのが一般的であり、トーキーへの移行に応じて「珍しく」感じられたのは、むしろ音楽の不在や、中根宏が称賛していたような、シンプルでモノトーンな環境音の使用であった。

『大東京』の録音にあたって山田耕筰が目指していたのも、『大東京』の日本公開に際して当時の観客が好意的に受け止めていたのも、やはり上記のような日常的で身近な「音」であった。池上華絢は、雑誌『フォトタイムス』のなかで、明治製菓の工場で女工が口笛のリズムに合わせてお菓子を包装しているシーンに対して「此の口笛こそ良いトーキーである」と訴えている。このシーン以外にも、彼が高く評価していたのは、「豆腐屋の売り声」（これも山田耕筰の地声がモスクワで録音されたものだろうか）や、当初の山田耕筰の意図では冒頭に用いられるはずであったが、結局は作品の半ばで聞こえてくる「工場の笛」である。チンドン屋が現れたときに聞こえてくる「古い楽隊の歌」もまた、「吾人になぢみ深いものでトーキーに良い」という。一方で、非難を受けたのは、「洋楽のような日本語のヨイトマケ」であり、日光で撮影された巫女たちによる「意味の判らぬ剣の舞」にともなう伴奏である。「太鼓と鐘とは音が違って鐘らしくないのが欠点で、外国人なら知らぬこと日本人には向かぬ」と結んでいる。†48

日本の批評家がソビエトとの合作映画に求めていたのは、現代日本の真の姿を浮かび上がらせるような、「リアリスティック」な音の使用であった。しかし、日本の批評家が現実味溢れる「リアリスティック」なものとして受け止めていた「音」は、必ずしもロシア人観客の音楽的嗜好に合致するものではなかった。豆腐屋の売り声や、チンドン屋が演奏する音楽の文化的背景を正しく理解していた日本の観客は、これらの「音」が醸し出すリアリスティックな雰囲気を充分に味わうことが出来た。しかし、日本の音文化に対する基礎知識を全く有していなかったソビエトの聴衆が好んだのは、むしろ《東京行進曲》や《私の青空》といった流行曲であった。これらの曲は西欧のポピュラー音楽と共通する要素を多く含んでおり（《私の青空》はウォルター・ドナルドソンによって作曲されたMy Blue Heavenの日本版である）、ソビエトの人々は、これらを他の洋楽と比較しつつその「エキゾチック」な独自性を感知して楽しむことが出来た。ソビエト国内での受容を優先していたシュネイデロフは、日本の流行曲を重点的に使用するアプローチを取ったが、このことが原因で、日本の観客がソビエト映画に期待していたような「トーキー・リアリズム」は失われてしまった。

『大東京』の完成後、それがソビエトと日本の両国で上映されることは、本作品の合作がまだ話し合いの段階にあったときから決まっていた。合作に携わっていたソビエト映画人はまた、日本の映画界がトーキー映画に対して抱いていた期待についてもよく理解していた。一九三二年の暮れ、東京で幾つかの映画館を訪れていたシュネイデロフは、日本で公開される外国映画の九割近くがトーキー映画であることを確かに知っていたはずである。ヴォクスの日本代表を務めていたミハイル・ガルコヴィチも、モスクワ本部に宛てた一九三三年の手紙のなかで、外国の無声映画が当時の日本では「極めて不評」であったことを述べ、ソビエト映画の海外輸出を担当する部署に対し、日本にそういった類の作品を送らないよう強く要請していた。[†49] 日本で上映された『大東京』のヴァージョンが日本の観客の期待を裏切るような作品に仕上がっているのは、ソビエトの映画人がそうした期待に無知だったからではなく、期待に応える意欲を欠いていたからである。

ソビエト側による合作への意気込みの欠如は、一九三三年の三月にシュネイデロフが対外文化連絡協会（ヴォクス）の日本支部に宛てた手紙からも明らかである。

対外文化連絡協会は、メジュラブポフ・フィルムと直接連絡を取り、朝日新聞との約束を果たす必要性を伝えるべきです。モスクワ支局に務めている丸山さんは、合作の進行状況を確認するために、何度も私を訪ねてきました。対外文化連絡協会による介入がなければ、撮影所はこのまま動き出そうとせず、朝日新聞との約束の期日は過ぎてしまうのではないかと、私はとても心配です。そうなってしまうのは非常に恥ずかしいことですし、日本にも極めて悪い印象を与えかねません。[†50]

同じ手紙のなかで、シュネイデロフは、既に現像された『大東京』のフィルムが未だプリントされていないことに対する不満を表明している。

山田耕筰がモスクワを訪れる直前の一九三三年三月、日本は国際連盟からの脱退を表明し、ソビエトとの不可侵条約の締結を却下している。これは、日本との合作映画に対するメジュラブポム・フィルムの関心の低さや、日本人の音楽的趣味を完全に無視した『大東京』の製作を考えるうえで、極めて重要な出来事であった。不可侵条約の締結が却下されるまで、日ソ関係の見通しは不透明であり、メジュラブポム・フィルムは、時勢を読み間違え、政治的に不適切な作品を世に送り出すことを恐れるあまり、『大東京』の製作に積極的に乗り出せないでいた。日本による不可侵条約の却下とともに、両国の関係性は明確化される。ところが、そのことによって今度は合作映画を作る必要性そのものが失われていった。辛うじて公開まで漕ぎ着けることが出来た日ソ初の合作映画『大東京』は、日本を描いた最初のソビエト映画であり、戦前のソビエトで、日本や日本人を「敵」として描いていない最初で最後の作品であった。一九三四年、アレクサンドル・ドヴジェンコ監督は、日本人を邪悪なスパイとして描く『アエログラード』*Аэроград*（一九三五）の製作を開始している。

　日ソ関係の変化にもかかわらず、『大東京』は日本とソビエトの両国において上映されることとなったが、その芸術的完成度は明らかに損なわれてしまった。日本で公開された全四巻からなるヴァージョンは、朝日新聞社との約束を果たすために慌てて編集されたもので、そこには日本語の字幕さえ付けられていなかった。[†51]ソビエトのために製作されたヴァージョンの公開は日本より遅く、一九三三年の一二月に入ってからであった［図21］。映画『大東京』に、ソビエト当局の求める「正しい」政治的イデオロギーを持たせるには、ニコライ・モローギンによるナレーションが必要であり、その録音にはさらなる時間を要した。

　朝日新聞社の協力のもとで撮影された『大東京』の映像は、近代化に成功しながらも、歴史的伝統を重んじる国としての「日本」を映し出しており、このような魅力的な日本の姿は、終戦にいたるまで国際文化振興会などが海外へ発進しようとしていた「日本」イメージにも相当するものだった。こうしたイメージはしかし、一九三三年以降のソビエト共産党が自国内で広めようとしていた日本観とは相容れないものであり、シュネイデロフは多様な解釈が可能な無声の映像に高圧的なナレーションを付加することで、『大東京』により明白な「支配的イデオロギー」を持たせている。イデオロギー的な補足説明が重点的に加えられたのは、映像では成功しているように見える日本の都市化や近代化に対してであった。ナレーションが付加された『大東京』は、イデオロギー上は「健全」な作品としてソビエトでの一般公開を果たしたが、日本における活弁の伝統を活かそうとしたシュネイデロフの演出上の試みは、モスクワで受け入れられることはなかった。ソビエトにおける批評家の一人は、作品に登場する司会者に対して「しつこい道連れ」という言葉を放っている。[†52]

図21　ソビエトの新聞に掲載された『大東京』の宣伝広告
（Вечерняя Москва. – 1933. – 4 дек. – С. 4）

トーキー映画の合作に挑むにあたって、日本とソビエトは互いの映画製作に対して高い感心を抱いており、共同製作を通して互いが保持する撮影や録音の技術を学んだ後、それらを自国の映画製作に応用することを望んでいた。しかし、両国の間に存在する文化的・政治的な違いは大きく、映画の共同製作が一旦開始されると、互いの技術や映画スタイルを容易に借用出来ないことはすぐに明白となった。活弁の雰囲気を再現しようと試みたシュネイデロフの取り組みも、ソビエト映画『人生案内』に感化され、対位法に基づく自らの理想をソビエトとの合作映画のなかで実現しようとした山田耕筰の努力も、最終的に報われることはなかった。

山田耕筰は、日本の伝統的な音楽と現代日本を取り巻く日常的な「音」を編集することで、目覚ましい発展を遂げながら、これまでの歴史や伝統を大切に守ろうとする近代的な日本の姿を表現しようとした。ところが、ソビエトにおける日本の「音」に対する文化的認識の欠如や、両国間における政治的摩擦の強化にともない、ヴラジーミル・シュネイデロフ率いるソビエト映画人は、山田耕筰の意図とは相容れない、全く別の政治的課題を担うこととなった。当時のソビエトで宣伝されなければならなかった日本のイメージは、何事においても西欧を真似ようとする未発達でエキゾチックな国のそれであった。合作映画『大東京』のなかでアメリカを象徴するジャズ音楽が多用されているのは、こういったイメージを強化するためである。

ソビエト映画が近代化するアジアを積極的に描こうとしていたのは、ソビエトの国内や（『トゥルクシブ』におけるトゥルクメスタンやカザフスタン）、ソビエトの衛星国（『アジアの嵐』におけるモンゴル）においてであり、ソビエトの「仮想敵国」になりつつあった日本における急速な経済成長や大陸への進出は、むしろ批判と懸念の対象であった。トーキーへの移行にともない、映画におけるイデオロギー表明の有効な手段として認識され始めていた「音」は、合作映画『大東京』においても、作品の政治的メッセージを規定する最も重要な要素であり、日ソにおける意見の対立が最も端的に現れたのも、その録音の段階においてであった。現実的で好意的なアジア描写を得意としていたはずのソビエト映画は、一九三三年以降、日本による近代化を「映像」によって肯定的に表象することは出来ても、もはや日本の知識人が望んでいたような「日本」を「音」によって表現することは出来なかった。一九二〇年代に推奨された国際主義に代わって、一国の強化と繁栄を目指すナショナリズムが台頭していた一九三〇年代のソビエトと日本において、両国の政府や映画人、批評家や観客の期待を同時に満たす合作映画を製作することは、もはや不可能であったのだ。国際連盟を脱退した直後の日本では、国外におけるイメージ形成を他国に委ねず、日本政府でコントロールしていくことへの努力が向けられた。ヨーロッパで上映された映画における日本の卑劣な描写に「席にいたたまれない」恥ずかしさを覚えた政友会代議士岩瀬亮は「日本風俗を正しく海外に紹介する」必要性を強く実感し、一九三三年二月に「映画国策確率に関する建議案」を衆議院に提出している。[†53] 岩瀬の提案は後に、映画統制員会の組織、そして一九三九年における映画法の発布にも繋がっていく。一九三四年の日本ではまた、自国の文化を国外に紹介する専門機関として国際文化振興会（国際交流基金の前身）が設立され、次第に記録映画の製作に取り組んでいくようになった。日ソ合作映画『大東京』の日本公開、その内容に対する知識人の失望は、こうした国家全体の動きを方向付ける重要な出来事の一つであった。

†1 『国際映画新聞』一九三三年一二月五日、二五頁。加納章「大東京」『映画評論』一九三三年八月号、一一九頁。

†2 『大東京』のプリントが所蔵されているロシア国立映画・写真資料公文書館（Российский Государственный Архив Кинофотодокументов: РГАКФД）は、記録映像に特化するロシア最大級のフィルム・アーカイヴである。モスクワ郊外の街クラスノゴルスクに位置することから、ロシアでは「クラスノゴルスクのアーカイヴ」と呼ばれることも多い。

†3 富田武『戦間期の日ソ関係――一九一七―一九三七』岩波書店、二〇一〇年、七九―九一頁。

†4 「魔の北氷洋を見事乗り切って　露国探検船横浜着」『東京朝日新聞』一九三二年一一月五日、七面。

†5 Молодяков В.Э. Россия и Япония в поисках согласия 1905-1945. М.: АИРО XX, 2012. С. 298-301.

†6 音楽は、日露の文化交流に欠かせない要素であり、その伝統は二一世紀にも受け継がれている。小林多喜二による小説の映画化であるＳＡＢＵ監督の『蟹工船』（二〇〇九）では、踊り狂うロシア人水兵たちの姿が、華やかかつユーモラスに描かれ、ロシアの音楽的なイメージが、セルゲイ・エイゼンシテインの名作『戦艦ポチョムキン』へのオマージュと上手く調和されている。

†7　РГАЛИ. Ф. 3050. Оп. 1. Ед. хр. 139. Л. 64.

†8　「露国大使、探検隊長ら本社写真絵画展覧会へ」『東京朝日新聞』一九三二年一一月一三日、二面。

†9　一九三二年当時のヴォクス日本代表であったミハイル・ガルコヴィチの報告によると、ソビエトとの合作を最初に提案したのは、映画俳優として活躍する傍ら、プロキノの活動に従事していた映画人、岡田桑三であった。ГАРФ. Ф. 5283. Оп. 1а. Ед. хр. 213. Л. 1-10.

†10　田中純一郎『日本教育映画発達史』蝸牛社、一九七九年、九三頁。

†11　山崎真一郎「来日するシュネーデロフ氏」『朝日新聞』一九五九年五月一一日、九面。

†12　РГАЛИ. Ф. 3050. Оп. 1. Ед. хр. 139. Л. 64.

†13　シュネイデロフの映画に収められた風景の多くは、リュミエール社のカメラマンによって撮影された『明治の日本』（一八九七―一八九九）や、一九二九年のソビエトで上映された日本の文化映画『島国』（製作年不明）にも登場するものだった。

†14　山田耕筰「大東京の録音」（『東京朝日新聞』一九三三年五月二七日―一九三三年五月三〇日）、後藤暢子・團伊玖磨・遠山一行編『山田耕筰著作全集［3］』岩波書店、二〇〇一年、三一二頁。

†15　同前、三一三頁。

†16　山田耕筰が好意的に受け止めていた、対比を重んじる演出上のアプローチは、ソビエト国内で発行された『大東京』の宣伝資料においても、シュネイデロフによる演出の最大の特徴として位置付けられた。Попов И. Большой Токио. М.: Издательство управления кинофикации при СНК РСФСР, 1934, С. 8.

†17　星野辰男編『JAPAN: A PICTORIAL INTERPRETATION』朝日新聞社、一九三二年、一八一頁。

†18　池上華絢「映画拝見（大東京）」『フォトタイムス』一九三三年九月号、九四頁。

†19　山本佐恵『戦時下の万博と「日本」の表象』森話社、二〇一二年、一一三頁。

†20　РГАЛИ. Ф. 631. Оп. 2. Ед. хр. 13.

†21　長門洋平『映画音響論——溝口健二映画を聴く』みすず書房、二〇一四年、九七―一〇九頁。

†22 Kristin Thompson and David Bordwell, *Film History: An Introduction*, 3rd ed.（NY: McGraw-Hill, 2010）, 188.

†23 トーキーへの移行後の日本映画界における活動弁士の活躍については、以下の文献を参照のこと。北田理恵「トーキー時代の弁士――外国映画の日本語字幕あるいは「日本版」生成をめぐる考察」『映画研究』四号、二〇〇九年、四―二一頁。畑あゆみ「声の動員――一九三〇―四〇年代記録映画におけるラジオアナウンサーと弁士」『映像学』七六号、二〇〇六年、五―二四頁。

†24 P・C・L（写真科学研究所）の関係者は、一九三二年に日本を訪れたシュネイデロフたちに対しても、トーキー映画における録音技術に関する知識を、ソビエトの映画写真科学研究所（НИКФИ）で働く専門家たちと交換・共有する意向を表明していた。ГАРФ. Ф. 5283. Оп. 4. Ед. хр. 314. Л. 10.

†25 山田「大東京の録音」、三一三頁。

†26 同前、三一六頁。

†27 池上「映画拝見（大東京）」、九四頁。

†28 山田「大東京の録音」、三一五頁。

†29 同前、三一七頁。

†30 同前、三一六頁。

†31 Познер Валери, От фильма к сеансу: к вопросу об устности в советском кино 1920-30-х годов. Советская власть и медиа: Сб. статей / Под ред. Х. Гюнтера и С. Хэнсген. СПб.: Академический проект, 2005. С. 337.

†32 ГАРФ. Ф. 5283. Оп. 11. Ед. хр. 63. Л. 42.

†33 Куланов А.Е. Ощепков. М.: Молодая гвардия, 2017. С. 122-127.

†34 「前説」の習慣は、トーキー移行期の日本において、外国から輸入されたレヴュー作品のなかで一時的に復活を遂げる。外国製のトーキー映画を日本人の観客により身近なものとして楽しんでもらうために、映画の本編とは別に、レヴューの内容を紹介する日本人が登場する場面が撮影され、作品の冒頭部分に挿入された。いずれもアメリカ製のレビュー映画であった『ハッピイ・デイズ』*Happy Days*（一九二九）や『パラマウント・オン・パレード』*Paramaunt on Parade*（一

九三〇）、『キング・オブ・ジャズ』*King of Jazz*（一九三〇）の日本での上映に際して、その冒頭部分には上山草人や松井翠聲、駒井哲と山岡アイリスが登場し、映画の内容に対して説明をする場面が挿入された。北田「トーキー時代の弁士」、一一頁。なお、一九三一年に日本を訪れたヴラジーミル・シュネイデロフがこれらの映画作品を観ていたことを裏付ける証拠は残っていない。

†35 長門『映画音響論』、六〇―六一頁。

†36 Abé Mark Nornes, *Japanese Documentary Film: The Meiji Era through Hiroshima* (Minneapolis: University of Minnesota Press, 2003), 52.

†37 伊藤愉「メイエルホリド劇場と日露交流――メイエルホリド、ガウズネル、ガーリン」永田靖・上田洋子・内田健介編『歌舞伎と革命ロシア――一九二八年左団次一座訪ソ公演と日露演劇交流』森話社、二〇一七年、二四九―二六〇頁。

†38 Молодяков. Россия и Япония в поисках согласия 1905-1945. С. 415.

†39 音の付いていない『大東京』の編集を絶賛する山田耕筰の発言も残っているため、ソビエトと日本で公開されたヴァージョンは、音響の面だけでなく、映像の編集においても異なっていた可能性もある。

†40 加納章「大東京」『映画評論』一九三三年八月号、一一〇頁。

†41 皮肉なことに、山田耕筰による映画音楽が《東京行進曲》にスポットライトを奪われたのは、今回に限ったことではない。日独合作映画『新しき土』（一九三七）においても、山田耕筰が使用するはずだった音楽は、彼の意図に反して、《東京行進曲》の演奏にすり替えられていたのである。これに対して山田耕筰は、「私には怒る勇気も、泣く力もなかった。あまりの阿呆らしさにただ自失するのみだった」という言葉を残しているが、彼が完成した『大東京』を初めて観たときの心境には、これに近いものがあったのではないだろうか。『新しき土』における山田耕筰の仕事については、次の文献を参照のこと。大傍正規「届かないメロディ――日独合作映画『新しき土』の映画音楽に見る山田耕筰の理想と現実」杉野健太郎編『映画とネイション』ミネルヴァ書房、二〇一〇年、一七一―一八頁。

†42 細川周平「小唄映画の文化史」『シネマどんどん』一号、二〇〇二年、一二―一五頁。

†43 中根宏『トオキイ音楽論』往來社、一九三二年、二六四―二八〇頁。

†44 山田耕筰「トーキー音楽」『山田耕筰著作全集［3］』、三〇九頁。
†45 大傍『届かないメロディ』、一二一一四頁。
†46 山田耕筰「「人生案内」への「案内」」（『東京朝日新聞』一九三二年四月二七日）、後藤暢子・團伊玖磨・遠山一行編『山田耕筰著作全集［2］』岩波書店、二〇〇一年、二四四―二四五頁。
†47 中根『トオキイ音楽論』、二六七頁。
†48 池上「映画拝見（大東京）」、九四頁。
†49 ГАРФ. Ф. 5283. Оп. 4. Ед. хр. 314. Л. 13.
†50 ГАРФ. Ф. 5283. Оп. 4. Ед. хр. 314. Л. 9.
†51 池上「映画拝見（大東京）」、九三頁。
†52 Коваль В. Большой Токио // Киногазета, М. – 1933. – 19 дек.（№59-60）. – С. 5.
†53 田中純一郎『日本映画発達史Ⅱ――無声からトーキーへ』中央公論社、一九八〇年、三八五頁。

III

亀井文夫のモンタージュ美学

中国との戦争が本格化していった一九三〇年代後半、映画産業に対する規制は強化された。戦時下の経済統制のもとで、映画会社の統合が進み、厳格な検閲体制が敷かれた。映画の製作と配給は許可制となり、監督と俳優に対しては、免許の登録制度が導入された。一方で第二次世界大戦期は、日本の記録映画が目覚しい発展を遂げた時期でもあった。「文化映画」と呼ばれる非劇映画の上映は、一九三九年に制定された映画法で義務付けられ、記録映画の製作本数は激増した。定期刊行物には文化映画を巡る言説が溢れ、[†1] 一九三八年には記録映画作家の厚木たかによって、ポール・ローサの著書 *Documentary Film*（London: Faber and Faber, 1935）が、『文化映画論』として日本語に翻訳され、映画界に注目すべき影響をおよぼした。[†2]

ソビエトへの留学経験を持つ亀井文夫が、映画監督としてデビューし、その傑作を世に送り出したのも、戦時下の日本においてであった。日本の映画人で唯一、治安維持法違反の疑いで逮捕・投獄され、監督免許を剝奪された亀井文夫は、日本映画と検閲の関係や、戦時下の日本における記録映画の地位向上を考えるうえで、決して避けては通れない存在である。周知の通り、武漢作戦中の日本軍を描いた亀井の『戦ふ兵隊』（一九三九）は、反戦感情を煽る作品として公開禁止処分を受け、信濃に生きる農民の厳しい生活環境を描いた『小林一茶』（一九四一）は、文部省による推薦を得られず、劇場での公開に苦闘した。

戦時下の日本で製作された亀井文夫の映画作品は、厭戦思想に貫かれているようにも、軍国主義を賛美しているようにも受け止められ、その解釈は時代とともに変化してきた。終戦直後、軍国主義に抵抗した唯一の映画人として英雄視されていた亀井は、一九五〇年代後半に入ってから、若手の映画監督たちに「主体性の欠如」を指摘され、再演・編集を重んじるその製作アプローチも厳しい批判の対象となった。ソビエト留学以前から左翼思想に関心を抱き、終戦後は公に日本共産党を支持してきた亀井に対する評価は、戦後の日本が置かれていた冷戦構造や、マルクス主義に対する世論の変化とも密接に関連していた。天皇の戦争責任を追及する記録映画『日本の悲劇』（一九四六）を製作し、東宝争議で中心的な役割を担った後、独立プロで女性の解放や原爆、米軍基地や被差別部落の問題を扱う映画作品を作り続けてきた亀井のパブリック・イメージは、冷戦構造の崩壊とともに脱構築が進む。共産主義への期待が敗れた一九九〇年代、長年現存しないものと思われてきた亀井の映画作品『制空』（一九四五）が発掘され、その発見・上映は、亀井の人物や、その映画作品に対するそれまでの評価を客観的に捉え直すきっかけとなった。これまでは戦後の日本における亀井の「神格化」を非難する傾向が顕著であったが、二〇〇〇年代に入ってからは、そうした亀井論を覆そうとする新たな動きも目立ってきている。[†3]一般の映画観客や同業者、批評家や映画学者たちによる亀井の評価は、振り子のような激しい変動を繰り返し、それは今後も定まることはないだろう。

　亀井文夫の映画作品におけるメッセージの曖昧性は、その最大の魅力の一つであり、この先も多くの映画ファンや研究者の関心を引き付けるに違いない。亀井の映画作品が「本当に反戦的であったかどうか」という、これまでの研究を動かしてきた中心的課題はしかし、亀井の映画作品が有する多様な解釈の可能性ゆえにこそ、今後も解決されることはないだろう。この章では、従来の亀井研究における二元論的な評価基準から少し離れて、亀井の映画作品における編集・演出の特異性を、ソビエトの映画史との関係において考察してみたい。

　記録映画や編集に対する亀井文夫の拘りが、ソビエトへの留学を機に芽生えたことは、これまでの研究でも指摘されてきた。若き亀井がソビエトを訪れたのは、一九二九年四月から一九三一年一〇月までの二年間弱で、革命後に花開いたアヴァンギャルド芸術が、社会主義リアリズムに打ちのめされる直前のことであった。編集に重点を置く映画製作法・映画理論としての「モンタージュ」が成熟期を迎えたこの時期に、ソビエト映画と初めて出会った亀井が編集に強い関心を抱いたのは、いわば当然の流れであった。日本へ帰国した後、P・C・L（後の東宝）に就職し、編集に依拠した記録映画の名作を数々生み出してきた亀井は、誰もが認める

「モンタージュの達人」だった。[†4] そんな亀井が自らの映画作品のなかで心掛けてきた編集は、一九二〇年代のソビエトで生まれたモンタージュ美学とどう関係していたのか。ソビエトでの留学体験は、亀井の映画観にどのような影響をおよぼし、彼の映画作品や映画製作を巡る言説にどう反映されてきたのか。一九二〇年代のソビエトを代表する映画作品と、戦時下の日本で製作された亀井の記録映画作品を比較考察することで検討していく。

1　ソビエトへの留学——一九二九—一九三一

亀井文夫がソビエトで過ごした一九二九年から一九三一年にかけての時期は、日ソ関係が極めて良好であり、ヴォクス（全ソ対外文化交流協力会）支援のもとで、二代目市川左團次一座がモスクワとレニングラードで公演を行い、ソビエトの音楽家や作家も比較的容易に日本を訪れることが出来た。個人でソビエトへ渡る日本人もおり、亀井と時を同じくして、ソビエトには片山潜や宮本百合子、湯浅芳子といった著名人が滞在していた。[†5] 映画監督の衣笠貞之助や、プロキノの一員で映画俳優の岡田桑三、ソビエト映画の日本公開に尽力してきた袋一平などは皆、一九二九年から一九三〇年の時期にソビエトを訪れていた。[†6]

スターリン体制が確立される前夜のことであり、ソビエトの芸術文化には、まだ少なからぬ自由が残されていた。映画館では、国際的な注目を浴びていたアヴァンギャルド映画ばかりでなく、帝政ロシアで作られていた映画作品や、（それらとスタイル上はなんら変わりのない）オーソドックスなソビエト映画、さらには外国から輸入された作品（ハリウッド映画を含め）が日常的に上映されており、ソビエトを訪れた亀井は、それらを観賞し、比較などをすることで、映画表現が持つ無限の可能性を実感することができた。

立憲政友会の政治活動家を父に、米屋を営む敬虔なキリスト教徒を母に持つ亀井は、一九〇八年四月一日に福島県相馬郡原ノ町（現在は原町市）で生まれた。小学校高学年の頃から家族とともに東京に移り住み、早稲田中学校を卒業した後、神田のお茶の水文化学院に入学し、そこで絵画を学び始めた。映画には全く関心がなかったが、一九二〇年代後半の日本における若者の多くがそうだったように、マルクス・レーニン主義に強く惹かれ、東京帝国大学のセツルメント運動を指揮していた末弘厳太郎教授の弟らと共に、マルクス主義の研究会への参加や、武者小路実篤による「新しき村」への訪問を行っていた。文化学院で亀井の指導にあたった有島生馬や石井柏亭といった前衛的な芸術家たちからも影響を受け、次第にソビエトのアヴァンギャルド美術にも憧れを抱くようになった。一九二七年五月に東京で開かれた「新露西亜美術展」は、亀井のソビエトへの関心を掻き立てる要因の一つとなったであろう。

ソビエトで絵を学ぶ決心をした亀井は一九二八年に文化学院を中退し、訪ソ経験がありヴォクスとの関係も良好であった劇作家、秋田雨雀の推薦でソビエトへ渡る。ヴォクス日本代表の資料には、亀井がソビエトへの留学を望む「画家」だったことを示す記録が残されている。[†7] 美術を勉強するつもりだった彼は、ソビエトへ到着した直後に、映画との運命的な出会いをする。亀井がウラジオストクで偶然立ち寄った映画館では、ゲオルギー・ターシン監督の『夜馬車』*Ночной извозчик*（一九二八）が上映されていた［図1］[c]。無声期ウクライナ映画の傑作として知られるこの作品を観て、亀井は一気に映画という、これまでは見向きもしなかったメディアへの関心が湧いたという。この作品では、御者として働く年配の主人公ゴルデイが、地下活動に身を燃やす一人娘カーチャを亡くした後、自ら階級闘争に目覚めていく過程が描かれている。ゴルデイは、カーチャへのプレ

図1　ゲオルギー・ターシン『夜馬車』(1928) ポスター

ゼント選びが大好きで、雨が降れば必ず娘を仕事先まで馬車で迎えに行くような心優しい父親だが、そうした過保護と革命運動への用心深さが却って悲劇を招く。他の革命家を密告したつもりが、カーチャを死に至らせてしまうのだ。最愛の娘を失い、一時は狂気に陥るゴルデイだが、最後は自分が密告しようとした若者を助けることで、革命的英雄として生涯を終える。社会主義リアリズム文学の模範とされるマキシム・ゴーリキーの小説『母』（一九〇五）を想起させる物語だ。ゴーリキーの小説の映画化であるフセヴォロド・プドフキン監督の『母』（一九二六）は、戦前の日本では上映が禁止されており、その「父親版」とも言うべき『夜馬車』は、亀井に大きな衝撃を与えた。階級闘争を堂々と訴える「革命的な」メッセージ性ばかりでなく、主人公たちのリアリティ溢れる生活描写もまた、印象深かったのだろう。ゴーゴリやドストエフスキー以来のロシア文学が得意としてきた「小さな人々」の表象は、[†8] 主人公ゴルデイを含む『夜馬車』の人物描写にも受け継がれており、生涯を通して社会の周縁に生きる人々を描き続けた亀井の映画作品においても、重要な構成要素をなしている。

ヴォクス本部に対して、映画を勉強する意志を表明した亀井は、レニングラード（現在のサンクト・ペテルブルグ）に派遣された。革命後はモスクワに次ぐ第二の都市へと後退していたこの街に、監督を育成する専門の機関はまだ存在しなかったが、撮影技師を育成する映画技術学校（Государственный фотокинотехникум）と映画俳優を育成する舞台芸術学校（Техникум сценических искусств）があり、亀井が聴講生として所属していたのは、前者の映画技術学校だったようである［図2］。留学先で特に世

図2　留学中の亀井文夫と妻のアントニーナ（鳴海完造遺品より〔中村喜和提供〕）

話になった映画人として、亀井はグリゴーリ・コージンツェフ、フリードリヒ・エルムレル、セルゲイ・ユトケーヴィチなど、いずれも舞台芸術学校で教鞭を執っていた映画監督たちの名前を挙げている。上記の三者は、ともにレニングラードのソフキノ撮影所に所属していた大物映画監督で、亀井は映画技術学校で頻繁に実施されていたソフキノへの見学や、スタジオでの研修を通して彼らと知り合ったものと思われる。[†9] ソフキノ撮影所での体験には思い出深いものが多く、フリードリヒ・エルムレル監督が映画『帝国の破片』*Обломок империи*（一九二九）の編集作業に取り組んでいたときのことを、亀井は日本への帰国後も鮮明に記憶していた。[†10]

ドストエフスキーの町サンクト・ペテルブルグで培われた物語話法の伝統は、レニングラードの映画界にも引き継がれ、ロシア文学が繰り返し挑んできた「小さな人々」の描写は、コージンツェフやエルムレルらが、好んで取り組んでいた題材であった。[†11] 当時のレニングラードにはまた、ユーリ・トゥイニャーノフやヴィクトル・シュクロフスキー、ボリス・エイヘンバウムなど、ロシア・フォルマリズム学派の主要メンバーが揃っており、彼らは文学だけでなく映画研究にも熱心で、コージンツェフらとの交流を通して映画の製作にも携わっていた。[†12] エイヘンバウムによって「事物を新しく見る」芸術的手段として定義付けられた「異化」は、フォルマリズムの重要な概念であるが、これは戦後に「異化効果」の理論を打ち出したベルトルト・ブレヒトにも多大な影響を与えた。「異化」はまた、自らの映画作品のなかで、社会の周縁に生きる異質な「他者」を描き続け、一つの作品のなかに相容れない複数の視点を共存させてきた亀井の作風とも、決して無縁の概念ではない。

亀井は、レニングラードでの留学の際には、コージンツェフらが運営委員を務めていたアルク《АРРК》革命映画労働者機構（**Ассоциация работников революционной кинематографии**）の定期集会や上映会にも頻繁に参加し、日本文化を紹介するイベントの企画にも携わっていた。ヴォクスの資料には、一九二九年のレニングラードで上映された牛原虚彦監督の『近代武者修行』（一九二八）の再編集に、亀井が参加していたことを裏付ける記録が残されている。[†13]同資料には、亀井が編集を指導した『近代武者修行』が、再編集を受けずにオリジナルのままで上映された衣笠貞之助の『京洛秘帖』（一九二八）と比べて、圧倒的に観客の反応が良かったという記述も残っている。フリッツ・ラング監督の『ドクトル・マブゼ』*Dr.Mabuse, Der Spieler*（一九二二）がソビエトで公開される際にその再編集を担当し、念願の映画界入りを果たしたセルゲイ・エイゼンシテインと同様に、亀井の映画監督人生は、外国映画に編集を施す仕事から始まった。[†14]亀井が生涯貫く編集に対する強い関心と拘りは、レニングラードでの留学時に芽生えたものだった。

亀井にとってもう一つ大きな発見となったのは、本書のI章でも見てきた一九二〇年代後半のソビエトにおける記録映画の台頭である。ソビエトの活字メディアには、「文化映画 **культурфильма**」や「政治的啓蒙映画 **политико-просветительная фильма**」の量産を求めるスローガンが飛び交い、[†15]モスクワやレニングラードには、非劇映画の上映を専門とする映画館が次々に開かれていった。[†16]日本国内でソビエト映画に注目していた評論家と同様に亀井の関心を引いたのは、記録映画のなかでも「紀行映画」に属するジャンルの映画作品であった。彼が留学中に最も感銘を受けた映画作品として挙げているのは、中国の労働者が「どんなに搾取され、圧迫されているかをきわめてリアルに描いた」ヤコフ・ブリオフ監督の『上海ドキュメント』*Шанхайский документ*（一九二八）と、「ドイツのハンブルグをキャメラで探訪する」ヴラジーミル・エロフェエフ監督の『幸福の港へ』（一九三〇）である。[†17]両作品とも「旅」を主題とする記録映画で、資本主義社会における格差問題を主要な題材としている。これまでの研究においては、亀井の代表作である『上海』（一九三八）や『北京』（一九三八）、『戦ふ兵隊』と同じ中国で撮影されたブリオフの『上海ドキュメント』ばかりが強調されてきたが［図3］、亀井作品におけるメッセージの曖昧性を考えるにあたっては、むしろヴラジーミル・エロフェエフの存在に注目するべきであろう。

図3　ヤコフ・ブリオフ『上海ドキュメント』(1928) ポスター

無声期のソビエト映画を代表する記録映画作家だったヴラジーミル・エロフェエフ（一八九八－一九四〇）は、Ⅱ章で取り上げたヴラジーミル・シュネイデロフと同様に、「紀行もの」を専門とするソビエトの映画監督だった。一九一三年に撮影された北極探検のフィルムを再編集した『極圏を越え』*За полярным кругом*（一九二七）でデビューし、その後も『コンスタンティノープル』*Константинополь*（一九二八）や『世界の屋根 パミール』*Крыша мира (Памир)*（一九二八）、ドイツやアメリカで注目すべき成功を収めた『アフガニスタン』*Сердце Азии (Афганистан)*（一九二九）や、ウズベキスタンを描く『アジアの彼方で』*Далеко в Азии*（一九三一）など、「紀行」に特化した映画作品を生み出してきた。一八歳の若さで共産党に入党していたエロフェエフは、一九二五年に在独通商事務所の一員としてドイツに渡り、当時人気を博していた紀行映画の熱烈な支持者となる。なかでもオーストリア人のコリン・ロス監督が製作していた、娯楽性を重んじる紀行ものに強く惹かれ、ドイツからの帰国後は、これに似た作品をソビエトで普及させるために尽力した。しかし、エロフェエフの作家性は、「旅」への拘りだけに収まるわけではない。その作品が持つ最大の特徴は、イデオロギー的な曖昧性である。スピードの効いたモンタージュや、イデオロギー的色彩を帯びた字幕の使用を意図的に避け、ロング・テイクを好んで用いたエロフェエフの紀行映画は、ソビエトの活字メディアにおいては、決まってイデオロギー性の欠如を指摘された。亀井の記憶に強く刻まれた『幸福の港へ』もやはり、イデオロギー的観点の不明確さが厳しく批判され、政治的な意味合いの字幕を増やすことでようやく上映禁止処分を回避することが出来た［図4］。興味深いことに、この作品は海外での公開に際して、逆に社会主義色が濃すぎるとの批判があがった。亀井もまた、『幸福の港へ』をハンブルグの階級的な社会構造に重点をおく映画として記憶している。エロフェエフの映画作品に多様な解釈の可能性を与えたのは、彼が得意とする、いわゆる「目立たないモンタージュ」だった†18。映画『幸福の港へ』において、ハンブルグで暮らす人々の階級的差異が表現されるのは、その手足のクロースアップを通してである。町中で交通整備をしている男性の手や、ポーチから化粧品を取り出し、電車の中でメイクを始める若い女性の手、職を失い絶望に暮れながら路上に座り込んでいる労働者の力強そうな手が映し出される。しかし、これらは比較がしやすいように順番に並べられるようなことはなく、補足的な

図4　ヴラジーミル・エロフェエフ『幸福の港へ』(1930) ポスター

字幕が付されることもない。あらゆる階級に属する人々の手足のクロースアップは、ごく自然な形でハンブルグの生活風景のなかに溶け込んでいる。一九二〇年代のソビエト映画に連想される「派手なモンタージュ」とはまた違ったアプローチである。ソビエトの記録映画に対する歴史的認識は従来、映画界をジガ・ヴェルトフとエスフィリ・シューブ、そして彼らには到底およばない芸術的独自性を欠いた他の製作者群の三極に分類することで成り立ってきたが、最近ではむしろヴェルトフの作風をエロフェエフのそれと比較する新たな見解が確立されようとしている。[19]

エロフェエフと亀井の映画キャリアが、幾分か重なり合っていることは、上記の説明からも容易に確認できる。二人に共通するのは、留学の体験や左翼的な思想、亀井の作風でも重要な役割を担っている「目立たないモンタージュ」や、イデオロギー的メッセージの曖昧性だけではない。文化映画や政治啓蒙映画といった、ノン・フィクション映画を指す名称が飛び交う一九二〇年代のソビエトにおいて、エロフェエフは一貫して自らのことをドキュメンタリストと呼び続けており、そうした彼の態度は、「文化映画」に関する空虚な議論が氾濫していた盧溝橋事件以降の日本で「記録映画」という単語に拘り続けた亀井文夫の存在を想起させる。エロフェエフはまた、『世界の屋根 パミール』を始めとする映画作品のなかで、他の映画スタッフと共に、自らカメラの前に立つことを一つの習慣としていたが、これにも亀井の製作スタイルに通じるものがある。監督やカメラマンが映画のフレーム内に入っていくことへの抵抗が強かった一九三〇年代から一九五〇年代の日本映画には珍しく、亀井の映画作品では、カメラを回している製作者の「存在」が、被写体の言葉や視線を通してはっきり示される。『生きていてよかった』（一九五六）という作品のなかで、亀井は自らカメラの前に立ち、[20]映画『戦ふ兵隊』の撮影中は、監督の手がフレームに入っても良いかどうかで、カメラマン三木茂と激しい口論となった。このときの意見対立こそが、後に二人の間で『文化映画研究』誌上で繰り広げられる、演出家とカメラマンの地位を巡る「ルーペ論争」に繋がったと言われている。ヴラジーミル・エロフェエフは、紀行映画の撮影で出張するとき以外は、基本的にモスクワを中心に活動していたが、一九三〇年だけは例外的に、まる一年間レニングラードのソフキノ撮影所に所属し、文化映画部長という重要なポストを担っていた。[†21] 言うまでもなく、これは亀井がレニングラードに滞在していた時期と見事に重なっており、二人はなんらかの形で対面していたと思われる。[†22]

亀井のソビエト留学を論じるにあたって、ヴラジーミル・エロフェエフの存在は、特筆に値する。しかし、留学中の亀井にとっては、紀行映画というジャンルそのものが極めて重要な発見となった。日本への帰国後、友人の紹介でP・C・Lに入社した亀井は、紀行映画というジャンルの作品を自ら手掛けていくようになる。[†23] 亀井が才能ある若手映画製作者として注目されるきっかけとなった『怒濤を蹴って』（一九三七）は、日本の海軍省から派遣された軍艦「足柄」がイギリスで行われるジョージ六世の戴冠式へ向かう航海記録であり、亀井の代表作として知られる『上海』や『戦ふ兵隊』、『小林一茶』でもまた、「旅」の主題が物語的構想の中核をなしている。『JAL空の旅シリーズ』（一九六四—一九六七）などの企業PR映画を含む戦後の亀井作品にもまた、「紀行もの」としての傾向が目立つ。[†24]「旅」という非日常的な行動は、度重なる視点の変化をもたらし、旅人になることとは、日頃の安定した暮らしや社会的地位、従来の価値観までをも一時的に放棄することを意味している。決して相容れないはずのイデオロギーが、ごく自然な形で共存しあうアンビバレントな作品を数多く生み出してきた亀井が、複雑で矛盾に満ちた世界を表現する手段の一つとして、「紀行」に拘り続けたことは、理に適っているだろう。

ソビエトでの生活は、人々の価値観や映画芸術そのものの多様性を知るうえで、亀井にとってかけがえのない経験となった。異文化に属する人々との交流を通じて、亀井は世界を客観的に捉えることの難しさを学ぶことも出来た。では、亀井自身の映画製作に対する影響はいかなるものなのか。ソビエトへの留学は、彼の映画作品や映画理論のなかに何らかの具体的な形で反映されただろうか。現在の日本で活躍する記録映像作家の多くが、映画製作の基本を学ぶための教科書代わりに使ってきたという『ドキュメンタリーを創る』（一九八三）において、著者の松川八洲雄は、亀井より一つ下の世代にあたる、記録映画カメラマンの瀬川順一を紹介するにあたって、彼を「エイゼンシュテインの孫弟子」に喩え、瀬川がソビエトの「新しい理論」を、「亀井を通して身につけた」と指摘している。[†25] 瀬川順一のように、ソビエトを実際に訪れる機会がなかった日本の映画人が、「亀井を通して」学んだものは、一体何だったのか。戦時下の日本で作られた亀井の映画作品や、当時の定期刊行物に掲載された彼の映画言説を、一九二〇年代のソビエトにおける映画・理論と比較しながら明らかにしていく。

2　ソビエト映画との連続性

一九二〇年代のソビエト映画で頻繁に応用されてきた編集パターンに、階級的な差異を強調するショットの対立というものがある。ヴラジーミル・エロフェエフの『幸福の港へ』では、工場で働く労働者の素早い動きが、レストランで踊り狂う富裕層の姿と対比される。ヤコフ・ブリオフの『上海ドキュメント』における同様のモンタージュ・シークェンスを、亀井文夫は次のように要約している。

夏暑い日白人が子供達をメリーゴーランドで遊ばせている。そのメリーゴーランドのエネルギー源は苦力で、彼が一生懸命ひっぱって動かしている。あるいはまた白人の男女がプールで泳いでいる。そこでストローでソーダ水を飲んでいる場面が出ると、垣根の外の場面が出てきて、苦力が重い車を引きながら汗だくになって倒れそうになっている。その情景を垣根の間からのぞくとか、白人のソーダ水を飲んでいる場面をのぞくという具合に対比させて、クライマックスが上海のゼネラル・ストライキになっている。短いものだったけれども大変な感銘を受けた。†26

日本映画における外国映画の受容と影響について網羅的な研究を行った山本喜久男は、上記のような編集を「階級的対立を明示する対照のモンタージュ」と呼び、そうした編集の使用を、サイレント期の溝口健二や、鈴木重吉、衣笠貞之助の映画作品に認めている。†27 亀井に大きな印象を与えた『上海ドキュメント』のシークェンスは、階級ばかりでなく人種的な対立をも強調するものであり、亀井はこれと同様の編集を、一九四一年に製作した『小林一茶』のなかに応用している。

長野県からの依頼を受けて製作された観光宣伝映画である『小林一茶』には、日本随一の避暑地である軽井沢が紹介される場面がある。乗馬にサイクリングやゴルフ、レストランでの飲食を楽しむ観光客が映し出され、「住むに堪えない土地をも、活かして使わなければならなかった信濃の人々の事情が、こうした観光地を信濃の全土に作り上げたものでありましょう」というナレーションの後、ゴルフ場の芝生を綺麗にしている農民の女性とその子供の姿、雑草を切り取っていく彼女の手のクロースアップが画面に映る。レストランでくつろぎ、自転車に乗っているのは白人の子供であり、日本社会における階級的差異ばかりでなく、日本の農民が外国資本に搾取されている実態をもほのめかす場面に仕上がっている。

戦時下の日本で製作された亀井の記録映画には、「クレショフ効果」やエイゼンシテインが唱えた「知的モンタージュ」を思わせる場面もある。例えば、『戦ふ兵隊』の冒頭部分では、カメラを見つめる老人の顔がクロースアップで映し出され、次のようなショットが続く。

①燃えている農家
②祠の目で跪き、祈る人物
③住むところを失い戸惑っている子供
④広い平野に一人、肩を落とし座り込んでいる人物
⑤曇り空
⑥村を追われた中国の難民
⑦乾いてひび割れた土地
⑧両手で顔を覆い、泣いているように見える偶像

これらのショットからは、宗教と権力といった抽象的な概念を、世界各地で崇拝されている神のイメージ（偶像、オブジェなど）に置き換えて、分かりやすく表現しようとしたエイゼンシテインの『十月』（一九二七）が直ちに想起される。映画『戦ふ兵隊』における上記のシーンはまた、ショットの意味が編集によってのみ形成されると主張したレフ・クレショフの考えを体現しているようでもある。ソビエト映画人のなかでいち早く、独自のモンタージュ理論を打ち出したクレショフは、帝政ロシアの映画スターであったイワン・モジューヒンのクロースアップを用いた実験を行い、モンタージュに「映画の本質」を見出した。無表情に見えるモジューヒンの顔を、テーブルの隅におかれたスープの皿や、遊んでいる子供の映像と対比させてみたところ、観客はショットの組み合わせが変わるごとに、モジューヒンが違った感情（空腹感や、赤ん坊を可愛がる気持ちなど）

を巧みに演じているものだと認識し、単独のショットには含まれていない意味が、編集によって「新たに」生み出されるものと解釈された。
クレショフの理論に従えば、映画『戦ふ兵隊』の冒頭シーンに登場する老人の顔も、単独では無表情であり、それが「怒り」や「苦しみ」といった感情を表すものとして受け止められるのは、曇り空やひび割れた土地といった、他のショットとの相互作用においてである。亀井自身はしかし、少し異なった見方をしている。『戦ふ兵隊』の撮影直後に執筆された「記録映画と真実と」という論文のなかで亀井は、「キャメラが、真実を撮影するのではない、編集が真実を構成するのだ」と述べ[†28]、『戦ふ兵隊』における冒頭部分を次のように分析している。

a——呆然とした、支那の農民の顔。
(だが、どうして、この男は、呆然としているのか？　ここが、問題なのだ。)
b——この男は、戦火に、先祖伝来の家を焼き払われた。食うものもない。寝る所もない。農具もない。
(これから先、どうして生きて行くか？　思案に余って、ただ呆然と、途方にくれた顔なのである。)

如何にカメラが精密機械でも、如何にこの男の表情が印象的であっても、前述のb項をキャッチしていなかったら、男の顔だけから、その様な運命的な瞬間を汲みとることは、出来るものではない。[†29]

亀井によると、老人が「途方にくれている」という事実は、その顔を見れば一目瞭然である。老人の顔のクローズアップに続くショットの数々は、彼の感情を明らかにしていくためではなく、そうした感情が芽生えた理由を説明するために必要だと言う。クレショフと対照的に、亀井は編集をともなわない単独のショットでも、複数の意味を持ちうるものと確信していた。[†30]

戦前の日本で監督自らが理論活動を展開することはまだ珍しく、自身の映画製作を理論化しようと試みた亀井の姿勢には、ソビエト映画界からの影響が感じられる。モンタージュ理論の生みの親であったクレショフやティモシェンコ、プドフキンやヴェルトフ、エイゼンシテインらは皆、映画監督であると同時に理論家でもあった。映画製作における理論と実践の統一は、一九二〇年代のソビエト映画が持つ重要な特徴であり、これは亀井の映画製作にも受け継がれている。

戦前・戦後に書かれた映画を巡る亀井の文章には、一九二〇年代のソビエトで発表されたジガ・ヴェルトフの映画理論を思わせる要素が少なくない。「真実の断片を撮影するだけでは、不十分である。こうした断片は、編集したときに、全体が真実となるよう、構成しなければならない」[†31] というヴェルトフの主張は、先にも引用した「キャメラが、真実を撮影するのではない、編集が真実を構成するのだ」という亀井の発言に極めて近い意味を持つ。「「虚構映画」に、本能的な不満を、僕等は持っていた。積極的に「真実」を、「現実の正しい姿」を、伝達するには、記録映画の方法が、最も純粋は映画的方法であり、また僕等に適当な方法だと、考えた。記録映画の鑑賞の魅力もまた、ここにある」[†32] という亀井の考え方にもまた、劇映画を「癩病患者」に喩え、「近寄るな！　目を向けるな！　生命が危ないぞ！　伝染《うつ》るぞ！」[†33] と訴えたヴェルトフに通じるものがある。

亀井の文体そのものにもまた、ヴェルトフによる独自な執筆スタイルとの接点がうかがえる。「記録映画と真実と」のなかで、亀井が用いる「僕等は」という複数形の一人称は、「われわれは」«Мы»（一九二二）という、ヴェルトフが最初に発表したマニフェストの題名を想起させる。亀井による文章のなかでは、「映画的に支配する」という表現も使われているが、これはヴェルトフの「映画的に見る киновижу」や、「映画的に書く

кинопишу」、「映画的に構成する киноорганизую」といった造語を思い出させるもので、意味的にはロシア語の кинovластвую に相当すると言えよう。その映画理論のなかで、詩的なメタファーを好んで用いたヴェルトフは、事件現場で行う撮影を「映画眼と火事」と呼び、隠しカメラによる撮影を「映画眼と接吻」と称し、長期間続けられるカメラによる観察を「吹雪が舞う夜の映画眼」に喩えた。[†34] 亀井もまた、自らの記録映画作品を「悲劇もの」や「恋愛もの」、「喜劇もの」に喩え、そのジャンル的特性を表現しようと試みた。「恋愛もの」として企画された記録映画『北京』のことを、亀井は次のように詩的に物語っている。

古い文化の都北京は、砂漠の中のオアシスにもたとへられる。またうけた美女の如くでもある。生活の砂漠に立つ僕等が「失われた地平線」北京を空想し、そのふところに跳び込んで、心ゆくまで陶酔してみたい――これが映画『北京』のネラヒである。[†35]

亀井とヴェルトフの映画理論には、重要な違いもある。カメラを人間の眼に勝るものとして高く評価していたヴェルトフとは対照的に、亀井は機械の力に懐疑的であった。「ダイナミズムの幾何学、点、線、面、ヴォリュームの競合万歳。動かしたり動かされたりしている機械の詩、レバー、車輪、鉄の翼の詩、運動の鋼鉄の叫び、熱した流れのめくるめくしかめ面、万歳[†36]」と言っていたヴェルトフは、「不完全な人間の眼」によって支配され、搾取されているカメラの「解放」を求めた。[†37] これに対して亀井は、どんなに精密な機械で撮影された映像でも、人間による編集をともなわない限り、被写体の感情を正確に伝えることは不可能だと主張していた。そんな亀井の映画作品には、ヴェルトフ特有の機械への憧憬が全く感じられない。映画『上海』で、地面に転がっている鉄兜の横に蝶がとまるショットや、『戦ふ兵隊』のなかで軍馬が倒れていく有名なシーン、『北京』の終盤近くで、空に美しく舞う鳩や柳の花、『小林一茶』における段々畑の美しい描写など、戦時下の亀井作品における最も印象的なモンタージュは、自然界のなかにあるイメージを巧みに使っているものが多い。亀井は、その理論活動においても生物界へのメタファーを好み、三木茂とのルーペ論争に際しては、「キャメラマンはルーペからしかものを見ない。目隠しされた馬の様なものだ。カメラを預かっている以上、それは当然のことなのだが。だからこそ演出者が後や側面の世界を見る為に必要になってくる」という問題発言も残している。[†38] 亀井が自然の描写に拘り、カメラに対する人間の優位を主張してきた背景には、個人的な理由ばかりでなく（環境保存は、亀井が生涯向き合ってきた重要なテーマだった）、一九三〇年代後半の日本における社会的な風潮もあった。西洋の影響が否定され、「近代の超克」が議論されていた当時、映画製作においても、伝統的な日本文化への回帰が目指されていた。[†39] ヨーロッパから輸入された発明品である映画を、外国のイデオロギーからいかに切り離していくかは、戦時下の日本における映画人が直面していた重要な課題であり、亀井が主張してきたカメラに対する監督の優位は、西洋から入ってきた技術に対する日本的なイデオロギー（精神）の優位を擁護する発言として解釈することも出来る。

一九二〇年代後半、ジガ・ヴェルトフやヴラジーミル・エロフェエフとともに、ソビエトの記録映画を牽引してきたのは、エスフィリ・シューブだった。革命後のソビエトで映画監督として活躍していた数少ない女性の一人で、最近はフェミニズム研究の観点からも注目を集めている彼女は、帝政ロシアで製作されたニュース映画を再編集することで、それらに当初込められていたイデオロギー的メッセージを覆し、社会主義革命を賛美する記録映画作品を生み出してきた。シューブの代表作である『ロマノフ王朝の崩壊』*Падение дома Романовых*（一九二七）や『ニコライ二世のロシアとレフ・トルストイ』*Россия Николая II и Льва Толстого*（一九二八）では、ロマノフ家や貴族、実業家を肯定的に描く記録映像が、帝政ロシアの政治体制を批判するために用いられている。映像に込められていた意味を編集の力で転覆させるシューブの製作アプローチは、亀井文夫の記録映画にも確認される。

例えば、映画『上海』の冒頭部分では、「この映画は陸軍省、海軍省、並びに現地に於ける陸海軍将士達の絶大なる後援のもとに完成された」という字幕が表示された後に、上海の地理や政治外交に関するナレーションが流れる。ブロードウェイ・マンションやガーデン・ブリッジ、アスターハウスホテルなど、国際都市上海を代表する建築物が紹介され、カメラは中国人街へと入っていく。そして、この地域における強固な対日感情を巡る説明の後、国民党の支援下で製作された抗日映画の一部が紹介される。国民党を率いる蔣介石が群衆の前で演説を行う様子や、裏切り者とみなされた中国人が処刑されるシーンが映し出され、「親日的な言葉を漏らしただけでも、漢奸の烙印を押されて忽ち殺されました。多い日には千人以上の漢奸が銃殺され、つい最近まで街角や盛り場では、この漢奸の凄惨な生首が陳列されていました」というナレーションが流れる。抗日感情を煽るために製作された映像は、編集の力によって、中国プロパガンダの卑劣さと、国民党の残酷さを強調するものに生まれ変わる。亀井の編集はしかし、映画『上海』における政治的意図や製作背景にも疑問を投げかける。国民党の支援下で作られた抗日映画と同様、軍部が介入して作られた『上海』は、戦意高揚映画であり、戦争プロパガンダである。もちろん、戦時下の日本における全ての観客が、亀井の編集をそのように理解していたとは限らない。しかし、亀井の映画作品はそうした解釈の可能性も孕んでおり、同じ記録映像の再編集に依拠した映画製作を行いつつも、亀井が得意とするようなイデオロギー的メッセージの曖昧性を生み出せなかったエスフィリ・シューブとは、一線の違いを感じさせる。

亀井の映画作品には、「クレショフ効果」や「知的モンタージュ」、「対照のモンタージュ」、「敵対するイデオロギーを持つ映像の再編集」など、ソビエト映画人が唱えた映画製作法やモンタージュの理念ばかりでなく、一九二〇年代のソビエト映画のなかで実際に応用されてきた演出や編集のパターン、具体的なショットの組み合わせも引用されている。

無声期のソビエト映画において、新しい時代の到来を明示するシンボルとしては、時計のイメージが頻繁に応用された。例えば、セルゲイ・エイゼンシテインの『十月』では、世界各地の時刻を示す時計の文字盤が映し出される。ロシア革命が起こったときのニューヨークやパリ、ロンドンでの時間が表示され、ロシア一国で起こった歴史的事件の持つ世界的な意味が強調される。また、これに続くシークェンスでは、赤軍が突入した冬宮殿で王座に登って居眠りをしている男の子の姿が描写され、じきに目を覚ますという、新しい世界秩序のメタファーとなっている。ミハイル・カウフマンとイリヤ・コパーリンの記録映画『モスクワ』*Москва*（一九二七）にも、時計と子供のイメージを用いた同様の編集がある。この作品では、革命が社会やモスクワの街にもたらした変化を、映像で表現することの難しさが一つの題材となっている。「どこから見ても、昔と変わらぬままのモスクワ」という字幕が表示され、何世紀もの歴史を誇るクレムリンや、救世主ハリストス大聖堂など、モスクワを象徴する建築物が映し出される。革命が起きて一〇年が経つこの街では、一見何も変わっていないようだが、そうした印象に紛らわされてはいけない。古い名所が登場した後、スクリーンには時計の文字盤と、生まれたての赤ん坊のイメージが映し出され、外見は変わらぬままでも、肝心な中身は既に新しい社会主義制度に生まれ変わっていることが示唆される。

これとよく似たモンタージュ・シークェンスは、映画『上海』にも登場する。冒頭のシーンではまず、上海の重要なランドマークである江海関の時計塔が映し出される。時計の針は一二時を指し、正午を知らせる鐘の音が聞こえて来る。これに続くのは、上海の街を映すショットだが、空には煙が上がっており、バックグラウンドでは車のクラクションのような音が聞こえている。そして三つ目のショットへと続くのだが、驚くことにこれは一つ目のショットと全く同じ映像である。最初のときと同じように、江海関の時計塔が映し出され、時計の針が一二時を指し、鐘が鳴る。そして、再び街の様子が映し出される。二つ目のショットで登場した上海と、一見何ら変わっていないようだが、よく見ると今度は建物の殆どに屋根がない。砲撃によって、それは破壊されたのだろう。『上海』の冒頭で応用されるのは、登場したばかりのショットが僅か二〇秒後にまた現れるという、不思議なモンタージュである。ここで亀井は、時の自然な流れを遮断することで、観客に違和感を与え、中国の歴史（その時間の流れ）に対する強引な介入を比喩的に表現している。上海における新たな時代の到来が「時計」という有りがちなイメージを通して描かれる一方で、日本軍の介入によってもたらされたそうした歴史的変化が、極めて唐突で不自然なものであったことも強調され、世界的なインパクトを持つ歴史的事件の規模を映画で伝えることの難さも表現されている。

ソビエトで製作された『十月』や『モスクワ』のように、『上海』では大東亜共栄圏の将来を担うべき子供たちの姿も描かれている。映画の終盤近くに、日本軍の配給米トラックを待つ中国人の描写があり、日本の軍人にあやされる赤ん坊の姿がクロースアップで映し出される。赤ん坊を抱く中国人の母親は満面の笑みを浮かべ、赤ん坊も知らない男性を前に、安心した表情を見せる。日本の男性と中国人の母子で形成される模範的なアジアの擬似家族である。日本に対する中国人の好意が表明されるのはしかし、お米が配給されるシークェンスにおいてであり、ここで築かれる友好関係は、食料と引き換えの、いわば「見せかけ」のものだ。日本軍が誰かに食べ物を与える描写は、映画『上海』の重要なモティーフであり、そのイデオロギー的メッセージの曖昧性を作り出す要素の一つでもある。

亀井の映画作品には、一九二〇年代のソビエト映画を思わせるもっとダイレクトな引用もある。映画『北京』における紫禁城の描写は、ロシアの革命勢力がサンクト・ペテルブルグの冬宮殿に押しかける映画『十月』のシーンを想起させる。二人の水兵が皇后の寝具を荒らすシーンは、帝政ロシアの権力に対する強姦を比喩的に描く場面として有名である。亀井の『北京』でも、紫禁城の住人の一人だった西太后の寝室を描くシーンがあり、皇后の所持品に誰かが触れたり、それを汚したりする描写はないが、寝室というプライベートな空間にカメラが入り込み、今は亡き皇后の生活実態を世界に知らしめる行為は、極めて無礼である。紫禁城のなかで撮影された破れた障子のイメージは、プライバシーの侵害と暴力を連想させる。

信州における農民の暮らしを捉えた『小林一茶』には、ウクライナでの農業集団化を描くアレクサンドル・ドヴジェンコの『大地』*Земля*（一九三〇）を思わせる描写がある。ドヴジェンコの映画では、オーバーヒートで停止したトラックを起動させるために応急措置として農民の一人がラジエーターに小便を注ぎ込む。農民の素朴さと自然への近しさを強調するこの描写は、亀井の映画作品にも受け継がれた。『大地』と同様、農民をナイーブで土地に近しい存在として描く『小林一茶』には、畑のど真ん中で放尿をしている男性の姿がある。[†40]

『小林一茶』における反宗教的なスタンスにも、一九二〇年代のソビエト映画と共通するものがある。プドフキンの『アジアの嵐』（一九二八）におけるラマ寺での滑稽なシークェンスや、エイゼンシテインの『全線』*Старое и новое*（一九二九）に描かれるグロテスクな雨乞いの儀式、『戦艦ポチョムキン』（一九二五）のなかでエイゼンシテイン本人が扮する卑俗な神父像など、アテイズムが国家レベルで掲げられたソビエトの映画には、反宗教的なイメージが溢れていた。無神論者であった亀井の『小林一茶』にも、宗教の空虚さを嘲笑う描写が多々あり、それは内務省警保局の記録においても、「善光寺僧侶の欺瞞生活を暗示的に暴露する映画」として評された。[†41] 善光寺を描くシーンでは、まるで神々しくない俗世の音楽が響き渡り、本堂への階段を上る参拝者の姿は、賽銭箱に落ちる小銭のショットと交互に映し出される。本堂内外のショットを視覚的に結びつけるのは、階段と賽銭箱の直線模様である（直線の上で動くのは人間であり、小銭である）。小銭が賽銭箱に落ちるように、参拝者も本堂に吸い込まれていき、住職たちに収益をもたらす。お寺の関係者にとって、参拝者は文字通り、お金と化しているのだ。『小林一茶』における直線模様に依拠した画面構造は、『戦艦ポチョムキン』における有名なオデッサ階段のシーンを想起させる。映画『小林一茶』における善光寺のシーンはまた、Ⅱ章で見てきたヴラジーミル・シュネイデロフの記録映画『大東京』（一九三三）における日光の描写とも類似する部分がある。シュネイデロフは『大東京』の字幕のなかで、日光東照宮を参拝しにきた人々を「えじき」と呼び、陽明門を飾る唐獅子の彫刻が、階段を上る参拝者を見て笑って喜んでいるかのように編集してみせる。『大東京』が日本で初めて公開されたのは一九三三年の夏で、一九三一年にソビエトから帰国し、一九三三年からはＰ・Ｃ・Ｌに就職し東京で働いていた亀井は、この映画作品を日本で観ていた可能性が高い。

これまでにも見てきた通り、戦時下の日本で製作された亀井の記録映画や映画製作を巡る発言には、一九二〇年代後半から一九三〇年代前半のソビエト映画と共通する部分が少なくない。両者における連続性は否定し難いが、それは折衷主義的で、偶発的な性格を持つ。亀井の記録映画には、あらゆるソビエト映画人が掲げたモンタージュ理論や、その実践的な応用例が数多く確認されるが、それらの影響力は限定的であり、亀井の全ての映画作品におよんでいる訳ではない。ソビエトで生まれた多様な編集メソッドを独自に解釈していった亀井の演出スタイルを、一九二〇年代に台頭した理論のどれか一つのみに結びつけることは困難である。しかし、戦時中に作られた亀井の映画作品は共通の編集理念に貫かれている。それは、特定のイメージや動作の反復を通して、映画における主要な題材を徐々に露わにしていくという編集上のアプローチである。ティモシェンコが提唱した「リフレイン」や、プドフキンが手がけた「ライトモチーフ」より遥かに複雑で、洗練されたこの手法は、亀井による映画作りの基盤をなす。もっとも、亀井は自らそうした編集のメソッドを明確に理論立ててはこなかった。その映画作品に見られるような「反復」に依拠したモンタージュ美学は、一九二〇年代から一九三〇年代初頭にかけてセルゲイ・エイゼンシテインによって生み出された映画作品にも確認されるが、エイゼンシテインが、そうした自らのアプローチを一つの「理論」として纏め上げるのは、一九三〇年代の後半に入ってからである。エイゼンシテイン後期のモンタージュ理論と、亀井による実践的な試みとの間には、いかなる関係が存在したのか。戦時下の日本で製作された亀井作品におけるモンタージュの構造を明らかにしながら考察していく。

3 反復の美学

名実ともにロシアを代表する映画監督であるセルゲイ・エイゼンシテインは、『戦艦ポチョムキン』や『十月』、『イワン雷帝』*Иван Грозный*（一九四四）といった、世界映画史における名作を生み出してきた。映画理論におけるエイゼンシテインの功績もまた偉大である。その理論活動は、サイレント映画における編集のあり方ばかりでなく、映画における音や色彩、精神分析、映画と他の芸術との関係性など、実に幅広い領域におよんでいる。エイゼンシテインの経歴や思想、芸術スタイルの発展を裏付けるアーカイヴ資料には、まだ未公開のものも多くあり、その研究はこれからいっそう活況を呈すであろう。[†42]

映画史におけるエイゼンシテインの業績は膨大だが、ここではその映画作品における「反復の美学」ともいうべき要素に注目してみたい。アメリカの著名な映画学者であるデイヴィッド・ボードヴェルも指摘している通り、エイゼンシテインの映画作品における題材的および美学的な統一は、視覚イメージや幾何学模様の反復によって達成される。そこには、古典的な物語映画の構造を乗り越えようとしたエイゼンシテインの実験的な試みがあった。エイゼンシテインの処女作である『ストライキ』*Стачка*（一九二五）を視覚的に統合するのは、作品内で繰り返し登場する動物のイメージや、水の主題系である。『戦艦ポチョムキン』で同様の働きを担っているのは、目の描写や蛆虫のイメージ、ぶら下がっているオブジェの反復だ。『全線』では、物語の要所要所に散りばめられた円形のモティーフが、作品を美学的に統合する。ボードヴェルが「エイゼンシテインがサイレント映画にもたらした最も重要なイノベーションの一つ」として位置付けた[†43]、こうした「反復の美学」は、ヴラジーミル・エロフェエフの記録映画における「目立たないモンタージュ」をも想起させ、戦時下の日本で製作された亀井の映画作品にも確認される。では、亀井の映画作品を視覚的に統合するのは、どういったイメージなのか。その反復はまた、映画のメッセージ性にいかなる影響を与えているのか。現存する亀井の記録映画で、批評家や一般の観客からもっとも評価が高い『上海』、『北京』、『戦ふ兵隊』、『小林一茶』での例を順に見ていく。

『上海』（一九三八）

軍国主義のプロパガンダとも、厭戦的な映画作品とも論じられてきた『上海』において、繰り返し登場するのは、犬や子供たちのイメージである。それは日本と中国の力関係を象徴的に表現するメタファーであり、『上海』におけるイデオロギー的な曖昧性を作り出す重要な要素である。戦時下の日本で作られた映画作品において、日本軍の兵士が実際に戦うところが登場するのは稀であった。記録映画『上海』に描かれるのもやはり、日本兵が子供や子犬などと触れ合う微笑ましい場面が殆どだ。このような描写は、日本軍の親しみやすさを強調する一方で、その男性的な勇ましさに疑問を投げかける。可愛らしい子犬でさえ、日本兵相手には不従順な態度を見せるのだ。散歩の最中に兵士がリードを引っ張っても、足を踏ん張ってなかなか歩こうとしない〔図5〕。日本兵の足元にちょこんと座る子犬が、突然そっぽを向くラスト・シーンは特に有名である。このシーンは、紐で繋がれてもなお、日本に対する不服従の精神を捨てようとしない中国を比喩的に描くものとして解釈されることが多い。

図5　飼い主に逆らう小犬（『上海』1938）

映画『上海』を論じる際に必ず言及されるもう一つのシークェンスは、上海における日本軍の行進を捉えたものだ。兵隊の列は、画面の左から右に向かって進んで行く。「バンザーイ」の掛け声とラッパの音が鳴り響くなか、群衆はそれを歓迎する。このときカメラは、嬉しそうに日章旗を振る日本人ばかりでなく、不安げな表情を浮かべて行進を見守る中国人の姿も移動パンで映し出す。中国市民の真の思いが垣間見られる印象的なシーンで、移動する者とそれを見つめる者、映画『上海』には、この二つを交互に映し出す場面がもう一つある。大行進のシークェンスに先立つ短い場面で、激しい戦闘の面影を残す憂鬱な景色を背景に、日本兵を乗せた小さなトロッコが画面を横切る。その移動を見つめているのは、線路の横で構える二匹の野良犬だ。画面の左側から右へと進んで行くトロッコの動きは、映画の後半で描かれる大行進のそれとそっくりである。トロッコを眺める野良犬の姿を映し出すカメラの動き（右から左への移動パン）もやはり、大行進のシークェンスで群衆の姿を捉えたカメラの運動と同じだ。同じ運動のパターンが繰り返されることで、日本兵を乗せたトロッコとそれをみつめる野良犬のシーンは、後半で描かれる大行進のグロテスクなパロディーと化している。このシーンはまた、中国人＝犬というメタファーをいっそう目立たせることで、映画のラストで登場する子犬の何気ない仕草に新たな解釈の可能性を与えている。敵を動物に喩えている点では、典型的な軍事プロパガンダだが、そうした屈辱的な比喩を、敵の抵抗精神を引き出すために用いている点では極めて斬新である。

『北京』（一九三八）

一九三八年に公開された『北京』は、興行的に大成功を収めた亀井文夫の『上海』と秋元憲の『南京』に続いて製作された「大陸都市三部作」の一つである。この映画作品でも、亀井は特定のイメージや、被写体の運動パターンの反復に依拠した編集を行っている。映画のなかで、北京の過去と未来を象徴するのは、二人の女性のクロースアップだ。紫禁城が紹介されるシークェンスでは、かつてその住人の一人であった西太后（一八三五―一九〇八）の肖像画が映し出され〔図6〕、映画の後半では、中国の伝統的な鳩笛を吹いている若い中国人女性が登場する〔図7〕。西太后の寝室でカメラが捉えるのは、シャンデリアやオルゴールなど、西洋の豪華なオブジェである。「西太后は非常におもちゃの類がお好きでした。英国は

図6　西太后の肖像画のクロースアップ（『北京』1938）

図7　現代中国を象徴する若い娘（同）

図8　イギリスから西太后へ送られたオルゴール（同）

このオルゴールたった一つで鉱山の利権を得たそうです」というナレーションが読み上げられ、西洋服をまとった人形たちがくるくる回転しながら踊るオルゴールのショットへと続く〔図8〕。西太后は、中国の国益よりも自身の趣味を優先した愚かな女性として描かれ、彼女の寝室で撮影された一連のショットは、その性的魅力と西洋への迎合を強調している。

映画の後半で登場する若い中国人女性は、西太后と同様に音楽的な趣味を持つ。西太后がオルゴール好きであったように、若い女性も鳩笛の音を楽しんでいる。しかし、二人の描かれ方は実に対照的だ。若い女性の立ち振る舞いには、初々しさと恥じらいが感じられる。両手で一羽の白い鳩を抱きかかえる彼女は、カメラを直視せず、目線をそらそうとする。鳩の存在もまた、若い女性の愛らしさと純粋さを強調しているようである。現代を生きる若い中国人女性は、西太后と同様、自らを音楽で楽しませようとするが、彼女が選ぶのはあくまで中国の伝統的な楽器である。しかも彼女は、その楽器の名前をちゃんと把握しており、中国の文化に関する知識と、それを分かりやすく伝達する能力とを持ちあわせている。鳩にも「お前はほんとに可愛い。妾のやさしいお友達！」と話かけるなど、鳩を「おもちゃ」として弄ぶというよりは、生きた動物を可愛がり、それを自らの「友」として捉えている。

映画『北京』において、音楽や娯楽に対する強い関心は、あらゆる時代や社会的地位の中国人に通ずる「国民性」として提示される。雍和宮《ようわきゅう》というラマ寺では、僧侶たちが巨大な角笛を使って奏でる低くてモノトーンな音楽が流れ、胡同と呼ばれる路地では、水売りの男性や「みかん水屋」、「饅頭屋」、「梨売り」の商人らが皆、呼び込みの音を鳴らし、歌を歌いながら仕事をしている。中国の鉱山を狙っていたイギリスは、西太后にオルゴールをプレゼントし、明清朝の皇帝は、チベット族や蒙古族を「懐柔するために」、彼らが自由に祈り、ラマ教の音楽を奏でられる特別な場所として、雍和宮を与えた。『北京』の終盤近くでは、日本政府から中国人に贈られた《新民の歌》が披露される場面もあり、中国に対する支配は、音楽の贈与と不可分であることが繰り返し強調される。

映画『北京』において、中国庶民を楽しませるのは大道芸人のパフォーマンスである。頭の上に重しを次々と増やしていく者や、子供とペアを組んでアクロバティックな軽業を披露する者、ハンドパワーを用いて色々なオブジェを動かしていく男性など、芸の種類は実に多様である。最後に登場する芸人は、淵の部分がたくさんの長い糸でデコレーションされた円形のプレートに一切触れることなく、それを高速度で回転させる。円形のプレートには小さな人形が取り付けられており、プレートが回転すると、人形たちはスカートを風になびかせながら、くるくる回転して踊っているように見える［図9］。この回転運動は、西太后のオルゴールに取り付けられていた人形たちの動きにそっくりである。歴史上の人物である西太后を喜ばせた音楽と人形の踊りは、現代を生きる中国庶民をも楽しませている。

図9　中国庶民を楽しませる大道芸（同）

亀井の映画作品において、回転をともなう運動は反復され、一九三八年当時の北京が置かれていた政治的状況を視覚的に表現している。日本との戦争が本格化していった一九三〇年代後半、北京では辛うじて平和が保たれていたものの、その周縁では、激しい戦いが繰り広げられていた。北京の空を飛ぶ日本の爆撃隊や、鳩の群れ、路上を舞う柳の花といった被写体は、どれも円を描くように動き、政治的な渦のなかにある北京を体現しているかのようである。西太后とイギリスの鉱山を巡る取引で始まったオルゴールの極めてミクロな回転運動は、北京という街全体を巻き込むようなマクロな回転運動へ発展していく。台風の目のなかにある秩序と安定は儚いもので、そのことを映画のなかで知らしめるのは、中国人の被写体からカメラに向かって時折投げかけられる不満げな言葉や、視線である。

『戦ふ兵隊』（一九三九）

『戦ふ兵隊』という作品は、亀井の映画キャリアにおいて決定的な意味を持つ。それは、公開禁止処分を受けたこの作品が、亀井のパブリック・イメージを大きく規定してきたからばかりではない。『戦ふ兵隊』は、亀井が映画監督として撮影現場へ赴き、自ら演出を総指揮した最初の映画作品であった。映画の撮影中におけるカメラマン三木茂との意見対立は、こうした亀井の立場の変化と直接関係していたように思われる。通常の亀井作品では稀なロング・ショットやロング・テイクが、『戦ふ兵隊』のなかで多用されているのは、亀井がやっとの思いで演出した場面を、短縮・削除するようなことを極力避けようとしていたからではないだろうか。

映画『戦ふ兵隊』が論じられるにあたって、もっとも頻繁に言及されるのは、戦いの最前線で撮影されたという、一〇分以上のロング・テイクである。戦場での様子を本部にいる隊長に伝えると、兵士たちは新たな命令を受け、また最前線へと戻っていく。敵の兵力や位置に関する報告が延々と続き、カメラは一切動かず、一つのアングルから兵士たちを観察し続ける。これは戦闘が実際に行われたときのことを、兵士たちが自ら再演したもので、その素人じみた演技は極めて不自然であり、たとえ戦場で撮影された記録映画であっても、戦争の真実を全て伝えることなど到底不可能であるということを観客に強く訴える、印象深いシーンに仕上がっている。

映画『戦ふ兵隊』のなかで反復されるのは、カメラや被写体によるゆっくりとした直線的な運動である。映画の冒頭シーンにおいては、まず広大な中国大陸が映し出され、カメラは画面をなめらかにスライドするかのように、地平線と平行に右から左へとパンしていく。このトラッキング・ショットに上から被さるように、「戦ふ兵隊」という文字が表示される。冒頭シーンに限らず、映画全体を通してカメラは画面の奥へと入っていくようなことはせず、中国大陸そのものが観客の視線から閉ざされているような印象を与える。映画のなかでは、一直線に進む兵隊や、中国の難民、軍馬やトラックの列が繰り返し映し出され、そのゆっくりとした運動は、退屈で無意味な、終わりのない戦争を体現するメタファーとして機能している。

『小林一茶』（一九四一）

亀井の最高傑作として名高い『小林一茶』は、長野県の観光課との協力によって企画された「信濃風土記」三部作の一つで、日本精神への回帰を促す国策としての役割を担う一方で、信濃生まれの俳人であった小林一茶（一七六三─一八二七）の孤独な生涯を叙情的に描くことにも成功している。映画『小林一茶』を視覚的に統一するのは、映画テクストの隅々に散りばめられた直線模様である。一茶の俳句が表示される罫紙や、美しく整備された田畑、善光寺の階段や賽銭箱、伝統的な日本建築における直線美は、映画のなかで繰り返し強調され［図10─13］、主人公である一茶と、彼をコミュニティーの一員として受け入れようとしない農民たちとの間に広がる深い溝を象徴的に表現している。

『小林一茶』における農民は、好意的に描かれながらも、その表象には素朴さと浅薄さが感じられる。農民

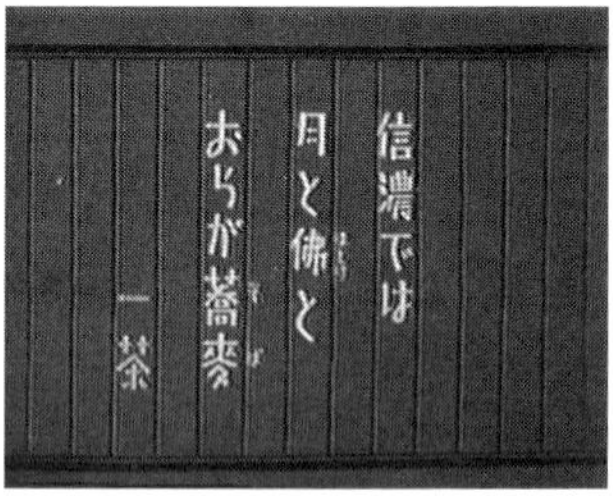

図10　字幕（『小林一茶』1941）

図11　信濃に広がる田畑（同）

図12　笛を奏でる僧侶たち（同）

図13　善光寺の賽銭箱（同）

が行う種蒔きや畑の耕作、善光寺詣でや放尿、髪の毛のコーミングといった動作は、どれもが落下・下降をともなう。土に蒔かれる種、振り下ろされる桑、善光寺の賽銭箱に落ちる小銭、放尿され下へこぼれ落ちる液体、髪の毛を下にスライドする櫛。土地を耕しながら生涯を送る人々の動作は、重力に支配されているかのようだ。そうしたパターン化された農民の動きや単調な生活は、俳人一茶の創造力とは相容れないものだった。映画のナレーションが告げる通り、「信濃の農民の血を受け、農民の心を詠って一生を過ごした小林一茶は、実に二万余の俳句を我々に残していった」が、そうした彼の業績が、同じ農民の人々から評価されることはなかった。このことを端的に物語っているのは、一茶の子孫である小林弥太郎を取材したシークェンスである。

一茶の四代目の孫にあたる小林弥太郎は、農業を営む傍ら「ささやかな一茶記念館とも言うべき店」を経営している。カメラはまず、パイプを吸いながら店の中で寛いでいる弥太郎の姿を捉えたあと［図14］、棚に飾ってある一茶ゆかりの品々を、右にパンしながら順番に映していく［図15］。そこには一茶の肖像画もあり、俳句が書かれた巻物を手に持つ一茶の姿は、パイプをくわえるその子孫とそっくりである［図16］。亀井は、小林一茶と小林弥太郎の外見的な類似をほのめかした後、それがあくまで表面的なものであることを明らかにする。パイプを口にくわえた小林弥太郎の顔のクロースアップが表示され、「俺は一茶さんの子孫だが、俺は俳句は作らないが、米作る」という台詞が流れる〔図17〕。一茶の血を受け継いでいながらも、その関心は文学ではなく、米作りに向けられているのだ。農民たちの一茶に対する関心の薄さは、映画のなかで繰り返し登場する直線（交わることのない平行線）によって強調され、彼の孤独と疎外感は、映画の中心的なテーマとして提示される。これまで見てきた『上海』や『北京』、『戦ふ兵隊』においても、特定のイメージや幾何学模様、動作の反復（モンタージュ）は、作品が持つ、より大きなメッセージないしは作品全体の印象ともいうべきものを比喩的に表現する働きを担っている。

亀井の映画作品において応用されているモンタージュが果たす機能を、セルゲイ・エイゼンシテインは、「モンタージュ一九三八年」«Монтаж 1938»という論文のなかで詳しく分析している。一九二〇年代から理論活動を展開してきたエイゼンシテインは、「アトラクションのモンタージュ」や「知的モンタージュ」、日本の

図14　一茶記念館の内装（同）

図15　一茶ゆかりの品々（同）

図16　一茶の肖像画（同）

図17　小林弥太郎（同）

伝統文化に刺激を受けて考案された「オーバートーンのモンタージュ」など、編集に関わる独創的な概念やアイデアを数多く生み出してきた。モンタージュと言えば、一般的に一九二〇年代のソビエトで台頭した、編集に重きを置く映画の創作方法として受け止められがちだが、一九三九年に発表された「モンタージュ一九三八年」のなかで、エイゼンシテインは、それを芸術全般に適用可能なユニバーサルな方法論として再定義している。†44

エイゼンシテインは、観客の感情に訴えるような筋の通った物語を構成することは、モンタージュが担っている最も基本的な機能であり、その一歩先を行くのが、作品全体の「テーマ」を体現するような包括的な「イメージ」を観客の心に呼び起こすモンタージュだと主張する。ここで論じられるのは、映画におけるショットの編集ばかりではない。エイゼンシテインは、「芸術」という行為を、観客・読者の脳裏に特定の「イメージ」が芽生えるプロセスと定義し、幾つかの具体的な描写が合わさることで、より抽象的なイメージが生まれることを「モンタージュ」と呼ぶ。彼は、幾つかの要素（特定の描写）が合わさり、重なり合うことで、作品全体のテーマが徐々に花開いていくプロセスとしての「モンタージュ」を、レオナルド・ダヴィンチの絵画や、アレクサンドル・プーシキンの詩、レフ・トルストイやギ・ド・モーパッサンの小説、そして俳優の演技にまで見出し、モンタージュのプロセスを次のように説明している。

作者の内的視覚と感覚の前には、作者のために情緒的にテーマを具現するあるイメージが存在する。作者の前には、そのイメージを二―三の個々の描写に変えるという課題がある。その描写は総和と対置のなかでも、受け取る側の意識と感覚のなかにも、作者の前に最初に存在した一般的なイメージを喚起する。†45

こうした意味でのモンタージュは、戦時下に製作された亀井の映画作品にも確認される。映画『上海』では、日本軍の兵士と犬を描く場面が、様々な変化をともない反復されていくことで、日中間における不均等な力関係が、作品の主要なテーマとして浮上する。『北京』では、街の過去と現在が、回転をともなう動作の反復を通して表現され、北京が置かれている政治的状況の不安定性が強調される。『戦ふ兵隊』において、戦争の空虚さは、単調で終わりの見えない直線的な運動の反復によって表現され、『小林一茶』において、作家の孤立というテーマは、落下・下降をともなう動作の反復や、映画のなかで繰り返し登場する直線模様を通じて視覚化される。エイゼンシテインの論文には、作品全体を体現するイメージが観客に与えられるのではなく、それが「個々の描写要素のなかで強化され」徐々に発展しながら、「観客の知覚のなかで、再び、そして決定的に誕生」するのものだと主張しているが、[†46] こうしたモンタージュの説明もまた、亀井の映画作品のなかで使われているアプローチを想起させる。「作家と大衆の交わることのない人生」や、「政治的な渦のなかへと巻き込まれていく中国の大都市」といった亀井の映画作品における中心的なテーマ（イメージ）は、個々の描写の反復を通して、徐々に解明されていく。

一九三九年の一月に発表されたエイゼンシテインの論文は、同年の秋に日本語に訳され、『キネマ旬報』誌上に掲載された。袋一平によるその翻訳は、一九四〇年にも再び『エイゼンシュタイン映画論［決定版］』に収録され、第一藝文社から刊行された。同時期の日本で映画製作に従事していた亀井は、この論文に目を通していた可能性もある。ところが、先に説明してきた反復に依拠したモンタージュは、亀井の『上海』や『北京』でも応用されており、これらの映画作品が製作されたのは、エイゼンシテインの「モンタージュ一九三八年」が日本語で発表される前のことだった。もっとも、袋一平による翻訳には、極めて不自然で妙な言い回しが多く、ロシア語でも理解することが決して容易ではないエイゼンシテインの理論を、日本の読者にどこまで分かりやすく伝えることが出来たかは、大いに疑問が残る。参考までに、エイゼンシテインがモンタージュの機能を説明している箇所を、袋の翻訳から引用してみたい。

作者の内面的観察の前に、また作者の感覚の前に、作者のために情緒的にテーマを体現しやうとする或る形が飛んでいる。そしてこの形を二つ三つ部分的表現に——それは結合され、また対置されて、受取る人の知覚と感覚とに、作者の前に飛んでいたところのあの最初の一般的な形を呼び起こすべき筈のものだが、つまりさういふ表現に変化させようとする課題がそれなのである。†47

東宝での仕事に追われ、映画の製作や雑誌への寄稿、座談会への参加で忙しい毎日を送っていた亀井が、このような文章を丁寧に読みこなし、自分の創作活動に応用していたと想像するのは困難である。亀井がエイゼンシテインの直接的な影響を受けていたとすれば、それは東宝での仕事を始める前のソビエト留学においてであった。戦時下の日本で製作された亀井の映画作品と、一九三〇年代の後半に発表されたエイゼンシテインの映画理論における共通点は、日ソで活躍してきた二人の映画人における直接的な繋がりよりも、むしろ「モンタージュ」という芸術的手法が持つトランス・ナショナルな性質を物語っているように思われる。エイゼンシテインが一九三九年に発表した、作品全体のテーマを視覚的に表現するツールとしての「モンタージュ」は、世界各地の映画ばかりでなく、西洋の古典文学や絵画、さらには日本や中国、メキシコなど、非西洋世界の芸術文化に対する研究を重ねてきた結果として生まれた概念だった。そんな、世界のあらゆる芸術に共通する手法が、「歴史上もっとも偉大なドキュメンタリー・フィルムメーカーの一人」としての地位を誇る、亀井の映画作品にも相応しているのは、決して不思議なことではない。しかし、これまでの研究には、亀井の映画作品

における ソビエトとの繋がりを、エイゼンシテインの日本文化に対する深い関心や、彼が応用してきたモンタージュが内包する「日本性」と結びつける動きもあった。特定の文化に従属しない、無国籍な手法として生まれたモンタージュは、亀井の映画作品においては、極めて「ナショナル」な観点から分析されることも多い。江戸時代の俳句が、字幕やヴォイス・オーヴァーとして使われている『小林一茶』は、ソビエトと違った「日本的な」モンタージュが初めて応用された例として称賛されることも多く[†48]、この作品がいまなお亀井の最高傑作として論じられ続けている要因の一つでもある。亀井の映画作品における、こうした「日本性」を強調する動きは、『小林一茶』が製作された時代の名残であると同時に、生涯を通してソビエト映画との仲介者役を務めてきた亀井を映画史のなかに位置付けることの難しさとも関係しているように思う。ユーリ・ロトマンの理論を応用することで、日ソの映画交流史における亀井の存在をいまいちど吟味してみたい。

4　日ソ映画交流史における亀井文夫の存在

一九四一年に製作された『小林一茶』における俳句の使用は、映画全体を纏める重要な役割を果たすと同時に、もとは西洋から受け入れられた映画という新しいメディアを、伝統的な日本文化の一部として再定義することで、「近代の超克」という、より大きな政治的プロジェクトに貢献している。亀井の映画作品は、俳句の「モンタージュ性」を提示するいわば実践的な試みだが、一九三〇年代の日本では、これと同等のアイデアを理論的に裏付けようとする動きも活発であった。物理学者で随筆家の寺田寅彦は、日本の連句にモンタージュとの類似を見出し、映画評論家の今村太平や美術学者の奥平秀雄は、日本の伝統的な絵巻物に、映画とよく似た表現言語が使われていることを指摘した。もっとも、映画におけるモンタージュと、伝統的な日本文化の共通性は、エイゼンシテインが一九二九年に詳しく分析しており、[†49]日本語に翻訳されたその論文は、上記の評論家にも影響を与えた。

外国で生まれた概念が、国内における伝統的な文化を再発見するきっかけとして用いられるような事態は、一見、矛盾に満ちているようだが、ユーリ・ロトマンによると、これは「文化による対話」が辿る必然的なプロセスである。文化圏Aから文化圏Bに入ってきたテクストや概念は、対話の初期段階において、もっとも「誠実で、美しく、神聖」なものとして称賛されるが、こうした外国のテクストに対する過大評価は次第に薄れていく。ロトマンが提唱する「文化による対話」の第三のステージにおいて、外国から入ってきたテクストの特徴は、それを生み出した国民文化とは関係のないものとして論じられるようになる。テクストの上位概念に対する文化圏Aの理解は乏しく、それは文化圏Bのなかでのみ正しく解釈され、実現されうるとの認識が強まる。文化圏Aで生まれたテクストや概念、アイデアは、文化圏Bのなかに完全に溶け込み、文化圏Bが新たに創出するテクストは、(文化圏Aの影響を明らかに受け継いでいながらも)それとは違った、独自な構造を持つモデルとして一人歩きし始める。映画におけるモンタージュの起源を、日本の連歌や絵巻物のなかに見出し、ソビエトでの教育を受けてきた亀井文夫が製作した『小林一茶』を、俳句の伝統を受け継ぐ「日本的な」作品として位置付けようとする傾向は、ロトマンが提唱するモデルのこうした段階を見事に体現している。

ロトマンはまた、「文化による対話」を理論立てていくにあたって、「境界 граница」という概念を打ち出している。二つの文化圏の間に位置する「境界」こそ、外国のテクストを翻訳する重要な役割を担っているというのだ。それは、外国語が「我々の言語」に翻訳され、「外なる」ものが「内なる」ものへと変換される場所である。「濾過機 фильтрующая мембрана」のような機能を果たす「境界」において、外国のテクストは、それを受け入れる記号圏（семиосфера）に馴染むように、またその「異質性」を完全に失わないように、適度に変換される。日本にソビエトのモンタージュ理論や、社会主義リアリズムが紹介されるにあたって、亀井はこうした「境界」としての役割を担っていた。

二つの文化圏の間に跨る「境界」は、統一と分裂の両面を担っている。双方の文化が持つ特徴を同等に併せ持っていながら、そのどちらにも完全には属していない。「境界」が持つこうした両義性は、亀井文夫という映像作家の、日本やソビエト（そして現代ロシア）における受容に反映されている。日本とソビエトにおける映画製作の特徴を同等に受け継いでいる亀井の映画作品は、そうした特性ゆえに両国を繋ぐ柱としての機能を繰り返し担ってきた。V章で扱う亀井の劇映画『女ひとり大地を行く』（一九五三）が、戦後のソビエトで公開された最初の日本映画として選ばれたのは、それがソビエトの観客に馴染みのある要素を多分に含んでいたからである。亀井がソビエトとの深い関わりを持っていたからこそ、現代ロシアを代表する映画監督であるアレクサンドル・ソクーロフは、その存在を知ることができ、『精神（こころ）の声』*Духовные голоса*（一九九五）や、『太陽』*Солнце*（二〇〇四）といった、亀井作品に対するオマージュを生み出すことが出来た。本書における亀井の研究もまた、日露の文化交流史における彼の軌跡を辿ることから開始された。しかし、日ソ両国の映画史に属することは、逆説的にそのどちらにも属さないことを意味していた。特定の民族や文化の「国民性」を浮き彫りにすることが目指されてきた従来の地域研究において、亀井はあまりに「日本的」ではない映画監督だった。かといってソビエト映画史研究の一環として扱うほど、ソビエト映画界に深く入り込んでいた訳でもない。こうした曖昧な立場こそ、これまでの映画学における亀井研究を妨げてきた大きな要因だったのではないだろうか。『小林一茶』におけるモンタージュの「日本性」を強調する発言もまた、亀井のそうした曖昧な立場を、なんとか修正しようという願望から生まれたものではなかっただろうか。しかし、亀井の映画作品における反復を重視したモンタージュ美学は、日本やソビエトといった特定の文化圏に従属するようなメソッドではない。本章でも詳しく見てきたように、亀井の作品にはソビエト映画からの引用と思われる部分も多分に含まれているが、その作風の根底にある編集理念には、映画以外の芸術にも通ずるものがある。我々が注目すべきは、むしろ亀井のこうしたトランス・ナショナルな要素ではないだろうか。「戦う」映像作家としてのイメージが強固な亀井の映画作品は、これまでイデオロギー的な観点から論じられることが多かった。しかし、その映画作品から浮かび上がってくるのは、映像美に敏感な映画監督の姿であり、亀井の映画作品に対する美学的な研究は、まだ多くの可能性を残している。

†1　藤井仁子「文化する映画――昭和十年代における文化映画の言説分析」『映像学』六六号、二〇〇一年、五―二二頁。

†2　Abé Mark Nornes, *Cinema Babel: Translating Global Cinema* (Minneapolis: University of Minnesota Press, 2007), 66-88.

†3　布村建「フヰルム温故知新⑴『制空』は経歴上の瑕なのか?――亀井文夫の戦争」『映画論叢』二三号、二〇一〇年、一〇〇―一〇二頁。古舘嘉「戦時下における映画監督亀井文夫の抵抗」三宅晶子編『文化における想起・忘却・記憶』千葉大学社会文化科学研究科研究プロジェクト報告書268集、二〇一四年、六二―七七頁。

†4　谷川義雄「はじめに」亀井文夫『たたかう映画――ドキュメンタリストの昭和史』岩波新書、一九八九年、iii頁。

†5　黒澤亜里子編『宮本百合子と湯浅芳子――往復書簡』翰林書房、二〇〇八年。田村正太郎『ソ連見たまま住んだまま』丸ノ内出版、一九七八年。

†6　衣笠貞之助『わが映画の青春――日本映画史の一側面』中公新書、一九七七年。川崎賢子・原田健『岡田桑三 映像の世紀――グラフィズム・プロパガンダ・科学映画』平凡社、二〇〇二年。袋一平『ソヴェート・ロシヤ映画の旅』往來

社、一九三一年。

†7 ГАРФ. Ф. 5283. Оп. 4. Ед. хр. 51. Л. 77.

†8 ロシア文学における「小さな人々」の描写については、以下を参照。David Herman, *Poverty of the Imagination: Nineteenth-Century Russian Literature About the Poor* (Evanston, IL: Northwestern University Press, 2001).

†9 亀井と同時期に映画技術学校に在籍していた、ソビエトの科学映画・ＳＦ映画の第一人者パーヴェル・クルシャンツェフ（一九一〇―一九九九）は、その学生時代の思い出を綴った伝記のなかで、ソフキノへの見学体験についても述べている。クルシャンツェフの伝記は未発表で、現在刊行に向けた編集作業が進められている。

†10 亀井が一九四七年に山本薩夫と共同で演出した『戦争と平和』は、『帝国の破片』のリメイクだった。『帝国の破片』で記憶喪失する主人公がミシンを使うシークェンスは、『戦争と平和』にも登場する。ソビエトを訪れる前の亀井は、映画に無関心だったというが、もしレニングラードへ行く前にソビエト映画を観ていたとしたら、それはエルムレルの作品であった可能性が高い。亀井が留学の準備を進めていた時期に、日本で上映されていたのはコンスタンチン・エッゲルト監督の『熊の結婚』*Медвежья свадьба*（一九二六）と、エルムレル監督の『魔街』*Катька – бумажный ранет*（一九二六）だった。「戦前日本で封切られたソビエト映画リスト」『ＮＦＣニューズレター』二〇〇一年一月号から三月号、二〇頁。

†11 コージンツェフの『外套』*Шинель*（一九二六）は、「小さな人々」の描写をモティーフとする物語の原型を生み出したゴーゴリの小説『外套』（一八四二）を映画化したものである。エルムレルの劇映画『帝国の破片』でも記憶喪失をした労働者（「小さな人間」）が主人公となっている。

†12 コージンツェフの映画『外套』や『大事業同盟』*С.В.Д.*（一九二七）の脚本を書いたのは、トゥイニャーノフである。レニングラードのフォルマリストたちと映画の関係については以下を参照。岩本憲児『ロシア・アヴァンギャルドの映画と演劇』水声社、一九九八年、一二七―一四五頁。

†13 ГАРФ. Ф. 5283. Оп. 11. Ед. хр. 63. Л. 47.

†14 Yuri Tsivian, "The Wise and Wicked Game: Reediting, Forgiveness, and Soviet Film Culture of the Twenties," in *Insiders and*

Outsiders in Russian Cinema, eds. Stephen M. Norris and Zara M. Torlone (Bloomington: Indiana university Press, 2008), 23-47.

†15 当時のソビエトで発行されていた『キノ』（一九三〇年からは『キノ・フロント』に改名）という映画関係の新聞には、次のような見出しが溢れていた。「レニングラード市民、「文化映画撮影所」を支持」（一九二九年四月九日号・四月一六日号）、「「クルトゥールフィルム」文化映画専門映画館が抱える目標」（一九二九年六月一八日号）、「文化映画が危ない」（一九二九年六月二五日号）、「文化映画を今日的なアジェンダに」（一九三〇年三月一六日号）、「ドキュメンタリー映画の行方」（一九三〇年五月一一日号）、「再建期に相応しい文化映画を」（一九三〇年六月五日号）、「科学映画、誕生する」（一九三一年六月一五日号）など。

†16 Летопись российского кино, 1863-1929. / Научно-исследовательский институт киноискусства Министерства культуры Российской Федерации, Госфильмофонд Российской Федерации, Музей кино. – М.: Материк, 2004, С. 545, 671-672. レニングラードのクルトゥールフィルムには、亀井もよく足を運んでいた。亀井文夫・河原崎國太郎・土方敬太「ソヴェト映画の印象　座談会」『ソヴェト映画』一九五〇年二月号、二二頁。

†17 亀井『たたかう映画』、一三—一四頁。

†18 「目立たないモンタージュ」という表現は、『アフガニスタン』が製作された撮影所での審議会において、この作品を支持していた映画人の一人が、エロフェエフの作風を定義付けるために用いた言葉だった。«Эту фильму нужно показывать первым экраном». АРРК. 21 февраля 1929 г. Просмотр картины. «Афганистан» // Киноведческие записки. № 54 (2001): С. 89.

†19 Дерябин А. С. «Наша психология и их психология – совершенно разные вещи». «Афганистан» Владимира Ерофеева и советский культурфильм двадцатых годов. // Киноведческие записки. № 54 (2001): С. 53-70.

†20 フィオードロワ・アナスタシア「リアリズムとアヴァンギャルドの狭間で——亀井文夫監督の被爆者ドキュメンタリー『生きていてよかった』」査読制電子映画学術誌 *CineMagaziNet!* (http://www.cmn.hs.h.kyoto-u.ac.jp), No.14 (Summer 2010)。

†21 Graham Roberts, *Forward Soviet! History and Non-fiction Film in the USSR* (London; New York: I.B. Tauris Publishers, 1999), 83.

†22 亀井は自らの留学体験を振り返るにあたって、映画『幸福の港へ』に言及しながらも、その製作者であるエロフェエフ

の名前には一切触れていない。このことには、第一に、エロフェエフのドイツ滞在が関係していたように思われる。一九三〇年代のソビエトで、スターリンの独裁体制が確立されるにつれ、エロフェエフのように海外での生活体験を持っていた者は、スパイ容疑をかけられるようになった。実際、エロフェエフは一九三三年から一九三七年にかけて、映画製作の仕事を全く任されていなかった。一九四〇年にコーカサスでの撮影中に亡くなった後、エロフェエフの名前はソビエト映画史から忘れられていた。戦後の日本に入ってきていたソビエト映画関係の情報にも、エロフェエフに関する言及は含まれていなかった。このことから何かを察した亀井は、あえてエロフェエフの名前を伏せたのではないだろうか。上記のような政治的な理由から、亀井自身の存在もロシアでは忘却の彼方に追いやられている。満州事変が起こる直前にソビエトを訪れていた日本人は、スパイ容疑をかけるのに最適なターゲットであり、亀井を直接知っていたソビエト映画人は、彼との親交を公に語るようなことはしなかった。亀井の留学と時を同じくしてレニングラードで生活していた映画人の日記や回想録にも、亀井のソビエト滞在を裏付ける記録は残されていない。筆者は、サンクト・ペテルブルグ（旧レニングラード）の国立映画・テレビ大学（СПбГУКиТ、旧映画技術学校）や舞台芸術学院、レンフィルム撮影所（旧ソフキノ・レニングラード支部）のアーカイヴやロシア連邦保安庁（ФСБ、旧ソ連のソ連国家保安委員会КГБ）のアーカイヴなど、複数の施設に問い合わせたが、亀井のソビエト滞在に関する情報は一切取得することができなかった。

†23

一九三一年、結核を発症した亀井はソビエトを後にする。留学中に知り合ったロシア人女性と結婚していた彼は、病気が治ればすぐに、またソビエトへ帰るはずだった。ところが、奇跡的に命をとりとめた後、亀井が申請した出国届は却下され、彼は二度とソビエトへ戻れなくなる。戦後になって、亀井の劇映画『女ひとり大地を行く』は、ソビエトで劇場公開を果たした「最初の日本映画」として広く宣伝され、一九五〇年から一九五四年にかけて日本で発行されていた雑誌『ソヴェト映画』の編集委員を務めることで、亀井は両国の文化交流に重要な貢献をした。一九六〇年代に入ってからは、日ソ間で合作映画が盛んに作られるようになり、山本薩夫や木下恵介、新藤兼人、衣笠貞之助を始めとする日本の映画人が頻繁にソビエトを訪れるようになる。しかし、日本においてソビエト映画との関係が一番深かった亀井だけは、ついにソビエトへ招待されることがなかった。このことは、亀井が結婚していたロシア人女性の悲しい運命と関係していたように思われる。スターリンの大粛清時代に、レニングラードで命を落とした人々の情報を集めた書物には、アントニーナ・リヴォヴナ・カメイ（一九〇七―一九三八）の名前もある。彼女が逮捕され、処刑された理由は明らかにされていないが、日本に対するスパイ容疑をかけられていた可能性が高い。映画監督セルゲイ・エイゼンシテインの師で、日本の伝統文化に深い関心を抱いていた演出家のフセヴォロド・メイエルホリド（一八七四―一九四〇）や、ソビエトを代表する日本学者のニコライ・ネフスキー（一八九二―一九三七）、女優の岡田嘉子とともにソビエトへ亡命した、演出家の杉本良吉（一九〇七―一九三九）らの粛清など、日ソ間における文化交流史をめぐる研究は、こうした負の歴史と向き合っていくことの必要性と不可分の関係にある。**Ленинградский мартиролог, 1937-1938: Книга памяти жертв политических репрессий. Т. 8. СПб.: 2008. С. 178-179.** 加藤哲郎『モスクワで粛清された日本人――30年代共産党と国崎定洞・山本懸蔵の悲劇』青木書店、一九九四年。

†24 ロバート・フラハティの『アラン島』*Man of Aran*（一九三四）を思わせる、亀井の『荒海に生きる』（一九五八）は、漁民の厳しい生活を丹念に描いた作品であるが、映画の中心部分は、漁師たちのクリスマス島付近への長期出漁の様子を描いており、原水爆禁止日本協議会の支援のもとで作られた『ヒロシマの声』（一九五九）は、日本各地から広島を目指して平和行進をする人々を描いている。亀井文夫の戦後の傑作として名高い『人間みな兄弟：部落差別の記録』（一九六〇）も、一つの部落に焦点をあてるのではなくて、実に五二もの路地を訪れ、取材しているのだ。一九六〇年を境に、亀井は劇場公開用の本格的なドキュメンタリー映画製作の現場から離れ、自ら立ち上げた日本ドキュメント・フィルムという会社で企業用PR映画の製作を手掛けるようになった。亀井が製作を担当した『JAL空の旅シリーズ』や伊藤忠商事のPR映画などもやはり、ある地理的ロケーションを訪れ、それを紹介するという内容の作品で、「旅」を物語の基軸としている。

†25 松川八洲雄『ドキュメンタリーを創る』農村漁村文化協会、一九八三年、一四四頁。

†26 亀井文夫・河原崎國太郎・土方敬太「ソヴェト映画の印象 座談会」『ソヴェト映画』一九五〇年二月号、二一頁。

†27 山本喜久男『日本映画における外国映画の影響――比較映画史研究』早稲田大学出版部、一九八三年、一九二頁。

†28 亀井文夫「記録映画と真実と」『映画評論』一九三九年五月号、四一頁。

†29　同前、四二頁。

†30　『戦ふ兵隊』にかぎらず、亀井の映画作品には被写体の顔のクロースアップを用いた編集が多く見られ、こうした演出アプローチには、無声期におけるソビエト映画との連続性が感じられる。

†31　Вертов Д. Статьи, дневники, замыслы. М.: Искусство, 1966. С. 135.

†32　亀井「記録映画と真実と」、四一頁。

†33　ジガ・ヴェルトフ「われわれは（マニフェスト案）」大石雅彦・田中陽編『キノ——映像言語の想像』国書刊行会、一九九四年、一一二頁。

†34　Вертов Д. Там же. С. 110.

†35　亀井文夫「記録映画と構成」『映画評論』一九三八年六月号、六〇頁。

†36　ヴェルトフ「われわれは（マニフェスト案）」、一一六頁。

†37　Вертов Д. Там же. С. 135.

†38　亀井文夫・秋元憲・田中喜次・上野耕三・石本統吉「日本文化映画の初期から今日を語る座談会」『文化映画研究』一九四〇年二月号、二四頁。

†39　Harry Harootunian, *Overcome by Modernity: History, Culture, and Community in Interwar Japan*（Princeton, N.J.: Princeton University Press, 2000）; Darrel William Davis, *Picturing Japaneseness: Monumental Style and National Identity in Prewar Japanese Film*（New York: Columbia University Press, 1996）; Mitsuyo Wada-Marciano, *Nippon Modern: Japanese Cinema of the 1920s and 1930s*（Honolulu: University of Hawai'i Press, 2008）, 130-138.

†40　男性が山をみながら放尿をしているシーンは、亀井の演出によるものだ。『映画評論』一九五九年二月号に記載された「亀井文夫、大いに語る」のなかで、亀井は自作におけるフィクション性について問われて、こう答えている。

「以前からフィクションばかりやっていたのです、断片的には全部そうです。『一茶』の中で山を見ながら小便している表情、こういう場面があるでしょう。小便が夕陽に光ったらきれいだろうなと考えて、助監督にヤカン借りてきてくれと言った。ヤカンに水を入れて持ってきて、どうするのですかと聞く。それでうしろ向けと言って、水を出させたり、あれはすべてそうやって作った映画です。ですから、フィクションということでは徹底してフィクションをやってきた」（亀井文夫「亀井文夫、大いに語る」『映画評論』一九五九年二月号、三七頁）。

†41 牧野守「ドキュメンタリー作家亀井文夫の生きた時代」『亀井文夫特集』山形国際ドキュメンタリー映画祭東京事務局・プラネット映画資料図書館、二〇〇一年、三九頁。

†42 日本におけるエイゼンシテイン研究については、以下を参照のこと。大石雅彦『エイゼンシテイン・メソッド――イメージの工学』平凡社、二〇一五年。

†43 David Bordwell, *The Cinema of Eisenstein* (New York: Routledge, 2005), 48.

†44 Эйзенштейн С.М. Монтаж 1938［1938］// Эйзенштейн С.М. Избр. Произв.: В 6-ти тт. М.: Искусство, 1964-1971. Т.2. С. 157-188.

†45 セルゲイ・エイゼンシュテイン「モンタージュ一九三八年」『エイゼンシュテイン全集［7］――モンタージュ』キネマ旬報社、一九八一年、二六八頁。

†46 同前。

†47 セルゲイ・エイゼンシュタイン『エイゼンシュタイン映画論［決定版］』第一藝文社、一九四〇年、九六―九七頁。

†48 佐藤真『ドキュメンタリー映画の地平――世界を批判的に受けとめるために［愛蔵版］』凱風社、二〇〇九年、一九六―二〇二頁。

†49 エス・エム・エイゼンシュタイン「日本文化とモンタアジュ（上）」『キネマ旬報』一九三〇年二月上旬号、六三―六四頁。同「日本文化とモンタアジュ（中）」『キネマ旬報』一九三〇年二月中旬号、六〇―六一頁。同「日本文化とモンタアジュ（下）」『キネマ旬報』一九三〇年二月下旬号、四二頁。

IV

抑圧された愛国心を映し出す鏡

終戦直後の日本におけるソビエト映画

第二次世界大戦の終結は、人々の生活に大きな変化をもたらした。その長い歴史のなかで初めて、日本は国家主権を失い、一九四五年から一九五二年まで占領軍の統治下に置かれた。連合国軍最高司令官総司令部（ＳＣＡＰ／ＧＨＱ）の指導により、非軍事化と民主化を念頭に置く一連の改革が展開され、戦後における日本の政治や経済、文化の発展に注目すべき影響をおよぼした。昭和天皇は、自己の神格を否定する「人間宣言」を行い、大日本帝国軍は解体された。戦時中に治安維持法のもとで逮捕されていた政治犯・思想犯は釈放され、日本共産党は合法政党としての再建を果たした。こうした新たな動きには、戦前からの流れをくんでいたものも少なくない。終戦直後に高まっていたマルクス主義への関心は、左翼思想に対するイデオロギー統制が強化される前の時代に起源を持つ。アメリカの歴史学者であるジョン・ダワーは、その名著『敗北を抱きしめて』（一九九九）のなかで、「言葉の架け橋」という概念を用いて、占領期を象徴する言葉やスローガンの多くが、戦時期から引き継がれていたことを指摘している。新たな日本社会の構築を呼びかけるにあたって戦後の活字メディアが用いたのは、「新しさ」や「明るさ」、「文化」や「建設」といった、戦時中の公式レトリックに起源を持つ標語だった。大東亜共栄圏の建設が目指されていた時代から引き継がれた言葉やスローガンは、敗戦がもたらした衝撃を和らげ、「過去との断絶ばかりではないという安心感」を人々に与えた。[†1]

終戦後の日本映画にも重要な変化が起こる。軍国主義を是認し、日本民族の優位を唱える愛国主義的な映画作品は上映禁止処分を受け、新たに製作される作品に対しては厳しい検閲システムが敷かれた。ＧＨＱの下部組織であった民間情報教育局（ＣＩＥ）では、企画と脚本の事前審査が行われ、完成したフィルムの検閲は、軍部に属する民間検閲支隊（ＣＣＤ）によって実施された。ＧＨＱが製作を禁止する題材や、逆に映画化が望ましいとされる題材はリストに纏められ、日本の映画関係者に配布された。男女の平等や個人の自由を掲げる作品が奨励される一方で、占領軍の滞在や原爆の投下を扱う作品は撮影が禁止された。一般の観客に人気を集めていた時代劇映画も、君主に対する忠義と自己犠牲を美化する悪質なジャンルとして非難された。仇討の描写は、アメリカへの復讐心をかき立てるものとして恐れられ、時代劇最大の見せ場であった剣戟のシーンは、軍国主義を正当化する残酷で野蛮な行為として、撮影が禁じられた。[†2] 検閲の基準は、冷戦構造の確立にも影響され、占領期の後半からは、左翼思想を支持し、労働運動の描写を行う映画も検閲の対象となった。

占領軍は、日本を民主主義国家として再建するにあたって、映画を重要な道具とみなし、その指導に熱心であった。ところが、映画館に通う人々の趣味は、そう簡単に変わるものではなかったようである。このことを端的に示しているのは、戦後初期の日本におけるソビエト映画の人気だ。極度に愛国主義的で、政治色の濃いソビエトの社会主義リアリズム映画は、占領下の日本で抑圧されていた愛国心を補い、ジョン・ダワーが言う、日本の過去と現在を繋ぐ「架け橋」としての機能を果たしていた。本章では、戦後初期の日本で公開されたソビエト映画や、その宣伝目的で刊行された専門誌である『ソヴェト映画』の内容を分析することで、占領期の日本でソビエト映画に課せられていた社会的役割を解明していく。

1　古きものと新しきもの——終戦直後の日本で公開されたソビエト映画の魅力

「ヤプキノ」は、スタートを切る準備が整いました。突進する指示を待っている次第であります。[†3]

これは終戦から僅か数ヶ月後の一九四五年一一月に、袋一平がソビエト大使館に送った手紙からの引用である。「ヤプキノ」とは、ヤポーンスコエ・キノ（日本映画）の略で、袋一平が戦前に興していた会社のロシア語名である。一九三七年以降、ソビエト映画の輸入は禁止されており、それを再び上映していくことへの袋の意気込みは強かった。ところが、戦後の日本で最初のソビエト映画が公開されたのは、一九四六年の暮れに入ってからである。その上映許可が下りたのはさらに遅く、一九四七年の後半に入ってからだった。

ソビエト映画に対するGHQの不信感は強かった。その具体的な政策については、平野共余子や谷川建司の研究に詳しいが、ここでは、ソビエト映画の公開に携わってきた業者にとって占領下の日本で活動することが決して容易でなかったことのみ、改めて強調しておきたい。戦前の日本で公開が許されていたソビエト映画でも、占領期には上映禁止処分を受けることがよくあった。戦後の日本で人気を集めていたソビエト映画の公開に尽力した袋一平は、警察にも目をつけられ、一九四九年に逮捕されてからは、映画の仕事を断念せざるを得なかった。

ソビエト映画の日本進出において特に大きな妨げとなっていたのは、外国映画の輸入クォータ制である。一九四八年に導入されたこの規制において、各国が一年に公開できる映画作品の数は、戦前の日本における当国の最高年間公開本数を基準に定められていた。戦前の日本で大量に公開され、絶大な人気を博していたアメリカ映画とは対照的に、日本での上映が常に厳しく制限されていたソビエト映画にとって、これは極めて不利な条件であった。GHQが認めるソビエト映画の年間公開本数は僅か六本（後に七本に改定）であり、これは占領下の日本で公開されていたアメリカ映画（年間七〇本から九〇本程度）の一〇分の一にも満たなかった。戦後の日本で公開されたソビエト映画の数は、輸入クォータ制が導入される以前から決して多い訳ではなかった。それでも、新たな規制の導入によるダメージははっきりと見て取れる。一九四八年に日本の劇場で公開されたソビエト映画が九本だったのに対して、輸入クォータ制が導入された翌年、その数は僅か三本にまで落ち込んでいる。こうした状況において、ソビエト映画の違法上映は日常茶飯事であり、それは戦後直後の日本で「生き残る」ための重要な戦略だった。

もっとも、上記のクォータ制とは関係なく、終戦直後のソビエトが国外に輸出できる新作の数は限られていた。スターリン体制の末期にあたる、一九四〇年代後半から一九五〇年代初頭にかけて、ソビエトの映画産業は著しく停滞していた。一九五〇年におけるソビエト劇映画の年間製作本数は一三本であり、一九五一年には僅か九本であった[†4]。こうした事態を生み出していたのは、第二次世界大戦による経済的なダメージと、戦後に再度強化されたイデオロギー統制だった。多くのソビエト市民にとって、戦争は自分たちの生活を客観的に捉え直す機会となった。終戦をヨーロッパで迎えた兵士のなかには、実際にソビエトへの帰国を拒む者もいた。終戦後のソビエトで強化されたイデオロギー統制は、第二次世界大戦で大きな犠牲を払った人々の「不服従」に対する予防の対策であった。

文化人に対する政治的弾圧は、製作される映画の本数ばかりでなく、その芸術性にも決定的な打撃を与えた。映画作品に求められたのは、イデオロギー的な正統性と物語の分かりやすさであり、本来の映画製作が目指すべきところの独創性は等閑視されてしまう。様式美の探求と解釈されうる演出や撮影法は、厳しい批判の対象となり、ソビエトを代表する映画人たちの実験的な精神は失われていった。一九四〇年代後半から一九五〇年代初頭に作られたソビエトの映画作品において、カメラや被写体の動きは最小限に抑えられ、映画における主要なメッセージは口頭で伝えられている。内容的には、ヨシフ・スターリンの個人崇拝に毒された映画や、第二次世界大戦での勝利をドキュメンタリー風に描いた「芸術記録映画 художественный документальный фильм」、民族舞踊やバレエ、オペラを撮影しただけの「コンサート映画 фильм-концерт」などが目立つ。この時期に作られたソビエト映画の芸術的価値は、一九二〇年代におけるアヴァンギャルドの傑作や、一九五〇

図1　ヴァシーリー・ベリャーエフ『スポーツ・パレード』（1945）

年代の後半に台頭するソビエト・ヌーヴェル・ヴァーグと比べて、著しく劣っていた。しかし、スターリン政権の末期に作られたこれらの映画作品は、戦後初期の日本で人気を集め、興行的にも成功を収めた。一九五〇年から一九五四年にかけての日本で、ソビエト映画を専門とする雑誌が発行されていたことは、世界的にみても極めて珍しい現象である。

終戦直後の日本で、ソビエト映画の人気を支えていたのは、第一に、その鮮やかな色彩であった。[†5] 袋一平率いる「ヤプキノ」が戦後の日本で最初に公開できたのも、ヴァシーリー・ベリャーエフ監督の『スポーツ・パレード』*Всесоюзный парад физкультурников: 12 августа 1945 года*（一九四五）というカラーの短編記録映画だった［図1］。二万人を超えるソビエトの若者が体操着に身を包み、スターリンら共産党幹部に見守られながら赤の広場を行進していく様子を捉えたこの作品は、GHQから正式な上映許可が下りる前から、「非合法」のルートで、日本各地で上映されていた。[†6] 日本の観客は、この映画の色彩ばかりでなく、パレードに参加していた若者の数にも驚き、また感心していたという。[†7]

『スポーツ・パレード』の翌年に日本で公開されたアレクサンドル・プトゥシコ監督の『石の花』*Каменный цветок*（一九四六）は、戦後日本で公開された最初の長編カラー映画として注目を浴び、キネマ旬報のベストテン入りを果たした。それ以降も、ソビエトは日本で、一年に一本のペースでカラー映画を公開していった。[†8]

これらの製作に用いられたのは、ソビエト軍が第二次世界大戦後のドイツで入手したアグファカラーフィルムだった。これとは異なる技術を用いたテクニカラーフィルムは、既に一九三〇年代後半から『風と共に去りぬ』*Gone with the Wind*（一九三九）や『オズの魔法使』*Wizard of Oz*（一九三九）といったアメリカ映画にも用いられていたが、アメリカ製のテクニカラー作品は、その高額なプリント・コストゆえに占領下の日本で上映されることはなかった。[†9] これに対して、ドイツで生産されたカラーフィルムを戦利品として大量に獲得していたソビエトは、その特異な経済体制ゆえに市場原理に縛られることなく、他の資本主義国よりいち早く、戦後の日本でカラー映画の上映に乗り出すことが出来た。

国産初のカラー劇映画である木下恵介監督の『カルメン故郷に帰る』が劇場公開されたのは一九五一年で、それまでの日本において、カラー技術の権威とみなされていたのはソビエトの映画産業であった。「鮮やかで重厚な一方で押し売り感がある」色彩として認識されていたアメリカ映画やイギリス映画のテクニカラーに対して、ソビエト映画に用いられていたアグファカラーは「ナチュラルで落ち着いた感のある色」として、観客からの評価が高かった。[†10] ソビエト映画の用いるアグファカラーがより「自然」で美しく感じられたのは、それが米英諸国の用いるテクニカラーよりも、日本人の持つ色彩感覚に実際に「合っていた」からかもしれない。それはまた、戦勝国であるアメリカやイギリスの技術的優位に対する反発の現れとして解釈することも可能である。戦後日本の活字メディアが称賛していたソビエト映画のカラー技術は、終戦前のナチス・ドイツで開発されたもので、敗戦国が保持していた高度な科学技術を示唆するものだった。アグファカラーの優位性をめぐる議論は、日本を含む敗戦国が持つ技術的・経済的発展の可能性をほのめかし、将来的な復興に対する希望を国民に与えた。

ジョン・ダワーは『敗北を抱きしめて』のなかで、終戦直後に大ヒットした流行歌《リンゴの唄》に言及しながら、当時の日本社会で、楽観的な「明るさ」を求める動きが高まっていたことを指摘している。歌詞に登場する「赤いリンゴ」や「青い空」のイメージは、焼け跡の燻んだ景色を一気に忘れさせ、人々に将来への希望を与えた。[†11] 同時期の日本で人気を集めていたソビエト映画は、これと同等の働きを担っていたようである。作家の赤瀬川隼は、戦後の日本で公開された最初のカラー劇映画である『石の花』を初めて観たときの印象を、敗戦直後に突然出会った「いちごミルク」に喩えている。谷川健二の『アメリカ映画と占領政策』のなかでも、既に引用されている箇所だが、ここで改めて紹介しておきたい。

『石の花』の印象は、実はいまとなってはもうろうとしている。まだ煙がくすぶっているような感じの焼跡の街に突然やってきたこの映画は、カラー作品だった。〔……〕いまの私には、ただ、その色彩が、薄くかすんだ赤紫のヴェールをかぶせられたように、あるいはいちごミルクに包まれたようにして残っている。〔……〕敗戦直後の突然の〝いちごミルク〟との出会いは、国破れた少年の心の空洞には、ある種のやるせない気持ちと、神秘的な異境をさまようイメージを残し、それがいまも、まぼろしのように消えずに漂っているのである。[†12]

ソビエト映画の「明るさ」を生み出すのは、鮮やかな色彩に加えて、その非現実的な物語設定と楽観的な生活描写だった。当時の観客に強い印象を残した『石の花』は、ウラル出身の作家であるパヴェル・バジョフの創作民話を基に製作されたファンタジー映画だった。金やエメラルド、孔雀石にトパーズといった宝石類や貴金属が豊富に採れるウラル山脈には、昔から様々な伝説や民話が伝承されており、バジョフはそれを収集して童話の短編集に纏めた。『石の花』では、孔雀石細工の職人を目指す青年ダニラと、その恋人のカーチャ、二人の仲を引き裂こうとする「鉱山の女王」が主人公として描かれている〔図2〕。バジョフの童話に繰り返し登場する「鉱山の女王」は、ウラル山脈に宿る美しい山の精で、蜥蜴の化身である彼女は鉱山を訪れる人間を助けたり、逆に痛い目に遭わせたりする。一年に一度だけ咲く「石の花」を求めて山に入ったダニラも、女王の美貌に目を奪われ、その虜となるが、最終的には生身の人間であるカーチャのもとへ帰って幸せな家庭を作る。女王が暮らす城や宝石に彩られたその派手なドレスは、カラーで映し出すのに最適であった。ファンタジー映画の名手として知られるアレクサンドル・プトゥシコ監督の作品は、その色彩ばかりでなく、物語の簡潔さや広い観客層へ訴える力においても高く評価された。『石の花』のように「ユニークな、香り高い芸術作品」が「あの激しい大戦の直後に」作られていた事実も強調され、戦後における迅速な復興の可能性が、それとなく示唆された。[†13]『石の花』における結婚式のシーンや農民たちの歌とダンス、その民族衣装や家のなかで使われている家具や小物は、普段の日常生活では見かけないエキゾチックなものとして、観客の興味をそそった。

幻想的なロシア民話の世界を描く『石の花』と並んで戦後の日本で話題を集めたのは、ソビエト喜劇の巨匠であるイワン・プィリエフ監督のカラー映画『シベリア物語』*Сказание о земле Сибирской*（一九四七）だった。「明るい」ソビエト映画の代表作として論じられることが多いこの作品は、鮮やかな色彩ばかりでなく、登場人物たちの前向きな性格や、映画のなかで披露される音楽で観客を魅了した。『シベリア物語』の人気はまた、戦後の日本で高まっていた「シベリア」という地域に対する人々の強い関心にも起因していた。終戦後にソビエトでの抑留生活を強いられていた日本軍捕虜の知人や親族にとって、劇場のスクリーンに映るシベリアの自然や街の風景は、特別な意味を持っていたに違いない。

『シベリア物語』は、戦争で指を痛めたピアニストの社会復帰を描く。ピアノが弾けなくなった主人公のアンドレイは、モスクワでの生活を捨て、シベリアの小さな町で建設労働者として働き始める。週末には、村の

図2　アレクサンドル・プトゥシコ『石の花』（1946）映画パンフレット（日比谷映画劇場、1947）

小さな喫茶店でアコーディオンを弾きながら、現地の人々を楽しませている。都会的なハイカルチャーを大衆向けに翻案することで、アンドレイは一般の人々を啓蒙し、教育する。恋人のソプラノ歌手ナターシャとのすれ違いに苦しむアンドレイは、シベリアのさらに奥地へと移り住み、そこでオラトリオ《シベリアの大地の物語》を作曲する。この作品が大成功を収め、アンドレイはナターシャと共に東シベリアの大都市であるクラスノヤルスクで新婚生活を始める。モスクワに戻るようなことはせず、地方の劇場で働くことを選んだ二人は、その才能を大衆に捧げる「よき知識人」としてハッピーエンドを迎える。シベリアの開拓に従事し、そこに生きる人々を音楽で活気付けようとしたアンドレイの行動は、戦時中の公式レトリックに起源を持ち、戦後日本の活字メディアでも繰り返し強調された、「文化」や「建設」といった標語に相応するものだった。「文化国家建設」が政府レベルで掲げられていた終戦直後の日本において、『シベリア物語』を観ていた観客は、大衆教化を訴えるその政治的メッセージをすんなり受け入れることが出来た。戦後の日本共産党で初代の書記長を務めた徳田球一の証言によると、全日本産業別労働組合会議に加盟していた労働者のために企画された『シベリア物語』の特別上映では、映画を観終わった直後に共産党への入党を申し出る者が殺到したという。[†14]

戦時中は「李香蘭」の芸名で活動していた女優の山口淑子は、『シベリア物語』を論じるにあたって、自分が最も感激したのが、「歌と大衆の結ばれ方」だったと述べている。シベリアに住む一般庶民が、村の小さな喫茶店で紅茶を飲みながらロシア民謡を合唱するシーンを思い出し、山口は「音楽と歌がこんなにも生活に深く結びついているのは、どんなに嬉しいことだろう」と述べ、「私も歌手としてステージに立つときは、歌と生活と大衆の直接の結びつきが最も大切なことだと思っている」と結んでいた。[†15] 実際、『シベリア物語』における合唱のシーンは、一九五〇年代の日本で「うたごえ喫茶」が流行するきっかけの一つともなった［図3］。『シベリア物語』における合唱の描写や、映画のなかで提示されるソビエトの音楽的なイメージは、日本の過

図3　喫茶店でのワンシーン（イワン・プィリエフ『シベリア物語』1947）

去と現在を繋ぐ「架け橋」としての働きも担っていた。革命の勃発後に日本や中国、満州などに亡命した白系ロシア人の多くは、歌や踊りのパフォーマーとして、あるいは音楽やバレエの教師として活躍することで生計を立てていた。「李香蘭」としてデビューする前の山口淑子に発声法を教えたのも、マダム・ポドレソフという、ロシアから中国に亡命したオペラ歌手だった。日本で最初のうたごえ喫茶の経営に携わった人々のなかには、満州から引き揚げてきた者も多く、サモワールを始めとするロシアの伝統雑貨で喫茶店を飾る習慣は、映画『シベリア物語』のデザインばかりでなく、満州で数多く営業していたロシア料理店の独特な雰囲気に誘発されたものでもあった。もっとも、映画『シベリア物語』に描かれているような、皆が一緒に歌うことで仲間意識を培っていく行為は、終戦直後の日本人にとって、全く不慣れな新しいものだった訳ではない。人々の団結を促すという意味では、戦時下の日本で展開された、厚生運動の一環としての「合唱」もまた同じ働きを担っていた。[†16]革命歌やロシア民謡を中心とするレパートリーには違いがあれども、「リクリエーションとしての合唱」という行為そのものには、戦時体制に通ずるものがあった。

戦後初期の日本で人気を集めていたのは、『石の花』や『シベリア物語』といったカラー映画の作品ばかりではない。日本でソビエト映画の宣伝を行っていた「ソ連映画輸出協会」（Sovexportfilm; Совэкспортфильм）の資料によると、一九四八年の日本で記録的な観客動員数を獲得したのは、アレクサンドル・ロウ監督の『不死身の魔王』*Кощей Бессмертный*（一九四四）という映画作品であった。ロシア民話に登場する伝統的な悪役である「不死身の魔王」（コシチェイ）を退治する勇敢な青年主人公とその仲間たちの冒険を描く、モノクロの児童向けファンタジー映画であった〔図4〕。この作品の配給にあたっていた映画会社は、これが売れるとは想定しておらず、『不死身の魔王』はまず地方の新潟で封切られた。しかし、その人気は予想以上に高く、この作品は、当時日本で最大級の座席数を誇った浅草国際劇場を含む首都圏の幾つかの映画館で上映され、その総配収は、キネマ旬報のベストテン入りを果たした『石の花』をも上回った。[†17]

　ところが、一九四八年当時の映画雑誌には、映画『不死身の魔王』についての言説が殆ど見当たらない。映画や演劇の興行成績を専門的に扱う『映画演劇興行新報』には、「宣伝不足、七回上映、独占で保った映画」とだけ書いてあり、それなりの興行価値を持っていながらも、それに見合った宣伝が行われなかった作品として位置付けられている。[†18]『キネマ旬報』に掲載された批評文も、かなり厳しい内容に仕上がっている。

図4　姫に言い寄るコシチェイ（アレクサンドル・ロウ『不死身の魔王』1944）

> 古いロシヤのおとぎばなしに取材したものだそうだが、美女をさらっていった不死身の魔王を許嫁の青年が討伐にゆく物語には、魔王を外敵にぎした現代的なメタファーがあざとく認められる。しかし、魔王が美女をねむらせたり、許嫁がそれを指環でさましたり、一寸法師のじいさんがかくれ笠をくれたり、魔法のカーペットが空を飛んだり、魔王の首をきってもきってもあとから生えてきたり、さすがに子供好きのする材料が豊富であり、物語も悪魔退治の筋が通っている。有名な童話とすれば、ソ連の子供には面白く見ら

れるに違いない。

だが英米仏の映画に見なれた私たちの眼にはいかにも映画技術の貧しさが目立って数多いトリックも興味がそがれる。またこの物語になじみのない私たちには、あまりにも架空すぎて同調できない。そんな理由で合理性のない脚色や演出の欠点がはっきり目につくので、退屈する前に馬鹿らしさがさきに立つのである。この古風な技術は、時として素朴な感興をよびさましそうになるが、それも所詮全体をひきずる力はない。何よりもまず技術的に一応の水準に達しなければ稚拙の印象を免れない作品である。[†19]

右記の批評文において、『不死身の魔王』は児童映画として論じられているが、終戦直後の日本でこの作品を観ていたのがもっぱら子供だけであったとは思えない。『不死身の魔王』が上映された浅草国際劇場は、女性の出演者だけで結成された松竹歌劇団がパフォーマンスを行う場所であった。レビューを中心とする演目と併映されたのは、渋谷実の『受胎』（一九四八）や、木下恵介の『女』（一九四八）、吉村公三郎の『誘惑』（一九四八）といった、子供向けとは言い難い内容の映画作品ばかりだった。[†20]こうした場所であえて上映された『不死身の魔王』は、大人の観客を「楽しませる」要素を何か保持していたようである。ソビエト軍の占領下にあったドイツでの映画上映を研究してきたパヴェル・シコパルによると、終戦直後のドイツの人々に人気だったのは、やはりソビエトのファンタジー映画で、なかでも特に観客動員数が多かったのが、『不死身の魔王』であった。この作品が生み出すソビエトのイメージは、「子供向けで、幼稚な映画しか作れない」無能な戦勝国としてのそれであり、これは終戦後における屈辱的な独ソ関係を逆転させ、被占領国であったドイツに、自国の文化や技術に対する誇りを取り戻すチャンスを与えるものだったと、シュコパルは指摘している。[†21]これと同様のことが、日本でも起きていたのではないだろうか。『キネマ旬報』に掲載された批評文のなかで強調されている、『不死身の魔王』の「馬鹿らしさ」や「稚拙の印象」にこそ、この映画作品が持つ最大の魅力が隠されていたのではないだろうか。一九四〇年代後半は、マルクス主義への関心が高まっていた時期であると同時に、日ソ中立条約を一方的に放棄したうえで樺太や満州に侵攻し、降伏した日本軍を捕虜としてシベリアへ抑留していったソビエトに対する不満が高まっていた時期でもあった。

ソビエト連邦とナチス・ドイツの戦いを比喩的に描いている『不死身の魔王』では、登場人物の愛国心や自己犠牲の精神、敵に対する復讐心を抱くことの必要性が繰り返し強調されている点にも注目したい。上記に挙げられているのは、いずれも占領下の日本で問題視されていた要素ばかりで、これらが占領軍による検閲を通過できたのは、『不死身の魔王』があくまで「児童」を対象とするファンタジー映画として宣伝されていたからだろう。その単純化された善悪二元論には、日本映画の草創期から人気を集めていた『水戸黄門』など、占領下の日本で製作が禁止されていた勧善懲悪型の時代劇と共通する部分も多くある。児童向けの映画コンテンツに、愛国主義的なプロパガンダ要素を盛り込んでいく演出アプローチは、戦時下の日本でも頻繁に用いられ、瀬尾光世の『桃太郎の海鷲』(一九四三)や、『桃太郎 海の神兵』(一九四五)といったアニメーション映画は、その最も有名な例である。『不死身の魔王』のクライマックスでは、占領下の日本で撮影が禁止されていた剣戟のシーンも描かれている［図5］。主人公が魔王と闘う場面では直刀が用いられ、魔王の首は三回にわたって切り落とされる。第二次世界大戦の真っ只中に製作されたこの映画は、芸術性と映画技術において、戦前の日本で作られていた時代劇映画と比較出来るようなレベルの作品ではなかった。しかし、その物語とスタイルには、時代劇や、その他の愛国主義的な映画が上映・製作を禁止されることで日本映画に生じた「空白」を補っていくだけの興行価値が充分に備わっていたようである。

占領下の日本で人気を集めていたソビエト映画は、それまでの日本映画になかった「新しさ」と、終戦前の

図5　『不死身の魔王』ポスター

日本映画を思わせる「懐かしさ」の両方を併せ持っていた。カラー技術を用いる映画作品や、マルクス主義を堂々と掲げる映画作品を観ることは、「戦後」という時代の到来とともに初めて可能になった極めて新鮮な体験であった。ところが、終戦後の日本で公開されたソビエト映画の内容は、それまでに作られてきた日本映画の倫理基盤を覆すような斬新なものではなく、むしろ戦時下の映画作品を想起させる保守的なものであった。全体主義的な政治体制のもとで作られていたソビエト映画は、占領軍の掲げる「個人の自由」よりも、国家全体の繁栄と啓蒙を促し、ロシア・ナショナリズムに依拠した反モダニズム的で反西洋的な姿勢を貫いていた。そうしたソビエト映画が、占領下の日本で思いがけぬ人気を博したのは、戦後初期の映画観客が無意識のうちに、日本の現在と過去を繋ぐ「架け橋」を探し求めていたからではないだろうか。もっとも、日本におけるソビエト映画の宣伝を指揮していたソ連映画輸出協会が、そうした日本人観客のニーズを的確に

図6　アレクサンドル・イワノフスキー『モスクワの音楽娘』（1941）パンフレット（日比谷映画劇場、1947）

把握出来ていたかどうかは、大いに疑問が残る。少なくとも、映画『不死身の魔王』が日本で博した人気は、ソビエト側にとって全く予期せぬものであった。これに対して、ソ連映画輸出協会が戦後の日本で公開する最初の長編劇映画として選んでいたアレクサンドル・イワノフスキー監督の『モスクワの音楽娘』*Антон Иванович сердится*（一九四一）は、ソビエト側の期待に反して、興行的に大失敗となった。保守的なオルガン奏者を父親に持つ若い娘の恋愛と音楽キャリアを描くこのミュージカル・コメディーは、あまりにもハリウッド的で「ソビエトらしさ」が感じられない作品として、日本の観客には不評であった〔図6〕。ソビエト側にとって、戦後日本における観客の好みを予測するのは決して容易な課題ではなく、『不死身の魔王』を含むソビエト映画が博した高い人気は、ソビエト側が進める映画政策よりも、占領下の日本における極めて特殊な受容環境を物語っている。

2　雑誌『ソヴェト映画』における「リアリズム」と「民族」

終戦直後の日本におけるソビエト映画が、抑圧されたナショナリズムの代理（substitute）として機能していたことを裏付けるもう一つの興味深い例は、一九五〇年から一九五四年の間に発行されていた雑誌『ソヴェト映画』に垣間見られる。いかにもソビエト映画を専門的に扱ってるような雑誌名だが、実際には、むしろ「民族的な」日本映画を主な題材としていた。終戦直後の日本において、ソビエト映画が日本の現在と過去を結ぶものとして機能し、戦争で傷つけられた自尊心を癒す働きを担っていたのは、「無意識」のレベルにおいてであった。ソ連映画輸出協会も、日本の配給会社も、ソビエトで製作された映画にそうした能力があるとは想定していなかった。[†22]これに対して、雑誌『ソヴェト映画』におけるナショナリスティックな議論は、極めて明確なイデオロギー的戦略の一環であった。

占領下の日本で定期刊行物の検閲が行われていたのは、一九四九年の一〇月までで、雑誌『ソヴェト映画』が創刊されたのは、一九五〇年二月のことだった。こうした発刊のタイミングからも、『ソヴェト映画』の反米的なスタンスがうかがえる。雑誌が刊行された理由について、創刊号のなかでは次のように述べられている。

> 国際情勢の鋭い変化の影響によるところが大きいと思うが、こんにち日本で上映されているソヴェト映画の作品数はごくわずかである。しかし、広い社会主義の国で作られている映画の思想性や芸術性を無視して、世界の映画を論じることはできないであろう。この雑誌は、ソヴェト同盟の映画事情をできるだけ正しく、やさしく解説するために発刊された。[†23]

「国際情勢の鋭い変化」とは、言うまでもなく米ソによるイデオロギー対立の激化を意味している。『ソヴェト映画』を発行していた「北星商事株式会社」は、戦後の日本で設立されたソビエト映画の輸入代理店で、雑誌に掲載される情報は、対日理事会ソビエト代表部のなかに窓口を構えていたソ連映画輸出協会によって提供されたものだった。『ソヴェト映画』の編集部は、創刊号のなかで「ソ連映画輸出協会のひとかたならぬ御指導と御援助」に対する感謝の意を表明し、ソ連映画輸出協会の日本代表であったD・レフチェンコは、モスクワ本部に宛てた手紙のなかで、「ソビエト映画を宣伝するための最も有力な手段」として、雑誌『ソヴェト映画』の発行と宣伝を挙げている。[†24] ソ連映画輸出協会を通して編集部に届けられた映画関連資料は、ソビエト国内で出版された活字メディアからの抜粋であり、一九五〇年代初頭のソビエト文化における支配的傾向を多分に含んでいた。それと同時に、『ソヴェト映画』はあくまで日本の定期刊行物であった。その編集に携わっていたのは、北星商事株式会社の設立者で映画評論家の土方敬太や、映画評論家でプロデューサーの岩崎昶、同じく映画評論家だった瓜生忠夫や山内達一、評論家で翻訳者の岩淵正嘉、批評家で映画技師の成田梅吉、映画監督の木村荘十二、撮影監督の宮島義勇、記録映画監督の亀井文夫や野田真吉といった、いわゆる「左翼的な」日本の映画人であった。『ソヴェト映画』の内容とデザインは、日本の読者向けにアレンジされたもので、雑誌編集部と密接な関係にあった日本共産党の政策方針ばかりでなく、編集員たちが抱く民主的な理想をも反映していた。誌上で開催された座談会には、共産主義やソビエト映画の表現スタイルを批判的に受け止める映画人も招待され、「花の輪」という読者による投稿欄には、ソビエト映画を賛美するコメントばかりでなく、そのイデオロギー性を批判するものや、雑誌の目次構成やデザインの改良を求める声も紹介された。もっとも、「座談会」という形式自体、ソビエトの活字メディアには存在しない、日本の雑誌ならではの特徴であった。カラーで印刷された『ソヴェト映画』の表紙を飾っていたのは、左翼的なイデオロギーとは無縁の、美しい女優の顔写真であり〔図7〕、これは戦後の日本で発行されていた『キネマ旬報』や『映画の友』、『スクリーン』との類似をほのめかし、ソビエト映画が保持する娯楽性と「親しみやすさ」を前景化していた。[†25] 創刊号には、脚本家の水木洋子や、歴史家の羽仁五郎、経済学者の大熊信行らによるソビエト映画へのコメントが紹介され、

図7　『ソヴェト映画』1950年5月号の表紙を飾るヴェーラ・ヴァシリエワ（『シベリア物語』に出演）

ソビエトを実際に訪れた経験を持つ文化人との座談会が開かれた。戦前の日本で公開されたソビエト映画のリストも掲載され、ソビエト映画の内容そのものよりも、日本における公開の歴史や受容の形態に重点が置かれた。ソビエト映画を紹介していくために創刊された『ソヴェト映画』が、日本の独立プロを専門的に扱う『日本映画』という雑誌に生まれ変わるのは、発刊から僅か三年後のことであった。

「民族的」なものに対する『ソヴェト映画』の関心は、創刊当時からはっきりと表明されている。雑誌のなかで頻りに称賛されるのは、ソビエト各地の風景や伝統、地域に根差した生活様式の描写であった。誌上では、ソビエト連邦を構成する一五の共和国における映画製作活動が詳しく紹介され、その「民族的」な要素が強調されている。一九五〇年三月号に掲載された「ソヴェト映画の三〇年とロシヤ文化の伝統」という論文のなかで、セルゲイ・エイゼンシテインは、「民族的自覚の目覚め」こそ、ソビエト映画最大の特徴であると主張していた。[†26] 一九五〇年五月号には、アルメニア人の映画監督であるアムバムツル・ベック・ナザーロフの「ソヴェト映画の内容と形式——民族映画の諸問題」という記事の日本語訳が掲載され、一九五〇年一〇月号では、ウクライナ人の復員兵とトルクメニスタン人の娘の恋愛を描くラブ・コメディ『はるかなる愛人』*Далекая невеста*（一九四八）が「中央アジアを舞台とする民族映画の秀作」として絶賛された。ソビエトの民族文化に対する関心は、映画に限ったものではなく、『ソヴェト映画』誌上には、ロシアの伝統的なスープの作り方や、民族衣装の縫い方までが詳しく紹介されている。[†27]

『ソヴェト映画』誌上における上記のような題材は、スターリン体制末期のソビエトにおけるロシア・ナショナリズムの台頭を反映していた。一九一七年に勃発したロシア革命とそれに続く内戦を経て誕生したソビエト社会主義共和国連邦は、帝政ロシアにおける歴史文化との連続性を否定することで、新たな国家アイデンティティーを摸索してきた。一九二〇年代のソビエトで花開いた（映画を含む）アヴァンギャルド芸術が掲げたのは、伝統からの断絶と、民族的な差異の超越だった。こうした国際的指向は、一九二〇年代後半から衰退していく。ヨシフ・スターリンによる指導のもと、ソビエト共産党は世界革命の夢を捨て、「一国社会主義論」に基づく近代的な国家建設を推進していく。ソビエトの「文化革命」とも呼ばれるこの路線変更は、一九一七年のロシア革命がもたらした多くの社会的・文化的変化を帳消しにするものだった。ロシア革命直後は否定的に捉えられていたロシア・ナショナリズムもまた、スターリン政権の確立とともに復権を果たした。[†28] ソビエト連邦は、帝政ロシアとその歴史的・文化的遺産の正当な後継者として再認識され、ロシアの皇帝や軍将、芸術家や科学者が残した業績は、ソビエト国民が誇るべきものとして、文学や演劇、そして映画のなかで称賛された。雑誌『ソヴェト映画』のなかで大々的に宣伝されてきたのも、帝政ロシアで活躍してきた外科医のニコライ・ピロゴフを描く『先駆者の道』*Пирогов*（一九四七）や、作曲家のモデスト・ムソルグスキーを描く『夜明け』*Мусоргский*（一九五〇）、ウクライナ史上の英雄ボグダン・フメルニツキーを描く『頭目ボグダン』*Богдан Хмельницкий*（一九四一）といった映画作品だった。ソビエト共産党が進める「愛国主義」政策は、明らかにロシア人とロシア文化を優遇するものであったが、表面上はソビエト連邦を構成する全ての共和国の友好と平等が唱えられ、各国それぞれの「民族性」を表現する芸術作品の創作が推奨された。

戦後のソビエトにおける「ロシア文化」の再発見・再評価は、革命後に祖国を去った亡命ロシア人をも対象としていた。戦後の日本でも、ソビエト大使館は、日本に居住する亡命ロシア人のためにソビエト映画の上映

図8 『ソヴェト映画』（1950年5月号）に掲載されたモロゾフの宣伝広告

会を催すなど、それまでは非難と忘却の対象でしかなかった彼らを、「ソビエト・ロシア」の一員として迎え入れることに意欲的であった。†29雑誌『ソヴェト映画』の一九五〇年五月号には、亡命ロシア人が創立した製菓会社である「モロゾフ」の宣伝広告も掲載されている［図8］。

ソビエト国内における政治的動向に加え、『ソヴェト映画』の内容とイデオロギーに注目すべき影響を与えていたのは、第二次世界大戦終了後に合法政党としての再建を果たした日本共産党であった。雑誌『ソヴェト映画』が辿ってきた「日本化」への歩みも、その政策と密接に関係している。戦後初期における日本共産党は、占領軍に対して「解放軍」という呼称を用い、その対日政策に友好的かつ協力的であった。ところが、占領軍によるレッドパージや朝鮮戦争の勃発など、冷戦の深刻化にともない日本共産党が進める対米政策は大きくシフトする。一九五〇年一月にヨシフ・スターリンは、共産党国際情報局（コミンフォルム）を通して、日本共産党が掲げる「平和革命路線」を激しく批判し、占領下の日本における反米闘争の強化を求めた。この要望をどう受け止めるかで、共産党内部では様々に意見が対立したが、一九五一年一〇月に開かれた第五回全国協議会で、日本共産党はコミンフォルム批判を受け入れ、「武装闘争路線」を正式に採用する。この路線変更を正当化するために、日本共産党は自国の伝統文化を外部の悪影響から守る必要性を説き、その政策を支持する定期刊行物には、「民族」や「民族の危機」といった語彙が頻繁に飛び交うようになる。この動きは、雑誌『ソヴェト映画』にも波及し、一九五一年に入った頃からその誌面では、ソビエトの「民族映画」にならい、「日本文化」を守っていくことの必要性が訴えられるようになる。誌上に掲載された山本薩夫の「日本映画の抵抗精神」や、松本酉三の「日本映画を守るもの」、吉住五郎の「わが民族の怒り・誇り――力と闘いをえがけ」といった記事は、その典型的な例である。[†30]

ソビエト映画の「民族性」以外に高く評価されたのは、その反戦的なメッセージと高度なカラー技術、「底抜けの明るさ」とリアリズム、性的描写に頼らない「健全性」や、国の将来を想像していく力、人々の生活を具体的な歴史的事件と結びつけて描いていく伝統など、いずれも一九三〇年代のソビエトで台頭した「社会主義リアリズム」に特徴的な要素だった。アメリカや、戦後の日本で製作される映画は、こうした「理想」に到底およばない、暴力的で思想的に空虚な作品として非難された。一九三四年に開かれた第一回作家大会で、「ソビエトの芸術文学ならびに文学批評の基本的方法」として採択された社会主義リアリズムは、「現実をその革命的発展において、真実に、歴史的具体性をもって描くこと」で、「勤労者を社会主義の精神において、思想的に改造し教育する」ことを目的として掲げていた。ソビエト共産党の方針に従い、大衆に分かりやすい形で、社会の「あるべき姿」を描くこと。明るい未来を想像する（写実的に描く）ことで、そうした未来の到来を近付けようとするのが社会主義リアリズムの課題であった。どういった作品を社会主義リアリズムの模範と見なすかは、共産党の判断による部分が大きく、その解釈はそれぞれの時代や政治路線の変更にも左右されてきた。[†31]

終戦直後の日本における左翼的な映画人が、ソビエトで作られる映画を「リアリズム」に依拠したものとして受け止めていた背景には、そのイデオロギー的信念ばかりでなく、ソビエト社会に対する理解の乏しさもあった。終戦直後の日本で占領軍の撮影が禁止されていたことは、映画人なら誰もが知っていた。占領下の日本に溢れていた英語の標識や看板でさえ、映画のなかには全く登場しなかった。日本で暮らす人々にとって、こうした現実とのズレは一目瞭然であった。これに対して、ソビエトでの生活の実態は、「鉄のカーテン」によって遮られ、その「偽り」を察知することは決して容易ではなかった。スターリン時代におけるプロパガンダの頂点として論じられることの多い『ベルリン陥落』*Падение Берлина*（一九四九）でさえ、終戦直後の日本ではドキュメンタリー映像として受け止められることがあった。[†32] 日本で公開されたソビエトの劇映画の多くが注目されたのは、ソビエト連邦に関する情報源としてであり、ソビエト映画の大スターであるリュボーフィ・オルローワが、見た目瓜二つのオペラ歌手と女科学者を演じる『恋は魔術師』*Весна*（一九四七）というコメディ映画も、そのユーモアや俳優たちの演技ではなく、ソビエトのオペラや映画撮影所、一般市民の日常生活を「リアルに描いている」という点において高く評価された。[†33]

戦後初期の日本における左翼的な映画人のリアリズムに対する認識は、「プラヴダ」というロシア語の言葉が持つ両義的意味にも影響された。ソビエト共産党の機関紙であった『プラヴダ』や、その映像版として、ジガ・ヴェルトフによって製作された『キノ・プラヴダ』*Кино-Правда* シリーズ（一九二二―一九二五）で、世界各地に広まったこの言葉には、「真実」や「誠」という意味ばかりでなく、「道理」や「正義」、「正当性」といった意味も含まれている。社会主義リアリズムが目的として掲げていた「真実」の追求は、言葉のレベルにおいても現実世界を「ありのまま」に記録していくことばかりでなく、正義感に導かれ、物事の「あるべき姿」を模索していくことを意味していた。『ソヴェト映画』誌上で称えられ、左翼的な日本の映画人に受け入れられてきたのも、「真実」よりむしろ、社会における「平等」と「正義」を求める、こうしたソビエト型の「リアリズム」であった。『ソヴェト映画』に掲載された論文や座談会では、戦後のアメリカで台頭した「セミ・ドキュメンタリー」や、戦後の日本で大手の映画会社が製作した作品が、形だけの「見世物」としてのリアリズムに留まっていることが指摘された。[†34] これらの映画作品は、ロケーション撮影を始めとする写実的な要素を多分に取り入れていながら、社会がこの先どう改造されるべきかの対策案を提示しておらず、個人の問題にばかり気を取られ、登場人物たちの行動が、階級の問題や、民族全体の歴史とどう結びついているのかを描ききれていない点において、真のリアリズムからは遠ざかっているとの解釈がなされた。『ソヴェト映画』の編集に携わってきた映画人は、社会主義リアリズムを追求する作品がときに冗長で、面白みに欠けることを充分に認識していた。[†35] しかし、彼らが高く評価していたのは、ソビエト映画人による創作活動の成果ではなく、製作に挑むその姿勢や、公に掲げる理念であった。『ソヴェト映画』誌上で強調されたのは、国全体の歴史を個々の人民に結びつけようとするソビエト映画の着眼点や、国全体の将来を見据えて、映画特有の写実的な方法でそれを描き出そうとするソビエト映画人の努力だった。こうした創作上のアプローチは、日本の映画製作にも取り入れるべきものとして称賛され、一九五〇年代の初頭に台頭した独立プロ映画のなかでも実際に応用されてきた（この点については、V章で詳述する）。戦後初期の日本における芸術活動を、映画や美術、写真や文学といった様々な観点から探求してきた研究者の鳥羽耕史は、一九五〇年代に支配的であった「記録」の概念が、「客観性や中立性といったことを問題にせず」、むしろ「未来を実現するための前段階」として認識されていたことを明らかにしているが、こうした「記録」の定義は、『ソヴェト映画』誌上で支持されていた社会主義リアリズムの概念をも想起させる。一九五〇年代の日本では、「フィクションの持つ構成力を最大限に発揮しつつ、あるべき未来を追求する」作品が、「すぐれた記録」として認識されていたという。[†36]「記録」に対するこうした理解が形成されるにあたって、「社会主義リアリズム」が果たしてきた役割は、今後改めて解明されなければならないだろう。

『ソヴェト映画』誌上における「民族性」をめぐる議論は、日本共産党が進める武装闘争路線を正当化するためばかりでなく、ソビエト連邦における思想や文化を、日本にとってより「身近なもの」として位置付けるためにも用いられてきた。日本におけるプロレタリア文学の代表作である『太陽のない街』（一九二九）を著した徳永直は、日本の観客がソビエト映画に抱く「民族的親しみ」を強調したうえで、それを生み出しているのが、両国間における「民族的血すじの近さ」であると指摘している。ソビエトに生きる諸民族は、日本人にとって、「西ヨーロッパ人種」よりも文化的・生物学的に「近い」のだという。[†37]「ソヴェト映画鑑賞の手引」と題するコラムにも、トルクメニスタンで作られたラブ・コメディ『はるかなる愛人』を観て、日本との類似に気付かされた女性の話が紹介されている。日本人である彼女は、床に座って織物をしているトルクメニスタン人女性をスクリーンで目にして「非常に身近なもの」を感じたと、雑誌の編集部相手に「うれしそうに」語っていたという。[†38]同コラムのなかで、『はるかなる愛人』と、ウズベキスタンの偉大な詩人であるミール・アリー・シール・ナヴァーイーを描いた『草原の英雄』*Алишер Навои*（一九四七）は、当時公開されたソビエト映画のなかでも「一番日本的な」作品として論じられた。

アジアを舞台とするソビエト映画にも増して、日本人にとっていっそう「身近」に感じられたのは、中国や朝鮮で作られていた映画作品である。映画評論家の岩崎昶は、中国とソビエトによって共同製作された記録映画『中国人民の勝利』*Победа китайского народа*（一九五〇）を初めて観たときの感想を次のようにまとめている。

> 「中国人民の勝利」はすばらしい色彩映画で、中国共産党を前衛として中国人民がたたかい、そしてついに勝つことのできたこの三十年の革命の歴史をくわしく描いている。この映画が私たち日本人にとくに強い感銘をあたえるのは、まず第一に、私たち日本人と同じ肌の色同じ顔をした人々が革命の主人公であるからであろう。じつに身近で、すべて人ごととは思えない。ソヴェトの革命は偉大ではあるが、何といってもよその国の革命である。ところが中国の革命は半分自分のところの革命である、という気がこの映画

を見ているとひしひしとしてくる。そして、いまさらながら、人民が自ら解放するという大事業が長い苦しい道のりを通じてはじめてできあがるのだと実感し、われわれ日本人も同じような根気強いたたかいによってきっと同じことができるし、またしなければならないと実感する。[†39]

戦前から中国映画に強い関心を持ち、終戦を満映の社員として迎えた岩崎にとって、同時代に中国で起きていたことは、確かに「人ごと」ではなかった。戦後初期の日本では、自国をアジアの一員として捉え直そうとする動きも顕著であり、[†40]岩崎の言葉は、中国に対する個人的なレベルでの愛着とノスタルジアばかりでなく、戦後の日本社会におけるアジア認識の変化という、より大きな現象をも反映していた。日本人と「同じ肌の色」をした人間が、「革命の主人公」として描かれることへの拘りは、雑誌『ソヴェト映画』が日本の独立プロを専門とする定期刊行物に生まれ変わっていくうえで、重要な原動力となった。外国映画の成功を「外から」眺めているのでは不十分であり、日本の左翼的な映画人が望んでいたのは、自ら革命的な映画製作の「主役」となることだった。『ソヴェト映画』誌上で紹介された中国映画の多くは、「いかにも日本的」であると評価され、その登場人物は「日本人そっくりの風貌」をしていることが強調された。北朝鮮で作られた『少年遊撃隊』（一九五〇）という映画には、「日本の体臭がしみついている」と指摘され、俳優たちの演技やスクリーンに映る町や自然の風景には、「弟のような身近な」匂いが染み付いていたという。[†41]中国映画の最新情報を紹介する「中国からの便り」や「北京からの放送」といった項目でも、実際に取り上げられていたのは、終戦後の満映に留まり編集の仕事を続けていた岸富美子など、中国で活躍する日本人の体験であった。

日本映画を扱う記事は、『ソヴェト映画』が巻を重ねるうちに数を増してゆき、次第にソビエト映画に関する情報を量的に上回るようになった。ソビエト映画の名監督を紹介する連続コラムであった「監督伝評」は、

図9　『日本映画』（1953年6月号）表紙

一九五二年三月から、「日本映画を育てた作家」というコーナーに様変わりを果たし、同年五月からは「おもいでの日本映画」や、「日本映画作品月表」といった新たな連続コラムも設けられた。雑誌名が『日本映画』に切り替わる直前の一九五三年二月に発行された『ソヴェト映画』第二三号の表紙には、ソビエト・バレエを題材とする映画のスチールが使われているが、雑誌の目玉特集として見出しに掲載されているのは、「日本映画 一九五二年《対談》」と、日本の独立プロ映画である今泉善珠監督『村八分』（一九五三）のシナリオである。一九五二年一〇月に発行された『ソヴェト映画』の「編集後記」でも、雑誌が取り扱う題材の変化を求める声が上がっていた。

> じっさい問題として《ソヴェト映画》という誌名で世界の広はんな映画をとりあつかうことにゆきづまりをかんじています。日本映画の問題も、もっとひろくふかくあつかいたいのですが。日本映画を中心にした世界映画の雑誌を国民がつよくのぞんでいることは事実です。[†42]

一九五二年一〇月の時点で、雑誌『ソヴェト映画』が掲げる目標は、「ソヴェト同盟の映画事情をできるだけ正しく、やさしく解説する」ことから、「日本映画を中心に」世界映画を紹介することに切り替わっていた。

一九五三年二月の「社告」では、雑誌『日本映画』の創刊が発表され、『ソヴェト映画』が不定期ながら、今後も発行され続けることが読者に約束された［図9］。しかし、次の第三四号が発行されたのは、それから一年以上も後の一九五四年六月で、これが雑誌の最終号となった。一九五三年三月には、ヨシフ・スターリンが死去し、ソビエト連邦の歴史は大きな転機を迎えた。ポスト・スターリン期のソビエトにおける政治や文化の先行きが不透明ななか、雑誌『ソヴェト映画』の発行を続けるのは困難であった。一九五四年に、突然雑誌の第三四号が発行された具体的な背景は不明だが、それはソビエト映画『若き親衛隊』*Молодая гвардия*（一九四八）の日本における劇場公開と関係していたようである。第三四号に掲載された「復刊の言葉」において、雑誌の編集部は、日本における『若き親衛隊』の上映が「形式的には「女ひとり大地を行く」の輸出にともなう見返りという意味を持っている」と指摘しており、『若き親衛隊』の日本公開と、それにともなう『ソヴェト映画』の復刊が、亀井文夫の『女ひとり大地を行く』（一九五三）をソビエトで公開するための「引き換え」の行為であったことがうかがえる。

3　民主化の度合いを示すバロメーター

雑誌『ソヴェト映画』において、ソビエトで作られる映画は、日本の映画人が目指すべき「理想」としてばかりでなく、日本という国を新たな戦争から「守る」、極めて特殊な武器としても宣伝された。戦前の日本でソビエト映画が公開されなくなったのは、軍国主義が台頭し、中国との戦争が本格化した一九三〇年代においてであり、このような状況は一九五〇年代初頭の日本にも通ずるとの指摘がなされた。一九五〇年七月号には、以下のような呼びかけが掲載されている。

ソヴェト映画の公開が困難になれば、その後になにがくるか。過去の日本の歴史がはっきりとこれに答えている。それは暗い悲惨な戦争への道である。いまこそ平和をまもるために、「ソヴェト映画友の會」に我々の力を結集しよう†43!!

『ソヴェト映画』誌のファンクラブである「友の會」は、ソビエト映画に関するより深い知識の習得ではなく、日本における平和の建設を目指す団体として位置付けられていた。同じ一九五〇年七月号に掲載された岩崎昶の記事にも「ソヴェト映画がみられなくなるとやがて戦争がやってくる。ふたたびこの歴史を繰り返さぬために……」という見出しが付けられ、「平和を守るためには、いろいろなところで、いろいろな戦いがされなければならないが、われわれの映画の分野では、それはソヴェト映画を見せろ！という要求にならなければならない」との結論が導き出されている†44。作曲家の須藤五郎もまた、「すぐれたソヴェト映画を、どんどん私たちが見れるように運動すること、それは一つの平和を守る闘いだ」と主張していた†45。日本の左翼的な映画人は、ソビエト映画における反戦的なメッセージを高く評価していたが、ソビエトで作られる映画の上映は、その具体的な内容に関係なく戦争の再発防止に役立つ行為として称賛され、年間に公開されるソビエト映画の本数は、日本における政治的自由の度合いを示すバロメーターとして受け止められた。

ソビエト映画の上映はまた、それに従事する若者にとって日本の将来に対する希望と、それを自分たちの力で切り開いていけるという自信を身につける貴重なチャンスだった。『ソヴェト映画』の販売に自ら関与してきた牧野守の証言は、ソビエト映画の上映が終戦直後の日本社会で果たしてきたもう一つの役割を物語っている。牧野守は、日本を代表する映画史研究家であり、彼が長年かけて集めてきた日本映画に関する基本文献と一次資料は、現在「マキノ・コレクション」としてコロンビア大学図書館に所蔵され、世界各地で活躍する映画学者にとって重要な研究の拠点となっている。牧野守の名前は、日本国内外で広く知られているが、映画関係資料のコレクターである彼が、自ら記録映像作家でもあり、駆け出しの頃は、日本で製作された独立プロ映画やソビエト映画を含む左翼的な映画作品の上映に携わっていたことはあまり知られていない。

一九三〇年に樺太の知取で生まれた牧野守は、一九四二年頃に家族とともに本土へ移り、東京での生活を始めるが、一九四四年に母や兄弟とともに千葉へ疎開し、そこで終戦を迎える。戦後は英語の習得を目指して、千葉のミッションスクールであった聖書学園に入り、キリスト教のドクトリンを学ぶが、布教活動の目的に納得できず、アメリカ人であった宣教師と「大喧嘩」をして教会を離れてしまう。ミッションの活動は、連合軍による占領政策の一環で、「プロパガンダ」に他ならないと感じ始めていた彼は、自らの不満を「宣教師にぶつけた」という。[†46]ところが、聖書学園を離れた後も、牧野はイデオロギー的な政治煽動と密接な関わりを持ち続けてきた。牧野は千葉青年文化協会という左翼的な文化団体の組織委員として、千葉の各地域で日本の独立プロ映画やソビエト映画、中国映画の上映を行い、雑誌『ソヴェト映画』の販売にも携わってきた。二〇〇六年に佐藤洋が行ったインタビューのなかで、牧野は雑誌の売れ行きについて問われ、「いや、売れないですよ、プロパガンダですよ」と答えている。[†47]宣教師と大喧嘩までして離れた聖書学園の布教活動と、自らが販売を行っていた左翼的な雑誌を語るにあたって、牧野は同じ「プロパガンダ」という言葉を用いている。[†48]しかし、両者の間には重要な違いがあった。

聖書学園での牧野は、占領軍を連想させるアメリカ人宣教師から、キリスト教のドクトリンを「教えられる

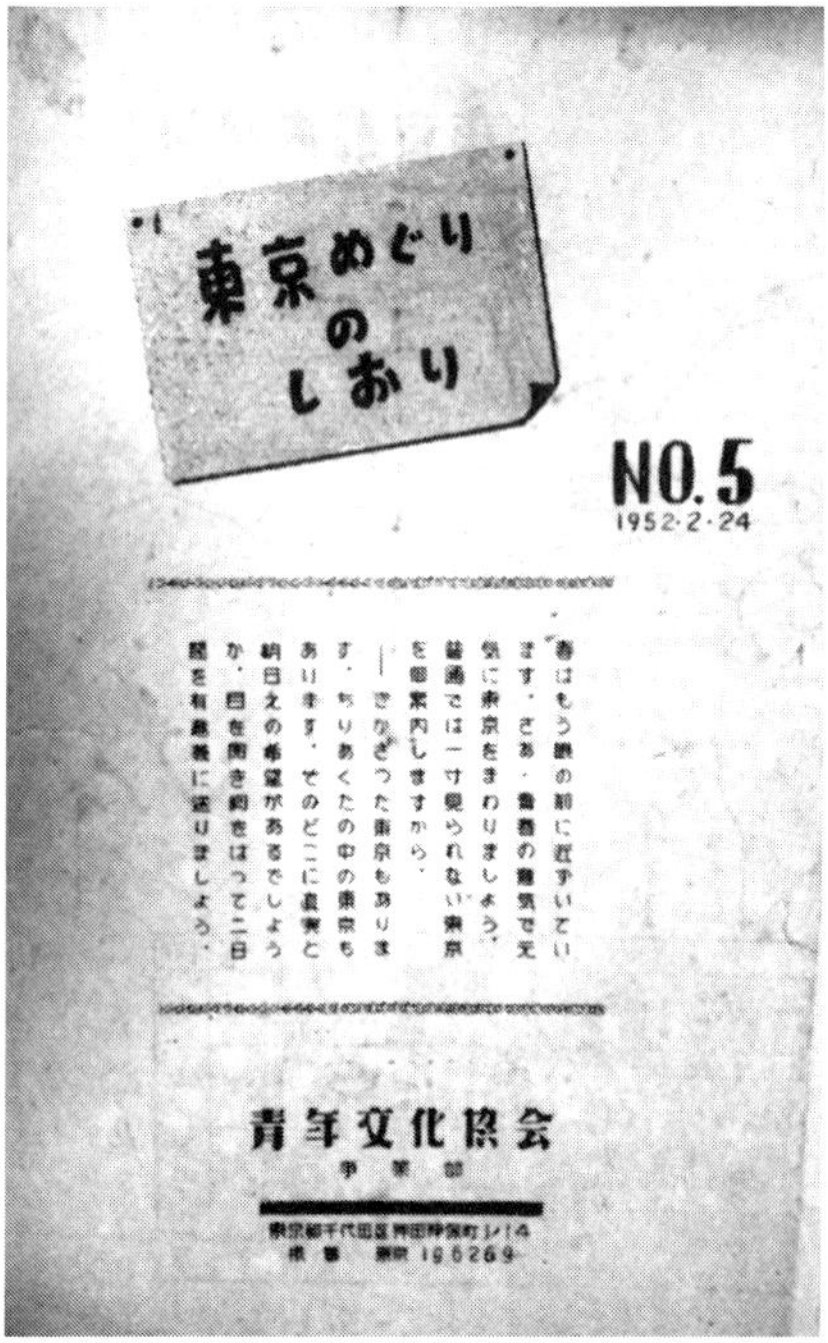

図10　「東京巡り」のしおり（牧野守提供）

側」にあった。これに対して、千葉青年文化協会での彼は、運動のリーダー的存在となる。企画された上映会の殆どは違法で行われ、牧野たちは警察にも目を付けられていたという。二〇才になったばかりの彼が、売れないプロパガンダ雑誌の宣伝にも積極的に打ち込んだのは、それがリスクをともなう「革命的」な事業だったからではないだろうか。違法で行うソビエト映画の上映活動には、若い世代ならではの反抗心に訴えるものがあった。

千葉青年文化協会が取り組んでいた活動には、農村に生きる若者を対象に、東京へのバスツアーを企画するという興味深いものもあった。毎回二〇〇人以上の男女が参加していた「東京巡り」は、通常一泊二日のイベントで、国会議事堂や銀座、吉祥寺にある前進座劇場やうたごえ運動が活動の拠点としていた新大久保の音楽センター、朝鮮戦争に関与していたという工場、そしてソビエト大使館での見学をモデル・プランとしていた［図10］。大使館では、一般の劇場で未公開だったソビエト映画が上映された。ツアーの参加者にとって東京巡りは、普段では見られないような場所を訪れ、同世代の男女と仲良くなる絶好のチャンスだった。東京巡りのガイドを務めていたのは、東宝に入社したばかりのニューフェイスたちで、これもツアーの大きな魅力の一つであった。東京巡りのようなイベントに参加していた若者にとって、ソビエト映画の観賞は、イデオロギー教育の手段である以前にリクリエーション活動の一環であった。千葉青年文化協会のような左翼的な団体が実施するイベントは、戦後の日本社会に存在する男女の差や地域の差、経済的な格差をも超えたレベルでの交流を促すことで若者の人気を集めていた。二〇〇人以上もの新しい仲間と一緒に旅をして、未公開のソビエト映画を観るという非日常的な体験は、合法での大衆娯楽に対する極めて斬新なオルタナティヴだった。映画そのものの上映はあくまで「きっかけ」であり、重要なのは映画観賞の周辺で生まれる新たな出会いだった。ソビエト映画の上映に限らず、うたごえ運動などを含む日本共産党がバックアップしていた事業は、従来の日本社会で認められていたものとは違った交流や社会化のパターンを提示することで、若者たちの動員に成功していた。

一九五二年四月、サンフランシスコ講和条約が発効され、連合軍による日本の占領に終止符が打たれた。そして、この時期を境に日本からソビエト映画への関心は徐々に失われていく。終戦とともに社会全体が大きな変革期を迎えたイタリアやドイツとは異なり、戦後のソビエトでは、それまでの映画製作に支配的だった全体主義の傾向がそのまま受け継がれていた。個人主義に対する集団性を好み、「民族文化」を擁護することで、西洋からの影響を阻止しようと努めてきたソビエト映画のイデオロギーには、戦時下の日本における「近代の超克」論を強く思わせるものがあった。こうした映画に対する受容が高まっていたのは、日本に対する愛国心を表明することが極めて困難だった、占領期という限定された期間においてだった。スターリン体制が産み出したロシア・ナショナリズムは、戦後の日本で抑圧されていた愛国心の奇妙な代用物として機能していた。しかし、占領期の終了とともに再び映画製作の自由を取り戻した日本では、こうしたサブスチチュートは不要だった。リアリズムに依拠した、民族的で「明るい」映画を、日本の映画人は自ら製作していき、それらをソビエトでも上映していくようになった。

†1 ジョン・ダワー『敗北を抱きしめて――第二次大戦後の日本人［増補版］（上）』岩波書店、二〇〇四年、二〇七頁。

†2 平野共余子『天皇と接吻――アメリカ占領下の日本映画検閲』草思社、一九九八年、一一〇―一一五頁。

†3 ГАРФ. Ф. 5283. Оп. 19, Ед. хр. 546, Л. 86а-88.

†4 Советские художественные фильмы. Аннотированный каталог. Т. 3. С. 438-464.

†5 谷川建司「占領下日本における米ソ映画戦――総天然色映画の誘惑」『インテリジェンス』七号、二〇〇六年、七一―八〇頁。

†6 一九四七年にソ連映画輸出協会や、ソビエト外務省に送られた報告書には、映画『スポーツ・パレード』が日本共産党の日刊機関紙『アカハタ』や、ソビエト研究者協会、『民友新聞』などによって全国的に上映されていた事実や、度重なる上映が原因でフィルムの状態が悪化し、一九四七年の九月末からその上映が停止されていたことが伝えられている。また、『アカハタ』によるソビエト映画の上映は、選挙運動の一環として行われていたことも述べられている。
АВПРФ. Ф. 0146. Оп. 31. П. 296. Ед. хр. 60. Л. 21, 53, 60, 61, 97, 98, 99, 150.

†7 ГАРФ. Ф. 5283. Оп. 19, Ед. хр. 545, Л. 66.

†8 一九四八年には『シベリア物語』、一九四九年にはユーリ・ライズマン監督のラブ・コメディ『汽車は東へ行く』*Поезд идёт на восток*（一九四七）とイワン・イワノフ＝ワノの長編アニメーション映画『せむしの仔馬』*Конёк-Горбунок*（一九四七）、一九五〇年には、アレクサンドル・プトゥシコ、フセヴォロド・プドフキン、セルゲイ・ユトケーヴィチらの名監督によるオムニバス映画『三つの邂逅』*Три встречи*（一九四八）、一九五一年にはロシアの著名な作曲家であるモデスト・ムソルグスキーの生涯を描いたグリゴーリ・ロシャーリ監督の『夜明け』といったカラー映画が日本で劇場公開された。

†9 谷川建司『アメリカ映画と占領政策』京都大学学術出版会、二〇〇二年、三八八頁。

†10 富田美香「総天然色映画の超克――イーストマン・カラーから「大映カラー」への力学」ミツヨ・ワダ・マルシアーノ編『「戦後」日本映画論――1950年代を読む』青弓社、二〇一二年、三一三頁。

†11 ダワー『敗北を抱きしめて［増補版］（上）』、二〇四―二〇六頁。

†12 谷川『アメリカ映画と占領政策』、三八七―三八八頁。

†13 「石の花」『キネマ旬報』一九四七年一一月下旬号、五頁。

†14 АВПРФ. Ф. 0146. Оп. 44. П. 315. Ед. хр. 44. Л. 83.

†15 山口淑子「俳優☆俳優を語る ラドイニナ」『ソヴェト映画』一九五〇年五月号、一九頁。

†16 戦後の日本におけるうたごえ運動や、戦前におけるそのルーツについては以下を参照。川西秀哉『うたごえの戦後史』人文書院、二〇一六年。渡辺裕『歌う国民 唱歌、校歌、うたごえ』中央公論新社、二〇一〇年。長木誠司『戦後の音楽――芸術音楽のポリティクスとポエティクス』作品社、二〇一〇年。

†17 РГАЛИ. Ф. 2918. Оп. 2, Ед. хр. 72, Л. 121-128.

†18 『映画演劇興行新報』一九四八年五月号、一二頁。一九四八年に日本で公開され、ソビエトで絶大な人気を誇っていたイワン・プィリエフ監督のラブ・コメディ『コーカサスの花嫁』*Свинарка и пастух*（一九四一）が、日本で十分な興行成績を収められなかった理由の一つに、この作品の宣伝に対する占領軍の許可が発行されるのが、劇場での公開に対するよりも遥かに遅かったことが挙げられている（АВПРФ. Ф. 0146. Оп. 31. П. 296. Ед. хр. 61. Л. 150.）。『映画演劇興行新報』で言及されている『不死身の魔王』の「宣伝不足」もまた、同様の理由による可能性が高い。

†19 登川直樹「不死身の魔王」『キネマ旬報』一九四八年六月下旬号、三七頁。

†20 永山武臣監修『松竹百年史 演劇資料』松竹、一九九六年、六九七頁。

†21 Pavel Skopal, "'It Is Not Enough We Have Lost The War – Now We Have to Watch It!'Cinemagoers' Attitudes in the Soviet Occupation Zone of Germany（a Case Study From Leipzig）," *Participations: Journal of Audience & Reception Studies* 8, no. 2（November 2011）: 514.

†22 ソ連映画輸出協会のモスクワ本部から日本へ送られていたフィルムには、英語の字幕が既に付いていたため、上から日本語の字幕を被せるのが困難だったものや、日露戦争時代の勇敢な兵士や将校たちを描き、ロシア・ナショナリズムを煽る劇映画『ヴァリャーグ』*Крейсер «Варяг»*（一九四六）など、日本での上映には不向きな作品も多く、ソ連映画輸出協会の日本代表は、これをソビエト側の認識不足と認め、日本へ送られる作品の選定基準の改善・見直しを呼びかけて

いた。АВПРФ. Ф. 0146. Оп. 31 П. 296 Ед. хр. 61. Л. 11.

†23 「編集後記」『ソヴェト映画』一九五〇年二月号、二二頁。

†24 РГАЛИ. Ф. 2918. Оп. 2. Ед. хр. 128. Л. 95-98.

†25 『ソヴェト映画』の表紙には、レーニンが演説する様子や、中国のデモンストレーションを捉えたものなど、いかにも社会主義国の映画を思わせるイメージも使われてきたが、大半は読者により「マイルド」な印象を与える女優の顔写真であった。

†26 セルゲイ・エイゼンシュテイン「ソヴェト映画の三〇年とロシヤ文化の伝統」『ソヴェト映画』一九五〇年三月号、一二—一三頁。

†27 土方梅子「ルバーシカとブルースカ」『ソヴェト映画』一九五〇年五月号、二〇—二一頁。大竹せい「冬の夜、おいしいロシア料理を!!」『ソヴェト映画』一九五一年二月号、二三頁。

†28 愛国主義を煽る共産党の政策は、戦後にも引き継がれ、冷戦下のソビエトで国民の反米意識を強化するツールとして利用された。

†29 ГАРФ. Ф. 5283. Оп. 19. Ед. хр. 545, Л. 177.

†30 山本薩夫「日本映画の抵抗精神」『ソヴェト映画』一九五一年四月号、二六—二七頁。松本酉三「日本映画を守るもの」『ソヴェト映画』一九五一年八月号、一四—一五頁。吉住五郎「わが民族の怒り・誇り——力と闘いをえがけ」『ソヴェト映画』一九五二年四月号、一〇—一一頁。

†31 社会主義リアリズム概念の形成については、以下の文献を参照のこと。Katerina Clark, *The Soviet Novel: History as Ritual*（Bloomington: Indiana University Press, 2000）; Evgeny Dobrenko, *Stalinist Cinema and the Production of History: Museum of the Revolution*（New Haven: Yale University Press, 2008）.

†32 土方与志・亀井文夫・今井正・岩佐氏寿・時実象平・嵯峨善兵「芸術映画の問題「ベルリン陥落」を中心に 座談会（完）」『ソヴェト映画』一九五〇年一一月号、二五頁。

†33 日本の活字メディアにおけるソビエト映画評をまとめたソ連映画輸出協会の報告書より。РГАЛИ. Ф. 2918. Оп. 2. Ед.

xp. 72. Л. 18-20.

†34 土方・亀井・今井・岩佐・時実・嵯峨「芸術映画の問題「ベルリン陥落」を中心に座談会（完）」、二四―二七頁。

†35 土方与志・亀井文夫・今井正・岩佐氏寿・時実象平・嵯峨善兵「「ベルリン陥落」と芸術記録映画 座談会」『ソヴェト映画』一九五〇年一〇月号、一一―一四頁。岩崎昶・瓜生忠夫「1952年をかえりみて――日本映画の人と作品について」『ソヴェト映画』一九五三年二月号、四六―五三頁。

†36 鳥羽耕史『一九五〇年代――「記録」の時代』河出書房新社、二〇一〇年、一三六頁。

†37 徳永直「ソヴェト映画と日本人大衆」『ソヴェト映画』一九五一年二月号、二一頁。

†38 「ソヴェト映画鑑賞の手引――侵略者はだれか？ 民族映画と合作映画」『ソヴェト映画』一九五一年四月、二五頁。

†39 岩崎昶「中国映画の夜明けまで――革命的伝統」『ソヴェト映画』一九五二年一月号、八頁。

†40 Eiji Oguma, "The Postwar Intellectuals' View of 'Asia'," in *Pan-Asianism in Modern Japanese History: Colonialism, Regionalism and Borders*, eds. Sven Saaler and J. Victor Koschmann (London; New York: Routledge, 2007) 200-212.

†41 帆足計・岩崎昶・今井正「平和な技術の国――ソヴェト・中国をたずねて」『ソヴェト映画』一九五二年一〇月号、五三―六〇頁。

†42 「編集後記」『ソヴェト映画』一九五二年一〇月号、八〇頁。

†43 「ソヴェト映画友の會」『ソヴェト映画』一九五〇年七月号、二五頁。

†44 岩崎昶「ソヴェト映画と日本」『ソヴェト映画』一九五二年一月号、一四頁。

†45 須藤五郎「随想「シベリヤ物語」その他」『ソヴェト映画』一九五〇年七月号、一九頁。

†46 牧野守・佐藤洋「長い回り道――牧野守に聞く その研究活動の背景」『映像学』二〇〇六年、六頁。

†47 同前、七頁。

†48 冷戦下の日本において、あらゆる活字メディアや文化活動が潜在的に保持する扇動能力への疑念は強かった。終戦直後の日本でＧＨＱに睨まれていた「親ソ的な」定期刊行物が、当のソビエト側から不満を持たれていたケースも少なくない。一九四六年から一九四九年までの日本で、日ソ文化連絡協会とソビエト研究者協会が共同で発行していた『ソヴェ

ト文化』は、『ソヴェト映画』の前身とも言うべきソビエト文化関連の月刊誌で、ＧＨＱはこれをソビエトの「プロパガンダ誌」と認識していた。『ソヴェト文化』一九四七年九月号の検閲資料には、“This magazine “Soviet Culture” is a propaganda magazine” と明記されている。ところが、ソビエト側もまた、『ソヴェト文化』の思想性と表現スタイルに対して強い不満を抱いていた。全ソ対外文化連絡協会代表Ｖ・ケメネフがソビエト連邦副外務大臣Ｙ・マリクに宛てた一九四七年六月二八日付の報告書には、『ソヴェト文化』が、「表向けには、ソビエト文化の宣伝を掲げつつ、実際には反ソビエト的なプロパガンダを行っている」との警告がなされている。ケメネフは、『ソヴェト文化』一九四六年九月号に掲載されたロシアの小話（アネクドート）をめぐる尾形昭二の記事が、「ナチス・プロパガンダを思わせる」ものだと述べ、表紙を飾る女性のイラストも、「髪の毛が乱れた、出っ歯で、目のない人物」を描いているため、ソビエト文化を体現するには不適切だと主張した。吉田則昭「占領期雑誌におけるソビエト文化受容」山本武利編『占領期文化をひらく――雑誌の諸相』早稲田大学出版部、二〇〇六年、一五七―一五八頁。АВПРФ. Ф. 0146. Оп. 30 П. 286 Ед. хр. 59. Л. 214.

V

京都の侍、夕張の女坑夫

ソビエトにおける日本映画の受容

日本の知識人らは、大正時代から日本映画の海外進出を強く望んでいた。個々の映画人や配給会社、政府の後援を受けてきた団体は、戦前から映画の輸出事業に取り組んできたが、日本で作られる作品が国外で本格的に注目されるようになったのは、戦後になってからである。黒澤明の『羅生門』（一九五〇）が、日本映画として初めてヴェネツィア国際映画祭で金獅子賞を受賞したのは、一九五一年のことであった。ソビエトでも日本映画が全国的に公開され、大手の新聞や雑誌に大きく取り上げられるようになったのは、一九五〇年代に入ってからである。

戦後のソビエトで一般公開を果たした最初の日本映画は、北海道夕張の炭鉱で働く女性の恋愛と階級意識の目覚めを描く亀井文夫の劇映画『女ひとり大地を行く』（一九五三）であった［図1］。一九五四年の秋にモスクワで封切られたこの作品は、ソビエトで公開された「最初の日本映画」として大きく宣伝された。映画や演劇を専門とする雑誌や新聞ばかりでなく、ソビエト共産党の機関紙であった『プラヴダ』や、ソ連最高会議幹部会が発行していた日刊紙『イズベスチア』など、ソビエト政府の見解を最も忠実に代弁していた定期刊行物にも『女ひとり大地を行く』に関する情報が掲載された。両国間の国交が回復された日ソ共同宣言（一九五六）が署名される前のことで、亀井作品の公開・宣伝の背景には、戦時中に敵対していた日本のイメージ向上、国交正常化へ向けての世論形成といった政治的意図が垣間見られる。ソビエトの活字メディアで、「リアリズム」に依拠した先進的な

図1　亀井文夫『女ひとり大地を行く』（1953）宣伝資料

作品として評された亀井の劇映画は、ソビエト国内における日本のイメージや日本映画に対する認識に注目すべき変化を与え、スターリン政権末期に著しく衰退していたソビエト映画が、復活に向かっていることを示す重要なシンボルとなった。こうした多様な役目を与えられたのが、劇映画『女ひとり大地を行く』だったのはどうしてか。その製作・公開の背景や、一九二〇年代後半のソビエトにおける日本映画の受容、戦前のソビエト映画における日本人の表象パターンを明らかにしながら、考察していく。

1　戦前のソビエトにおける日本映画

日本で作られる映画は、『女ひとり大地を行く』がモスクワで公開される何十年も前から、ソビエトに入っていた。しかし、その上映はごく一部の映画関係者を対象としていた場合が多く、宣伝も、戦後の亀井作品ほど大規模ではなかった。ソビエト映画とのイデオロギー的な「近さ」や、物語の「親しみやすさ」が強調された『女ひとり大地を行く』とは対照的に、戦前のソビエトで注目されたのは、日本映画が持つ「エキゾチック」な性質だった。

ソビエトで書かれた日本映画に関する記事で、著者が知るかぎりで最も古いものは、ソビエト連邦が建国されて間もない一九二三年六月に、『芸術の生活』（Жизнь искусства）という雑誌に掲載されたものである。執筆者の名前は不明だが、海外への進出を目指す日本映画が直面している問題や、欧米の技術を取り入れることでそれらを乗り越えようとしているハリウッド帰りの映画監督、エドワード田中こと田中欽之の活動が紹介されている。[†1]当時の日本で活躍していた村田実や帰山教正、同じハリウッドで仕事をしてきた経験を持つヘンリー小谷やトーマス栗原ではなく、あえてエドワード田中が取り上げられたことに深い意味はなく、欧米の定期刊行物から偶然その情報が入ってきたものと思われる。同記事には、日本の俳優が皆「お面を被って」映画に出演しているとも書かれており、日本映画に関する知識がまだ相当乏しかったことがうかがえる。日本映画に関する、より専門的な情報がソビエトの新聞や雑誌に現れるのは、一九二〇年代の後半に入ってからである。

一九二八年一月三日付の『芸術の生活』には、一九二七年一二月に、レニングラードの国立芸術史研究所（Государственный Институт Истории Искусств）で開かれた日本映画に関する勉強会のことが紹介されている。帝政ロシア時代に創設されたこの研究所では、革命後もソビエトの優れた学者が、文学や美術、演劇や音楽の研究を続けていた。ロシア・フォルマリズム学派の主要なメンバーであるユーリ・トゥイニャーノフやヴィクトル・シュクロフスキーもここで教鞭を執り、構成主義の先駆的研究として評価が高いヴラジーミル・プロップの名著『昔話の形態学』（一九二八）が刊行されたのも、国立芸術史研究所付属の由緒ある出版社 Academia においてであった。

日本映画に関する勉強会が開かれたのは、一九二五年から研究所内に設置されていた映画学セクターで、この際に報告を行ったのは、レニングラードを拠点に活動していた日本学者のニコライ・コンラドとアンドレイ・レイフェルトだった。『方丈記』や『伊勢物語』をロシア語に訳したニコライ・コンラドは、ソビエトにおける日本研究の第一人者で、アンドレイ・レイフェルトは、研究や翻訳を行う傍ら、漫画家としても活躍していた多才な人物であった。[†2]二人とも映画の専門家ではなかったが、日本文化に関する知識が豊富で、日本で生活していた頃は実際に映画館に足を運ぶこともよくあった。研究所での報告の際は、日本における映画館の数や観客の動員数、活動弁士の人気やソビエト映画に対する検閲、日本映画と歌舞伎や外国映画との関係が取り上げられた。この時点で、ソビエトでは日本映画がまだ一本も公開されていなかったが、国立芸術史研究所では既に日本映画に関する資料収集が始められていた。コンラドたちが報告に用いた写真もまた、研究所に寄贈され、その「日本映画コレクション」の一部となった。これらの写真を目にしたレポーターは、日本の映画が「役者の演技を勉強するそれだけのため」にも、上映する価値が充分に備わっていると指摘したうえで、日本の映画がソビエトに全く入ってこないことを強く惜しんだ。[†3] 日本映画に対するアカデミックな関心は、二代目市川左團次一座がモスクワやレニングラードを訪れる前から芽生え始めていた。

歌舞伎の公演が行われた一九二八年、モスクワの国立芸術学院（Государственная академия художественных наук）では、ソビエトの知識人向けに五所平之助の『からくり娘』（一九二七）が上映され、ソビエトを訪れていた城戸四郎や衣笠貞之助、俳優の三田英児による講演が行われた。一九三〇年には、鈴木重吉の傾向映画である『何が彼女をさうさせたか』（一九三〇）と、大藤信郎のアニメーション映画である『珍説 吉田御殿』（一九二七）が、ソビエトを訪れていた袋一平によって上映された。一九三五年にはまた、俳優の上山草人がモスクワで開かれた第一回国際映画祭に出席し、清水宏のコメディ映画『大学の若旦那』（一九三三）と、日本の風土を紹介する記録映画（『日本』と『日本の四季』）を上映する予定になっていたが、上山のソビエトへの到着が遅れたせいで、映画祭での上映は中止となり、代わりにモスクワの知識人向けに小さな映写会が開かれた。

映画関係の専門家を対象とする小規模の上映会が主流となっていたなか、一九二九年の夏にモスクワやレニングラードで開かれた「日本映画月間 Месячник японского кино」は、より広い観客層の動員を目指す珍しい催しであった。ソビエトのヴォクス（全ソ対外文化連絡協会）と、日本の松竹キネマ株式会社が共同で企画したこのイベントでは、日本映画の歩みを紹介する資料の展示と、松竹映画の上映が併せて行われた［図2］。このときモスクワの観客が目にしたのは、『京洛秘帖』*Храбрец из Киото*（一九二八）という衣笠貞之助の時代劇と、

図2　1929年にモスクワで開催された「日本映画月間」カタログの表紙

『島国』*Страна островов*（製作年不明）という日本の観光名所（京都と奈良の寺院、日光、松島の風景など）を巡る短編の記録映画であった。一九二九年といえば、衣笠貞之助が『狂った一頁』（一九二六）や『十字路』（一九二八）といった実験的な映画作品を世に送り出していた後のことで、ソビエトを経由してヨーロッパへ赴き、パリやベルリンで『十字路』の上映を行った衣笠は、モスクワで自身の作品をセルゲイ・エイゼンシテインに見せていたという情報も残っている。[†4]ところが、一般のソビエト市民向けに上映されたのは、そうした野心的な映画作品ではなく、より「伝統的な」日本の姿を映し出す、衣笠貞之助の時代劇であった。これは、日本映画の上映を指揮していたソビエト側の判断によるものだったと思われる。

　一九二九年の夏に開かれた「日本映画月間」では、当初三本の松竹映画が上映される予定であった。前述の記録映画と衣笠貞之助の時代劇にあわせて、牛原虚彦の『近代武者修行』（一九二八）という現代劇が公開されることになっていた。信濃の伐採所で働く男たちのマドンナ的存在である娘藤子を中心に繰り広げられるラブ・コメディで、日本の活字メディアでは「ユーモアに満ちた森林喜活劇」として紹介された。プリントは現存しないが、日本で公開された当時の宣伝資料には、おとぎ話の世界から出てきたかのようなお姫様姿の田中絹代（藤子）と、ハンサムなスーツに身を固めた恋人役の鈴木傳明、そして、どう考えても日本には暮らしていなさそうな愉快な樵たちの姿が写っている。

この作品のプリントは、『島国』や『京洛秘帖』とともに、モスクワにあるヴォクス本部に届けられたが、いざ「日本映画月間」が始まると、その上映はキャンセルされた。ヴォクスによって発行された映画カタログにも、『近代武者修行』に関する情報は一切掲載されておらず、こうした事態は在ソ日本国大使館の非難を呼んだ。[†5] 日本側の不満をなんとか和らげるべく、モスクワに続いて日本映画の上映が行われたレニングラードや、ハリコフ、トビリシなどの大都市では、『近代武者修行』の上映も実施されたが、このことに言及しているソビエトの雑誌や新聞は極めて少ない。

ウクライナでの上映の際、『近代武者修行』は、『フジコのビスケット』（ロシア語では Печенье Фудзико、ウクライナ語では Фудзікині Пундики）という題名で宣伝されたが、これは映画の主人公である藤子が、伐採所で働く若者に、毎日手製のビスケットをご馳走していたことに由来している。こうした、ナイーブで無害に思える作品を上映禁止にする意味はあったのだろうか。ソビエト当局が不満を抱いたのは、『近代武者修行』における西洋的な描写だったように思われる。この作品の物語設定や撮影のロケーション、俳優たちの装いは、「伝統的な日本」とあまりにもかけ離れていた。牛原虚彦の劇映画は、近代化された日本像を醸し出し、資本主義の魅力をストレートに伝える作品として危険視されたのだ。ソビエトの活字メディアに掲載された数少ない批評文においても、それは「アメリカ映画の下手な真似」をしている「テンポがおかしな」作品として非難された。[†6]ところが、レニングラードでの上映の際、『近代武者修行』の興業成績は、『京洛秘帖』を大きく上回った。[†7]一般の観客に人気だったのは、アメリカナイズされた現代劇であり、そのモダンな魅力に対するソビエト政府の警戒心は、案外的中していたと言える。

　戦前のソビエトで、「エキゾチック」な日本映画のイメージを支えていたのは、公開された映画作品の物語とスタイルばかりではない。その特殊な上映環境もまた、そうした「異質」なイメージを作り出す重要な要因であった。一九二九年のレニングラードで『近代武者修行』や『京洛秘帖』の上映が行われたのは、後に日ソ合作映画『大東京』を製作することになる映画会社、メジュラブポム・フィルムの直営館「ギガント」で、これはロシア最古の音楽学校で、劇場でもあるサンクト・ペテルブルグ音楽院（革命後はレニングラード音楽院に改名）のコンサート・ホールを映画館に改築したものだった。映画が「あらゆる芸術のなかでもっとも重要なもの」として掲げられていた革命後のソビエトにおいて、昔の教会や貴族の屋敷が映画館として利用されることは日常茶飯事であった。一九世紀の宮殿を思わせる「ギガント」の内装は、ソビエトに生きる人々の日常生活とは極端にかけ離れており、映画という夢の世界へ観客を誘うのに最適であった。そして、日本映画上映の際、それはさらに非日常的な空間へと衣替えを果たす。映画館の階段とロビーには、「漢字が書かれたパネルやドレープ」が張り巡らされ、天井には「一九二五年のパリ万国博覧会における日本館のデザインを意識した紙提灯」が取り付けられた。[†8]音楽院のメイン・エントランスやロビーの装飾には、一九二八年に左團次一座が残していった舞台装置（金箔の張り巡らされた屏風など）が用いられ、映画館のスクリーンを覆う幕には松竹のロゴが挿入され、上映が始まる度にライトアップされた。

　日本映画を観に来た観客を最初に待っていたのは、日本の演劇や映画の歴史を紹介する展示であった。「ギガント」のロビーには、日本の映画雑誌やポスター、チラシやスチール写真など、六〇〇点以上もの展示品が並べられ、なかには松竹の映画館で働くスタッフの羽織など、かなり珍しいものもあった。また、映画製作とは直接関係のない髪飾りや下駄、手ぬぐい、箸や湯飲みなど、日本人の生活を思わせる日用品も紹介された。展示全体の概要を説明するツアーも行われ、それを担当していたのは「日本を訪れた経験を持つ」若手のソビエト映画人であった。日本映画の上映を宣伝するためには、当時のソビエトで殆ど使われていなかった、「予告編」の製作も検討されていた。[†9]

映画の上映は伴奏付きで行われ、演奏に使われたのは、ロシアの作曲家であるヴラジーミル・デシェヴォフが、日本に憧れて作曲した重奏《織田信長》（一九二七）や、日本の作曲家による音楽を西欧楽器で演奏出来るように、特別にアレンジしたものだった。また、山田耕筰の音楽がソビエトで演奏されたのは、このときが初めてだったという。レニングラードからモスクワへ送られたヴォクスの報告書には、このとき演奏された音楽の「実に三分の二以上が、純日本的な性格を帯びていた」と伝えられている。「日本映画月間」の準備を進めていくにあたって、ソビエト側が最も気を配っていたのは、会場における「日本らしさ」の演出であった。日本映画が持つ「特異性」を最大限に引き出すことが、この企画の最も重要な課題であった。ソビエト知識人のなかには、こうしたオリエンタリズムに満ちた姿勢を鋭く察知し、批判的に受け止める者もいた。レニングラードの「日本映画月間」を視察に訪れていた脚本家のミハイル・ブレイマンは、自らの感想を次のように纏めている。

かつて、エキゾチックな風習を好む傾向が顕著であった。珍しくて、風変わりなものを求める貪欲な態度は、エキゾチックな芸術作品に対する絶対的な評価を生み出した。それは、無批判的な賛美の繰り返しである。残念ながら、我国の批評家たちも、こうした傾向から自由ではない。ソビエトで日本映画が流行し、

図3　雑誌『芸術の生活』に掲載されたサダ・ヤッコ化粧品の宣伝広告（左 № 31, C. 7）、民族的なディテールが細部まで行き届いたパッケージデザインの好例として、誌上で高く評価された「ゲイシャ」というお菓子の包装紙（右 № 30, C. 7）

大げさに称えられている現状には、こうした背景がある。[†10]

ソビエトにおける「伝統的」な日本映画への感心は、フランスその他の西欧諸国に遅れてソビエトに入ってきたジャポニズムの影響によるところが大きい。ブレイマンによる批判的な記事が掲載された雑誌でも、「サダ・ヤッコ」というブランドの香水や石鹸、パウダー類などが宣伝されていた［図3］。これらは、ラレー（Rallet & Co.）という化粧品製造会社によって帝政ロシア時代に開発された商品であったが、革命後にラレーが国有化された後も、ソビエトで販売され続けていた。西洋で人気を博した女優の川上貞奴にインスパイヤされた化粧品シリーズは、ソビエトで厳しい弾圧の対象となっていた帝政ロシアにおける貴族文化の産物ではなく、エキゾチックな日本の象徴としてアピールすることが可能であった。洗練されたブルジョワ文化でも、西洋から遠く離れた地域に根付くものとして解釈すれば、イデオロギー的に無害なものとしてソビエトで享受することが出来た。革命から一〇年近くが経つソビエトで、歌舞伎や、その伝統を引く映画に対する関心が高まっていた事実は、共産党による新たな経済政策や文化政策の実施とも直接関係していたように思われる。「エキゾチック」な日本文化に、人々は無意識のうちに革命前の残像を追い求めていた。

ヴォクスの資料によると、レニングラードで行われた日本映画上映の総売上は二万七〇九二ルーブルで、一九二九年七月二日から二八日の間に販売された入場券の数は、四万九八八二枚であった。この数値は、夏季のレニングラードにおける観客動員数の平均（一万五〇〇〇人から二万人程度）や、「ギガント」におけるそれ（二万五〇〇〇人から三万五〇〇〇人程度）を大きく上回っていた。[†11] 日本映画を観に来ていた観客へのアンケート調査では、「日本の映画館で行われているような」活動弁士によるパフォーマンスを観てみたいという意見も述べられており、ソビエト当局ばかりでなく、観客自らが「日本的な」映画の上映環境を求めていたことが確認できる。[†12]

日本映画が、ソビエトで作られるものとは「劇的に異なる」という認識は、上にみてきた上映会におけるイメージ戦略ばかりでなく、セルゲイ・エイゼンシテインによる理論活動によっても強化された。「日本映画月間」が実施された一九二九年、そのカタログの執筆に参加していたジャーナリストのナウム・カウフマンは、『日本映画』（Японское кино. M.: Теакинопечать, 1929）という単行本を出版している［図4］。ソビエト国内で、日本映画を扱う書物が刊行されたのは、このときが初めてであった。世界的にみても、外国人が日本映画の研究に取り組むことは、まだ珍しいことであった。日本映画へのアクセスが限られていたなか、個々の作品に詳細な分析を施すことは難しく、カウフマンによる書物も、殆ど概要的な説明に留まっている。その著作のなかで最も注目すべき箇所は、モンタージュを巡るセルゲイ・エイゼンシテインの基礎文献が掲載された「あとが

図4　ナウム・カウフマン『日本映画』(1929) 表紙

き」である。「日本文化とモンタージュ」として後に日本語訳されたその論文は、ロシア語では За кадром（フレーム外）という原題が付けられており、カウフマンによる研究や、日本映画そのものの「フレーム外」に残ってしまった日本文化の諸特徴を扱っている。日本の漢字や俳句、歌舞伎役者の演技にまで「映画的」な要素を見出していたエイゼンシテインは、「モンタージュ」を使わない日本映画を非難し、このとき構築された「後進的」なイメージは、以降も長い間、日本映画に付き纏うことになった。

日本映画の上映が途絶えていた一九三〇年代中頃から一九五〇年代初頭にかけて、ソビエト市民の日本観を支えていたのは、日本を描いたソビエトの映画作品であった。日本が仮想敵国として認識されていたこの時期、ソビエトで作られる映画作品の殆どは、日本人を邪悪なスパイとして描いていた。[†13] アレクサンドル・ドヴジェンコの『アエログラード』（一九三五）に登場する日本人将校や、ヴァシリエフ兄弟の『ヴォロチャエフスクの日々』*Волочаевские дни*（一九三七）で、丸メガネをかけたままドラム缶の野外風呂につかるウシジマ大佐はその典型的な例である〔図5〕。『アエログラード』の撮影には、当時ソビエトに亡命していた舞台演出家の土方与志も参加しており、ドヴジェンコの作品に登場する将校スパイの滑稽な衣装をデザインしたのは、土方梅子夫人であった。[†14]

図5　ウシジマ大佐に扮するメイエルホリド劇場俳優のレフ・スヴェルドリン（ヴァシリエフ兄弟『ヴォロチャエフスクの日々』1937、メリニコワ・イリーナ提供）

一九三〇年代のソビエト映画に登場する日本人は、ソビエト市民の安全を脅かす危険の象徴であり、笑いの対象でもあった。外国からの情報の流入が遮断され、言論の自由が極端に制限されていたソビエトにおいて、映画は外国文化に触れ、外国人を実際に「見る」数少ないチャンスであった。こうしたなか、日本人をスパイとして描くソビエトの映画は、一九三五年から一九三九年までの短期間だけで、実に九本も製作された。イデオロギー統制の強化や、技術的な諸問題からソビエトで製作される映画の数は減る一方であり、外国から輸入される映画の作品数も著しく落ち込んでいた。新作が足りず、映画館では古い作品が繰り返し上映され、日本人をネガティヴに描く作品の普及率も極めて高かった。それらがソビエトにおける日本イメージの形成に与えた影響もかなり大きかったと言える。

一九四一年には、日ソ中立条約が締結され、ソビエトにおける反日的な映画の製作は途絶えたが、ソビエト・メディアにおける日本のイメージは、第二次世界大戦を通して、劇的に改善されることはなかった。ソビエト社会に定着していた、そうしたネガティヴな日本像に修正を施す傾向が現れたのは、戦後になってからである。一九四〇年代後半、ソビエトの定期刊行物には、日本文化を肯定的に評価する論文やエッセイが現れ始め、なかには日本におけるソビエト映画の進出を支えてきた袋一平の活動を詳しく紹介するものもあった。[†15] しかし、日本で作られていた映画が、ソビエトで実際に公開されるのは、まだ先のことであった。[†16] 西洋文化が敵視され、外国映画の輸入が厳しく統制されていたスターリン政権末期のソビエトにおいて、占領下の日本で作られていた映画を上映することは極めて困難であった。冷戦が深刻化していたこの時期、占領軍の指導下で作られていた日本映画は、過度にアメリカナイズされた、ソビエト市民が観るには不適切なものとして、好意的に受け止められるはずもなかった。こうした状況を覆し、ソビエトにおける日本映画の進出を可能にしたのは、一九五三年のソビエトにおけるヨシフ・スターリンの死と、日本国内における独立プロ運動の台頭であった。

2 『女ひとり大地を行く』の製作・公開

戦後の日本における独立プロダクションの誕生は、労働組合の結成を奨励する占領軍の政策と密接に関係していた。一九四〇年代後半、日本では労働運動が活発化し、あらゆる産業でデモやストライキが頻繁に行われるようになった。日本の映画業界でも組織化が進み、松竹や大映を含む撮影所では、昇給と労働者による経営参加を求める声があがった。なかでも、一九四六年から一九五〇年にかけて四回に渡って戦われた東宝争議は、戦後の日本で最大級の労働争議と言われている。占領軍の戦車が出動し、「来なかったのは軍艦だけ」とまで言われた東宝の第三次ストライキ（一九四八）では、日本共産党との関係が強固であった組合幹部が自主的に退社することを条件に、解雇命令の出ていた二〇〇人あまりの社員が東宝に再雇用され、戦いは終わった。[†17]このとき、退社を余儀なくされたプロデューサーの伊藤武郎や、カメラマンの宮島義勇、映画監督の山本薩夫や亀井文夫は、その後自主製作に身を投じ、戦後初期の日本における独立プロ運動を牽引していく。

東宝からの退社後、最初に作られたのは、山本薩夫の演出による『暴力の街』（一九五〇）だった。地方の暴力団と行政の癒着を暴く映画で、占領下の埼玉県で実際に起きた事件と、それを基に書かれたルポルタージュ『ペン偽らず――本庄事件』（一九四九）をモティーフとしていた。その翌年、GHQによるレッドパージで東宝を追われた今井正は、前進座の俳優たちと連携し、一般市民から集めた資金で、日雇い労働者の生活を描く『どっこい生きてる』（一九五一）を製作している。戦後のイタリアで興ったネオレアリズモと、その代表作であるヴィットリオ・デ・シーカの『自転車泥棒』*Ladri di Biciclette*（一九四八）に影響を受け、その教訓を最大限に活かした作品として話題となった。東宝争議の解決金で製作された自主映画もあったが、殆どの場合は民衆からの寄付金が映画の製作費として用いられ、その事実は映画の冒頭シークェンスなどで大きく宣伝された。一口五〇円で出資者を募集して、四〇〇万円の製作費で作られた今井正の『どっこい生きてる』も、「この映画は日本映画を愛する多くの人達の協力のもとに作られたものである」という字幕で始まる。一九五〇年代の独立プロ映画は、政治的メッセージが強く表れている一方で、映像としての独創性に欠け、美学の流れを汲んだ映画学の領域においては扱いにくい題材として敬遠されることも多い。しかし、これらの作品は、公開当時は批評家や観客からの注目度が高く、今井正の『やまびこ学校』（一九五二）や『にごりえ』（一九五三）、山本薩夫の『真空地帯』（一九五二）は、キネマ旬報のベストテン入りも果たしている。ソビエト政府が日本映画の上映再開を決定した一九五四年、日本の独立プロによる映画製作は全盛期を迎えていた。しかし、ソビエトでの上映のために選ばれたのは、他の独立プロ映画と比べても比較的話題性の低い亀井文夫の劇映画『女ひとり大地を行く』であった［図6］。

ソビエト文化省の記録によると、一九五四年時点でゴスキノ（国家映画委員会）が保持していた『女ひとり大地を行く』のプリント数は三九四本であった。[†18] 一九四七年にスターリン賞を受賞したプドフキン監督作品『ナヒモフ提督』*Адмирал Нахимов*（一九四六）のプリント数が二一二本、戦後のソビエトで製作された最初の長編カラー映画であった『石の花』（一九四七）でさえ、総プリント数はたったの一四七本だったことを考えれば、上記の三九四本は驚くべき数字である。映画『女ひとり大地を行く』を全国的に上映することは、ソビエト当局にとって極めて重要な課題として認識されていたようである。しかし、いったい何故この映画だったのか。

第一に、その主人公は女性であった。北海道夕張の炭鉱で働く未亡人を描くこの作品は、ソビエトで長らく定着していた、男性スパイとしての否定的な日本イメージを払拭するものであった。もっとも、映画の物語を女性主体で描く傾向は、亀井の作品に限らず終戦直後から一九五〇年代後半にかけての日本映画全体に共通していたものだった。戦闘に直接参加せず、その責任を問われることも少なかった女性は、戦争の被害者として、また戦後の日本における民主化の代弁者として表象された。生物学上のあらゆる「変化」が連想される女性の身体は、変動する社会全体のメタファーとして、戦後日本の新たなアイデンティティ形成を視覚的にアシストする重要な役割を担っていた。亀井の作品における主人公の描写は、戦後の日本映画で支配的だった傾向を反映しつつ、ソビエトの文学や映画に特徴的な要素も多分に含んでいた。それらを見ていく前に、『女ひとり大地を行く』のストーリーを簡単に振り返っておこう。

図6　亀井文夫『女ひとり大地を行く』(1953) ソビエト公開時のポスター

物語は、ニューヨークの株式市場が大混乱に陥った昭和七年にまで遡る。ウォール街の暴落は、日本の経済にも打撃を与え、多くの農民を生活苦に陥れた。秋田県で農業を営んでいた山田吉作（宇野重吉）も、家族を養うために北海道の炭鉱へ出稼ぎに行く。吉作からの連絡が途絶えると、妻のサヨ（山田五十鈴）は、二人の息子を連れて北海道へ渡るが、そこで彼女は夫が炭鉱の爆発で事故死していたことを知る。北海道に留まることを決心したサヨは女坑夫となり、過酷な労働に耐えながら息子二人を育てていく。サヨと同じ炭鉱で働く金子（沼崎勲）という若い共産主義者は、彼女に好意を抱き、サヨの息子たちにとっても父親のような親しい存在となるが、間もなく徴兵されて戦死する。

戦争が終わると、日本には新しい明るい時代が到来したかに思えた。炭鉱では組合が結成され、社員の労働条件は改善された。年を重ねたサヨは選炭婦となり、大きく育った息子二人は坑内で働き始めた。次男の喜代二は、組合の活動にも積極的で、坑夫の仕事をより安全なものにしようと日々努力していた。一方、長男の喜一は、都会での生活に憧れる幼馴染の文子と駆け落ちするなど、サヨを悲しませてばかりであった。朝鮮戦争が勃発すると、炭鉱では新しい増産方式をめぐって会社と労働組合が対立し、サヨはビラ貼りをしながら息子喜代二を助ける。このとき、炭鉱には一八年前に死んでいたはずのサヨの夫、吉作が舞い戻ってくる。爆発事故の際、奇跡的に命をとりとめた彼は、各地の漁場や港を転々とし、蟹工船でカムチャッカに渡り、終戦は満州の撫順炭鉱で迎えた。中国革命を経験して日本に戻ってきた彼は、炭鉱の争議に加わるなかで、妻と息子たちとの再会を果たす。長い闘争生活で身体を弱めていたサヨは、家族と友人に囲まれて息を引き取っていく。

一九二九年から一九五二年前後までの二〇年弱が一本の映画に凝縮され、サヨという主人公を通して、日本における労働運動や炭鉱業の歩みが描かれている。『女ひとり大地を行く』の宣伝資料にも、「この映画は女坑夫サヨの一生を中心としながらも、一個人の運命以上の大きなものを描いています」という、映画の「宣伝ポイント」が挙げられている。国家全体の歴史を、一人の人物や一家族の歩みに照らし合わせて描いていく手法は、「典型的」な人物や事象（«Типичный герой в типических обстоятельствах»）の描写を目指す社会主義リアリズムの大きな特徴の一つだった。このようなアプローチは、ソビエトを代表する作家のマキシム・ゴーリキー（一八六八―一九三六）が一九二〇年代のソビエトで手がけた「製造所と工場の歴史」を記録するプロジェクトや、戦後の日本で台頭した生活記録運動をも想起させる。ゴーリキーは、社会主義リアリズム文学の創始者として論じられることも多く、ソビエト映画の影響を少なからず受けてきた『女ひとり大地を行く』の構造を考えるにあたっても、その存在は特筆に値する。家具職人の家に生まれ、貧しい幼少期を過ごした彼は、革命が起こる前から社会主義を支持し、「極度に苦い」という意味を持つペンネームのもと、社会の底辺に生きる人々を生涯描き続けた。ソビエト時代、ゴーリキーの筆による作品は、共産党の掲げるイデオロギーを最も忠実に体現しているものとして称賛されたが、作家本人とソビエト政府の関係は常に良好であった訳ではない。革命後の一〇年近くをゴーリキーは外国で過ごし、戯曲『どん底』（一九〇二）を含む、彼の最も重要な作品群は、革命が起こる前の帝政ロシアや、諸外国で執筆された。

社会主義リアリズムの古典として知られる長編小説『母』（一九〇六）が書かれたのも、ゴーリキーがアメリカに滞在していたときだった。「社会主義リアリズム」という概念さえまだ存在していなかった時代に書かれたこの小説は、社会主義文学が目指すべき理想像として、ソビエト内外の文化人に多大な影響を与えた。映画『女ひとり大地を行く』にも、ゴーリキーの『母』や、それを基に製作されたプドフキンの劇映画『母』（一九二六）との共通点が数多くみられる。亀井の映画作品同様、ゴーリキーの『母』が描くのは、息子に対する母性愛を通して階級意識に目覚める女性の姿である。長編小説『母』の主人公であるニーロヴナは、文字の読み書きも出来ない平凡な主婦で、アルコール中毒者である夫の暴力に悩まされながら惨めな毎日を送っている。ニーロヴナの一人息子であるパーベルは、一時は父と同じような生涯を送りそうに見えたが、工場で出会った仲間たちと共産党の地下活動を始めたことをきっかけに、改心する。息子の友人を我が子のように可愛がるニーロヴナは、次第に自らも労働運動に携わるようになり、徐々に革命を強く望むようになる。亀井の映画作品における母親の描写は、明らかにゴーリキーのニーロヴナを意識しており、このことはソビエトの定期刊行物のなかでも指摘された[†19]。

物語の終盤、街中でビラを配るニーロヴナは、警察に抑えられ暴行を受ける。六〇〇頁以上におよぶゴーリキーの長編小説は、その主人公の死をほのめかせたうえで幕を閉じる。革命家を目指す主人公が、様々な試練に耐え、大きく成長した後に悲劇的な死を迎えることは、いわゆる「革命小説」の典型であり、一九世紀後半のロシアで確立されたこのジャンル的特性は、一九〇六年に執筆されたゴーリキーの小説や、一九五四年に製作された亀井の映画作品にも受け継がれた。『女ひとり大地を行く』最大のクライマックスは、映画の終盤に訪れるサヨの死である。長年の重労働で健康を害していたサヨは、次男の喜代二にかけられていた疑いが晴れたことや、夫の吉作が帰ってきたことを知り、安心して最期の時を迎える。息を引き取ったばかりのサヨの身体は、中国西光省の労働者から送られた旗で覆われ、サヨを見送りに来ていた家族と友人は《ワルシャワ労働歌》*Варшавянка*という一九世紀のポーランドで作曲された革命歌を合唱する。壮大でありながらも、かなり不自然で妙なシーンである。

中国から届いた旗には「民族の独立と平和のために戦う炭鉱の英雄たちへ」と書かれており、これをサヨに送ったのは、戦時下の夕張で強制労働を強いられていた中国人捕虜レイであった。炭鉱の見張り役に虐待されていたレイは、サヨとその恋人の金子に助けられ、それを感謝する意味を込めて、革命後の中国から旗を送った。現実世界では到底起こりそうにない物語の展開であり、このことは戦後の日本でも問題視されていた。

『女ひとり大地を行く』の公開直後に、『新日本文学』誌上で開かれた映画とリアリズムを巡る座談会では、文芸評論家の佐々木基一が「中国人の捕虜が礼に来たり、最後に中国から旗を送ってくるというような書き方ですね。ああいうのはリアリズムと遠いやり方じゃないか」と指摘している。ところが、これに対して亀井は、戦時中に中国人捕虜が虐待を受けていたことも、映画が撮影された夕張の炭坑に中国からの労働旗が届いていたことも事実である以上、彼は映画監督として、その二つの出来事を一つに纏めただけだと反論している。[†20] 本書のⅢ章でも見てきた通り、亀井のリアリズム観は、事実にまつわる情報を収集し、それを一つの物語として再編集することを基軸としており、こうした現実を「構築」していくアプローチは、社会主義リアリズムにも通ずるものであった。

旗を持って街を行進する労働者の姿は、ゴーリキーの小説やプドフキンの映画作品においても重要なモティーフであった。プドフキン映画のラスト・シーンでは、デモの行進中に警察に撃たれ、倒れこむ労働者と、その手にあった労働旗を拾い上げ、カメラに向かって真っ直ぐ歩き続けるニーロヴナが描かれている。労働者による闘争が今後も「途切れることなく」続けられるであろうことが暗示され、映画は終わる。亀井の『女ひとり大地を行く』においても、中国の労働旗が日本に届けられるシークェンスは、日中の友好関係と、一九四九年の中国で起こった社会主義革命が、次は日本に訪れるべきことを象徴的に示している。

亀井が『女ひとり大地を行く』の撮影に入る以前に、プドフキンの映画を観ていた記録は残っていない。実際、プドフキンの代表作である『母』が日本で初めて公開されたのは、一九七〇年代に入ってからであった。しかし、亀井はレニングラードに留学していた際にこの映画を観ていた可能性が高く、戦後にはソビエト大使館で特別上映を依頼していたことも考えられる。少なくとも、一九五一年にゴーリキーの『母』を舞台上演した新協劇団の村山知義は、演出に入る準備段階として、プドフキンの映画を観ていたという記録が残っている。[†21]

一九五〇年代初頭の日本において、ゴーリキーの小説とプドフキンによるその映画化に対する関心は高く、一九五〇年二月に刊行されたばかりの雑誌『ソヴェト映画』のなかでも、プドフキン監督の演出による『母』の物語が詳しく紹介された。[†22]

日本での上映の際、『女ひとり大地を行く』の主人公サヨは、中国の貧しい農民一家を描くパール・S・バックの小説『大地』*The Good Earth*（一九三一）に登場する阿蘭という逞しい女性にも喩えられた。一九三五年に出版された新居格による『大地』の翻訳は、一九四九年にちょうど第二版が発行されたばかりであった。亀井の劇映画に影響を与えたもう一つの作品は、アメリカ人のジャーナリストで共産主義者のアグネス・スメドレーによる自伝的小説『女一人大地を行く』*Daughter of Earth*（一九二九）であった。ミズーリ州の貧しい家庭に生まれた少女がジャーナリストとなり、社会主義に目覚めインドの独立運動に参加する様子を描いたこの小説を日本語に訳したのは、戦時下の日本でスパイ活動を行っていたゾルゲ諜報団の一員、尾崎秀実であった（翻訳は白木二郎名義）。スメドレー同様、ジャーナリストで共産主義者であった尾崎は、スメドレーの愛人でもあり、彼がソビエトのスパイであるリヒャルド・ゾルゲと知り合ったのも、やはりスメドレーを通してであった。国防保安法、軍機保護法、治安維持法の違反で、一九四四年にリヒャルド・ゾルゲと共に絞首刑に処された尾崎に対する評価は、戦後にがらりと変わる。獄中にあった彼が妻や娘に宛てた手紙を集めた書簡集『愛情はふる星のごとく』（一九四六）はベストセラーとなり、東宝では尾崎をモデルに、命をかけて軍国主義と戦った青年を描く、黒澤明の『わが青春に悔いなし』（一九四六）が製作された。尾崎が日本語に訳したスメドレーの小説『女一人大地を行く』も、一九五一年に再刊されたばかりであった。

映画『女ひとり大地を行く』の撮影が始まった一九五二年、左翼的な文学作品と並んで日本で流行していたのは、いわゆる「母もの映画」だった。[†23] 無知で無教養な母親が子供の幸せを願って自己犠牲を払うこれらの作品では、子供に冷たくあしらわれ、見捨てられてしまう母親たちの哀れな姿が大きな見所となっていた。大映で制作された三益愛子主演の諸作品がその典型だが、一九五〇年代の日本では、小津安二郎の『東京物語』（一九五三）のように、厳密には「母もの映画」と呼べないような作品でも、子供たちに軽蔑されたり、相手にされなかったりする母親たちを描くものは多かった。小津の傑作や、亀井の『女ひとり大地を行く』が製作された一九五三年は、子供の教育費などを得るために売春に手を染めた母親が、子供に冷たく扱われ自殺に追い込まれる、木下恵介の『日本の悲劇』が製作された年でもあり、苦難に満ちた人生を送る母親たちの姿は、数々の試練に立ち向かう戦後の日本をメタフォリックに表現することもあった。『女ひとり大地を行く』の主人公であるサヨは、戦後の日本で人気を博した「母もの映画」の主人公たちのように、数々の苦労に耐えながら、戦後という時代を力強く生き抜いていく。この映画には、子供からの暴力と解釈しうる場面もあり、サヨを演じる山田五十鈴が、息子の喜一を引きとめようと、その足につかまり路上を引きずられていくシーンは、かなりインパクトのあるものに仕上がっている［図7―9］。しかし、母と子が対立するのは、長男の喜一が労働運動を裏切り、自らの弟を警察に差し出そうとしたことが原因で、これは他の「母もの」ではありえない展開である。戦後の日本映画に登場する母親たちとサヨが大きく異なるのは、彼女が自ら労働運動に携わり、社会を積極的に変えようとする姿勢においてである。

戦後の日本映画では殆ど見かけない、階級闘争に目覚める母親像は、ソビエトの観客にとっては逆に親しみやすい、馴染み深いものであった。炭鉱での労働争議という物語設定や、登場人物たちの行動パターンにもまた、ソビエト映画との類似が多くみられる。『女ひとり大地を行く』の後半、会社と手を組んだ労働組合の委員長は、坑内の排水ポンプを動かす送電線を切断し、労働争議のリーダー的存在であるサヨの次男喜代二に罪をなすり付けようとする。このことを知った委員長の娘孝子は、父を庇うべきかで悩むが、最終的にはその罪を公表する。以前から喜代二に好意を抱いていた孝子は、実の父親に対して、いわば「裏切り」の行為を犯してしまうが、こうした彼女の行動は、ソビエトの観客にとってパヴリク・モロゾフ少年を想起させたに違いない。政府の進める農業集団化に抵抗していた父親を密告したのち、一三歳の若さで親族に殺害されてしまったパヴリクは、社会主義建設に命を捧げた若き英雄として、ソビエト・メディアで神格化された。パヴリクが起こした事件は、数々の映画や小説、戯曲やオペラの題材となり、その行動は共産党に対する忠誠心を象徴するものとして讃えられた。[†24] スターリン時代のソビエトにおいて、人間的な繋がりや家族内の信頼関係は、社会主義建設のために犠牲にしてもいいものだった。映画『女ひとり大地を行く』の掲げるモラルは、個人の権利よ

図7―9　息子を引きとめようとして、足にしがみつくサヨ（亀井文夫『女ひとり大地を行く』1953）

りも集団の利益が尊重され、血縁関係よりも階級的な連帯が重視されたソビエト社会において、自然に受け入られた。不当に罪を着せられた青年を助け、労働争議を成功させるために父親の罪を暴いた孝子の行動は、ソビエトにおける公式イデオロギーに相応するものだった。

社会主義リアリズム時代のソビエト映画を思わせる要素は、亀井作品における登場人物たちの身体表象にも認められる。映画の後半に登場する喜代二と孝子は、明らかに惹かれあっていながらも、接吻はおろか、手を繋ぐことさえ稀である。彼らが二人きりで会うのは決まって屋外で、広々とした北海道の自然を背景に、組合や鉱山の将来について熱く語り合う［図10］。映画の終盤近く、喜代二と孝子が愛しそうに見つめ合う場面があり、ついにキス・シーンかと、映画を観ている観客の胸も高鳴るが、恋人たちだけの世界は、当時の人気労働歌であった《若者よ》を合唱しながら山を行進していく労働者たちに遮られ、それまでのムードはいっきに台無しとなってしまう[†25]［図11］。合唱に加わる喜代二と孝子は、行進する労働者に向かって大きく手を振り、映画の終わりを告げる「完」のタイトルが表示される。希望に満ち溢れた未来を想像（視覚的に創造）することで、その到来を早めようとする社会主義リアリズムの法則に準じて、映画『女ひとり大地を行く』のなかで繰り広げられる炭鉱労働者の物語は、日本で働く人々の輝

図10　労働運動の将来を語り合う芳子と喜代二（同）

図11　山を行進する労働者と《若者よ》を合唱する二人（同）

かしい将来を見据えて幕を閉じる。

『女ひとり大地を行く』のソビエト公開は、この作品のオプティミスティックな世界観があってこそ可能になった。亀井の作品が劇場公開を果たす二年前、ソビエト政府は今井正監督の独立プロ映画作品である『どっこい生きてる』を既に購入していた。[†26]この作品はしかし、ソビエトの映画館には配給されず、労働組合やサークルでの限定的な上映が行われた。『どっこい生きてる』は、亀井の作品同様、敗戦直後の日本に生きる労働者を写実的に描くことを目指していながらも、その物語には、社会主義リアリズムに不可欠な「未来を信じる明るさ」が欠落しており、このことは、監督の今井正も自ら認めていたことだった。[†27]今井の作品には、主人公の毛利（河原崎長十郎）が家族を連れて一家心中を図ろうとするシーンも描かれており、これは社会主義リアリズムにとって最大のタブーであった。明るい未来を想像するソビエト映画の世界に自殺など存在せず、唯一描写が認められていたのは、登場人物が国家や共産党に命を捧げる「意味のある」死であった。『どっこい生きてる』はまた、敗戦後の日本における失業という重要な社会問題を取り上げつつ、その解決案を一つも提示していない。早朝、職を求める労働者が職安の窓口に集まってくる描写で始める今井の映画は、それと全く同じシーンで幕を閉じる。さらに『どっこい生きてる』の主人公は男性であり、彼が戦時中にどんな生活をしていたかは明かされていない。日ソ国交正常化へ向けての交渉が進められるなか、ソビエト政府が市民の間で広めようとしていたのは、あくまで肯定的な日本のイメージであり、主人公の戦争責任を疑わせるような映画の劇場公開は阻まれた。

一九五〇年代半ばのソビエトで一般公開するには、あまりに多くの欠点を持つ『どっこい生きてる』だったが、労働組合や映画サークルにおけるその上映は、一九六〇年代まで続けられた。一方で、一九五四年のソビエトで増産された『女ひとり大地を行く』のプリントは、既に一九五七年から全国の映画館では配給停止となっていた。労働組合やサークルだけのために購入された『どっこい生きてる』は、上映の頻度も少なく、フィルムの傷みもそう激しくなかったのかもしれない。あるいはまた、今井の映画作品における曖昧なメッセージ性の方が、長期的に見て、より観客に訴える力を有していたとも考えられる。いずれにせよ一九五四年の段階で、ソビエトの観客により相応しい作品として認識されていたのは、人生の「暗い」側面をも率直に映し出す『どっこい生きてる』ではなく、社会主義リアリズムの規範に忠実な、明るい『女ひとり大地を行く』であった。

亀井の劇映画を紹介するにあたって、ソビエトの活字メディアが頻繁に用いたのは、«прогрессивный»（プログレッシーヴヌィー）という、「進歩的な」「革新的な」という意味を持つ形容詞で、『女ひとり大地を行く』に描かれる、女性の解放や日本と中国の労働者による連帯、戦後の日本における反米感情の拡大といったテーマは、製作者たちの「革新的な」世界観を裏付ける証拠として論じられた。なかでも繰り返し強調されたのは、見張りに虐待される中国人レイが、他の日本人労働者に助けられるシーンであった。サヨの長男である喜一と、炭鉱で働く看護婦文子の駆け落ち事件もまた、ソビエト・メディアが好んで言及してきた場面の一つであった。若い二人は都会での裕福な暮らしに憧れて炭鉱を後にするが、その生活は早くも崩壊する。自衛隊に入るつもりだった喜一は街のギャングに加わり、物欲が一向に収まらない文子はストリッパーとなり、時には米兵の客も取る。二人の恋愛が迎える悲しい結末は、アメリカ軍による占領がもたらしたものとして提示される。ソビエト・メディアの言う「革新性」とは、すなわち映画『女ひとり大地を行く』が発信する政治的メッセージの「正当性」であった。反米感情を煽り、日中の協力を呼びかける亀井の劇映画は、共産圏内での連帯強化を促すソビエト政府の外交路線に相応していたからこそ、「進歩的な」映画作品として讃えられた[†28]。ソビエトの活字メディアはまた、亀井の映画作品を「進歩的な」ものとして位置付けることで、ソビエトの同盟国としての日本のイメージ改善に努めた。

映画『女ひとり大地を行く』に与えられた「進歩的」という評価は、亀井の映画作品が政治的に安全であることを明示する一方で、それが一九五四年のソビエト映画界に与えた印象をも極めて的確に捉えていた。ソビエト映画を意識して製作された亀井の劇映画は、社会主義リアリズムに特徴的な要素を多分に含んでいながら、スターリン政権末期のソビエト映画には極めて珍しい、それこそ「革新的」な物語内容や演出スタイル、撮影技術を併せ持っていた。もっとも、亀井の映画が当時の批評家や観客に与えた印象を実証的に裏付けるのは、決して容易ではない。これまでにも述べてきた通り、『女ひとり大地を行く』の劇場公開は、ソビエトの世論を日本との国交正常化へ向けて準備する重要なメディア・イベントであった。『女ひとり大地を行く』に関する情報が掲載されたのは、『プラヴダ』（ソ連共産党中央委員会が発行）や、『イズベスチア』（ソ連最高会議幹部会が発行）、『ソヴェーツカヤ・クリトゥーラ』（ソ連共産党中央委員会が発行）、『グドーク』（ソ連運輸省と鉄道労働者組合が発行）、『ヴェチェルニャヤ・モスクワ』（ソ連共産党モスクワ市評議会とモスクワ市議会が発行）など、全国規模の発行部数を誇る大手新聞であった。これらの定期刊行物はしかし、いずれもソビエト共産党に直属する機関によって発行され、その言論の自由は限られていた。これらの新聞に掲載された記事は、戦後におけるソビエト共産党の対日外交を知るには貴重な資料だが、亀井の映画作品を実際に観た人々の感想を物語るものではない。一九五三年にスターリンが死去し、大きな転機を迎えようとしていたソビエトで、観客は『女ひとり大地を行く』をどう受け止めていたのか。亀井の劇映画を、同時期のソビエトで製作された他の映画作品と比較し、『女ひとり大地を行く』がソビエトや日本で公開されたときの検閲記録を分析しながら考えてみたい。

3 雪解け期の到来を告げる映画

『女ひとり大地を行く』に対する検閲の態度は、ソビエトと日本で大きく異なっていた。戦後の日本で映画の検閲にあたっていたのは、一九四九年に設立された映画倫理機構（映倫）であり、一九五三年二月に全国上映が開始された『女ひとり大地を行く』の脚本やフィルムが審査を受けるにあたって最も問題視されたのは、外国人の描写であった。脚本審査の段階では、終戦直後に解放された中国人捕虜が炭鉱幹部のビルに突進する場面や、アメリカ人らしき人物が炭鉱幹部との宴会で朝鮮戦争の重要性を説き新たな増産を求める場面、主人公のサヨが米軍兵士や娼婦がたむろする千歳基地で長男喜一を探す場面などが、「外国感情を刺激する」ものとして、削除するように求められた。[†29]

現在日本でＤＶＤとして販売されている『女ひとり大地を行く』（一三二分版）には、宴会のシーンやサヨが千歳の街を彷徨うシーンはそのまま残されているが、中国人捕虜が解放されるシーンだけは見当たらない。終戦を知らせるヴォイス・オーヴァーの後、かつてサヨに助けられた中国人レイは、彼女が息子たちと暮らす長屋まで挨拶をしに来る。ところが、昔からレイを知っているはずのサヨは、なぜか不安そうな表情を浮かべ、外で待っている彼をなかなか家に入れようとしない。本来なら、このシーンには炭鉱幹部のビルに攻め込んでくる中国人捕虜を描いた場面が先立つはずだが、それが抜け落ちているために、サヨが不安そうに振る舞う理由は説明されないまま観客にただ妙な印象を残して終わる。この他にも、日本でＤＶＤ化された『女ひとり大地を行く』には、説明が不十分で物語の展開が不明瞭な箇所、シーン同士の繋ぎ合わせがあまりに唐突な箇所など、編集の不手際を感じさせる部分が少なくない。日本における『女ひとり大地を行く』の検閲に関して調査を行った板倉史明も指摘している通り、一九五三年当時の日本で劇場公開され、現在もＤＶＤとして販売されている『女ひとり大地を行く』のヴァージョンは、上映時間を短縮するために慌てて編集されていた可能性が高い。二〇〇八年に復元された長さ一六四分の最長版プリントと比べても、長さ一三二分の通常映画ヴァージョンは、映倫が問題視していた箇所以外の場面も数多く短縮・削除されていたことが分かる。モンタージュの達人と呼ばれた亀井が、編集を疎かにせざるを得なかった諸要因については、今後また詳しく調査していかなければならないが、ここではまず脚本審査の時点で映倫が問題視していたのは、亀井の映画作品における占領の批判、朝鮮戦争への言説、および日中関係の描写であったことを強調しておきたい。これらは、いずれもソビエトの定期刊行物が、「進歩的」として高く評価していた題材であった。

それでは、ソビエトの検閲はいかなるものだったか。世界最大の規模を誇るロシア国立フィルム保存所（ゴスフィルモフォンド）には、『女ひとり大地を行く』のプリントが二点所蔵されている。全一一巻からなるロシア語吹替版と、全一八巻からなる日本語版で、ロシア語の翻訳が施されていない全一八巻のプリントは、当初日本から購入されたもので、一九五四年にソビエトの劇場で公開されたのは、短い方の吹替版であった。一九五三年一〇月、ソビエト文化省副大臣であったイワン・ボリシャコフ宛に、映画『女ひとり大地を行く』の劇場公開を巡る以下のような決議書が提出された。

リアリズム性が高く（очень реалистичен）、演出も優れている。その全力を子供の養育に捧げ、数々の苦難に耐える母親の姿は、観客のシンパシーを唆る。登場人物は信憑性を持って描かれ、大衆の描写も表現豊かである。一方で、冗長性という大きな欠点もある。特定の場面は、過度に詳細を持って描かれ、これは観客を退屈させ、映画への関心を低下させる。映画『女ひとり大地を行く』の購入を推薦するが、劇場公開の際は、上映時間の短縮を要請する。[†30]

ゴスフィルモフォンドに所蔵されている吹替版のプリントは、台詞の入っていない情景描写ばかりでなく、物語の展開を支える重要なシーンまでもがまるごと切り取られている。なかでも特に目を引くのは、サヨと金子という労働者の恋愛を描いた場面の削除である。日本で公開された『女ひとり大地を行く』において、その描写は極めてプラトニックだが、二人が恋愛関係にあったことは明白である。終戦直後、サヨに挨拶をしに来る中国人レイも、金子をサヨの「夫」と呼ぶ。ところが、ソビエトで公開されたヴァージョンにおいて、金子というキャラクターはいない。彼を演じる沼崎勲が唯一登場するのは、レイが見張り役に虐待されるシーンにおいてであり、そこでも彼はサヨとは何ら特別な関係のない、炭鉱で働く一労働者として位置付けられている。

亀井の劇映画がソビエトで公開されるにあたって他に削除されたのは、サヨと金子の関係を後押しする女たちの会話（お花「二人ともその気があるくせに、一こうはかどんねえんだから。。。」、かみさんB「サヨさんもあんな良い身体して、ひとりじゃね。」）や、性欲旺盛な炭鉱のおばちゃん、お花（北林谷栄）が、妻に先立たれた炭鉱夫を半強制的に（?）自分と付き合わせる微笑ましい場面（お花「男と女がくっつき会うのは何の不思議もないさ」）、炭鉱の幹部がサヨを誘惑しようとする場面など、いずれも「性」を巡る言説・描写であった。スターリン政権下のソビエトにおいて、それらは道徳に反する、ふしだらな場面として検閲の対象となった。性的描写の回避は、ソビエト映画の重要な要素であり、この点において日本の独立プロ映画は社会主義リアリズムの規範から大きく逸脱していた。国営のスタジオで製作され、計画経済のもとで配給されたソビエト映画に対して、戦後の日本で作られた左翼的な映画は、資本主義社会の産み出す「商品」であった。一九五〇年代の独立プロ運動に携わっていた映画人は、社会主義リアリズムの理想を目指す一方で、自ら製作する映画の商品価値を念頭に置き、戦後の日本に生きる観客の文化的・芸術的嗜好を考慮する必要があった。映画の発展は、その誕生以来、常にエロスと隣り合わせであり、カストリ雑誌が大量に発行され、「性」の解放が謳われた終戦直後の日本において、その関係は尚更密接であった。日本で発行された『女ひとり大地を行く』の宣伝資料にも、「岸旗江の孝子、内藤武敏の喜代二の若々しさ、そのラブシーンの美しさを、山田五十鈴の女主人公サヨと対照的に強調して下さい」とある。[†31]

生活のあらゆる側面が保守化していたスターリン政権下のソビエトにおいて、女性は夫と死別をしても貞節を守ることが社会的に要請され、『女ひとり大地を行く』におけるサヨの恋愛は、そうしたモラルに反する行為だった。映画の終盤、夫の吉作が生きていたことが発覚するため、サヨと金子の関係は「不倫」とさえ解釈することが可能となる。二人の恋愛はまた、社会主義リアリズムにおける古典的な師弟関係を覆すものでもあった。典型的な社会主義リアリズム小説において、マルクス主義に無知な主人公の成長を助けるのは、彼（彼女）より経験が豊富で、階級意識も高い年上の共産党員である。主人公の「師匠」になるのは大抵、エロスと無縁な年配の男性で、実の親がいない主人公にとってそうしたキャラクターは義父のような存在となる。幅広い知識と超人的な意志の持ち主として描かれる「師匠」の姿は、ソビエトで「国民の父」として崇められたヨシフ・スターリンをも想起させるものだった。恋愛に苦しむ主人公の相談に乗ることもまた、「師匠」が担う役目の一つであり、親子に近い関係で結ばれた師弟同士が愛し合うという描写は固く禁じられていた。[†32]亀井の劇映画において、労働者が支え合うことの大切さをサヨに教えるのは、見張りに虐待される中国人レイを助ける金子であり、共産主義者である彼は、階級意識がまだ低いサヨにとって、イデオロギー教育の「師匠」となる。二人はしかし恋人同士であり、これは社会主義リアリズムの規則に反していた。

古典的なソビエト映画において、「師匠」と「弟子」の身分は明確に分かれており、その立場が入れ替わることはない。これに対して、戦後の日本で製作された『女ひとり大地を行く』では、「教える者」と「教わる者」の関係は不安定であり、物語が発展するなかで幾度もの変化をともなう。サヨやその息子たちが共産主義に親しむのは金子を通してだが、物語の途中で彼は戦死し、「師匠」としての役目を終える。幼い子供でしかなかった喜代二は、物語の後半、労働争議を指揮するリーダーとなりサヨの啓発にあたる。そんな喜代二に好意を抱く貴子は、当初は彼のよき相談相手であったが、後に自ら喜代二にアドバイスを求めるようになる。サヨと金子に助けられたレイは、終戦直後、日本人に「平和」の重要性を説く。そして、物語の冒頭で虐げられた貧農でしかなかった吉作は、カムチャッカや満州での経験を経て、映画のなかで最も意識の高い、経験豊富な登場人物として奇跡の復活を果たす。『女ひとり大地を行く』の登場人物は皆成長過程にあり、互いに助け合いながら、その階級意識を磨きあげていく。共産党の権力がソビエトほど絶対的ではなかった日本において、階級意識の強さに基づく序列は存在せず、登場人物のヒエラルキーは緩やかであった。ヨシフ・スターリンの神格化の面影をまだ強く残していた一九五四年のソビエトにおいて、亀井の劇映画が提示する特定の指導者がいない世界、上下関係がなく皆が互いに教えあう世界は極めて新鮮であった。

亀井の劇映画はまた、その演出や撮影方法においても従来の社会主義リアリズム映画と大きく異なっていた。亀井作品における性の扱い方がソビエトで問題視されたことは既に述べた通りだが、検閲の際、こうした描写は全て削除された訳ではなかった。喜一の恋人文子が下着姿で登場するシーンや〔図12〕、裸の老若男女が湯船に浸かるシーンなどはカットされずに上映され〔図13・14〕、一九五四年当時のソビエトの観客に衝撃を与えた。ソビエト映画における身体表象を研究してきたオクサナ・ブルガコワも指摘している通り、一九三〇年代以降のソビエト映画では、入浴や食事のシーンなど、登場人物の身体性を前景化する表象は稀であった。[†33] 社会主義

図12　都会の生活に憧れストリッパーになった文子（同）

図13　銭湯での様子（同）

図14　同

リアリズムが理想とするのは、冷静かつ論理的に物事を考え、社会主義建設に没頭する新しいタイプの人間であり、そうした人物に人間的な感情や生理作用は無縁であった。『女ひとり大地を行く』の登場人物も、戦後日本というコンテクストからすれば、ときに理屈染みていて現実味がないように見えるが、ソビエトの文脈では、人間性溢れる極めてリアルなキャラクターとして受け止められていた可能性が高い。

社会主義リアリズム時代のソビエト映画は、被写体やカメラの動きが極度に抑えられた静的な描写が特徴的であり、『女ひとり大地を行く』はこうした傾向をも覆す。サヨが長男喜一を探しながら千歳を彷徨うシーンは、ハンディカメラで撮影されたような手ぶれ感があり、これは息子を思う母親の不安定な気持ちを見事に表現している。千歳の街にたむろする米兵や娼婦、小さな子供たちがカメラに投げかける視線は、映像のぶれと相まって、シークェンス全体にドキュメンタリー的な印象を与えている〔図15・16〕。映画の冒頭で描かれるガス爆発のシーンでも、亀井は登場人物の運動（モーション）をその感情（エモーション）と巧みに重ね合わせた演出を施している。事故で親戚を亡くした人々が炭鉱幹部が隠れている小屋に押しかけるシーンにおいて、カメラは窓ガラスが割られる瞬間を小屋の内部から捉えており、カメラ（と観客）に向かって飛び散る窓ガラスは、大衆が持つ怒りのポテンシャルを効果的に表現している。

『女ひとり大地を行く』における登場人物の動作もまた、ソビエト映画のそれとは随分異なっていた。長男喜一の足にしがみつき、路上を引きずられていくサヨや、父親の犯罪を打ち明けるときに大声で泣き喚く孝子は、自らの感情を抑制せずに自由奔放に振舞う。映画の終盤近くで夕張の山々を行進する労働者たちの動きも、規則性がなく乱れがちである。こうした身体の自由な動きは、一九五〇年代初頭のソビエト映画からは欠落していた。社会主義リアリズムの台頭は、映画に描かれる人々の身振りをも大きく変化させた。一九二〇年代のソビエト映画における革命家や労働者は、人前で鼻をすすり、食器もろくに使えずしょっちゅう食べこぼしをするなど、素朴ながらも活力溢れる人間として描かれていた。彼らはじっとしていることが少なく、強い感情にとらわれる際は、机を叩き、拳を勢いよく振り上げた。労働者の行進を描くシーンも、一九二〇年代のものはまだ規則性がなく、皆好き勝手なペースで自由に動いている。こうした落ち着きのなさは、一九

図15　千歳の街を彷徨うサヨ（同）

図16　同

三〇年代に入る頃から目立たなくなる。肯定的に描かれる人物は、背中を真っ直ぐ伸ばして規則正しく振る舞い、自らの感情は露わにしない。飲酒や喫煙は以ての外である。ソビエト映画の登場人物は、公私の境目は失われ、家族や親しい友人の前でも自然に振る舞うことはない。ウクライナの炭鉱を描いたレオニード・ルーコフの『大いなる生活』*Большая жизнь*（一九三九）でも、炭鉱で働く労働者は、狭くて動きにくいはずの坑内を堂々と真っ直ぐ歩く。掘削道具を手に持つその姿は、力仕事に苦しむ労働者ではなく、赤の広場を華やかに行進する兵士たちのようである。

ソビエトのスクリーンに、より人間らしい自然な身体表象が戻るのは、いわゆる雪解け期に入ってからである。そして、一九五四に公開された『女ひとり大地を行く』は、そうしたソビエト映画における重要な変化を先取りしていた。一九五七年に製作されたアレクサンドル・ザルヒの『高層』*Высота*に描かれる若者は、鉄工や溶接工として働きながらも、派手な洋服を身に纏い、酒を飲み、タバコも吸う。ビール瓶の蓋は歯で開けてしまうなど、その身体の動きは自由で既存のルールに囚われていない。炭鉱を描く作品で名声を得たレオニード・ルーコフもイデオロギー統制の緩和に誘発され、一九五六年には、既婚者と女子学生の不倫関係を描いた問題作『異なる運命』*Разные судьбы*を製作している。スターリン政権下で表現の自由を奪われていたソビエト映画は、一九五〇年代の後半から徐々に芸術的活力を取り戻す。外国における評価も回復され、一九五七年には、ミハイル・カラトーゾフの『鶴は翔んでゆく』*Летят журавли*（一九五六）がソビエト映画で初めてカンヌ国際映画祭のグランプリに輝き、一九六〇年には同映画祭でグリゴーリ・チュフライの『誓いの休暇』*Баллада о солдате*（一九五九）と、ヨシフ・ヘイフィッツの『小犬をつれた貴婦人』*Дама с собачкой*（一九六〇）が最優秀参加賞を受賞した。そのさらに数年後、アンドレイ・タルコフスキーの『僕の村は戦場だった』*Иваново детство*（一九六二）が、ヴェネチア国際映画祭でサン・マルコ金獅子賞を受賞している。ソビエト映画は目覚しい復活を遂げ、ソビエト国内へ入ってくる外国映画も、より自由な、娯楽に相応しいものへと変わっていった。一九五九年のソビエトでは、京染屋で働く女性（山本富士子）と、既婚者である大学教授（上原謙）の恋愛を描いた吉村公三郎の『夜の河』（一九五六）が公開されているが、これは数年前までのソビエトでは、決して上映が考えられない内容の作品であった〔図17〕。『女ひとり大地を行く』が公開されたときのポスターと比べても、主人公女性の逞しさではなく、その女性的な魅力が前景化されていることが分かる。

一九五〇年代後半におけるソビエト映画の復活を可能にしたのは、フルシチョフによるスターリン批判（一九五六）と、それが生んだイデオロギー統制の緩和、検閲制度の簡略化であった。そして、一九五四年における亀井作品の公開は、映画界に訪れようとしていた変化を、ソビエトの映画人や観客に知らせる重要なサインであった。従来のソビエト映画とは違ったタイプの作品が公式に輸入され、政府直属のメディアを通して大々的に宣伝されたことは、それまで厳しい検閲の対象となっていた物語内容や表現方法が、再びソビエト映画のなかで「取り入れてもいい」ものとして認識されたことを意味していた。人々の過酷な労働環境の描写が、再びソビエトのスクリーンに登場するにあたって、それはまず外国で起きている事象として位置付けられた。ソビエト社会ではとっくに撲滅していたはずの貧困や社会的格差、生活上のあらゆる不便は、外国を苦しめている諸問題としてソビエトのスクリーンに再導入された。

日本文化に対する知識が低かった戦後のソビエト社会にとって、日本で作られる映画は、長年忘れられていた映画製作上の手法を再び発見していくうえで、極めて都合のいい媒体であった。文化的・人種的に異質な「他者」として受け止められていた『女ひとり大地を行く』の登場人物たちは、その「他者性」ゆえに、通常のソビエト映画ではありえないような動作や行動を、ごく自然な形で取り入れることが出来た。観客が珍しがるような、ソビエト映画から長年欠落していた描写は、日本的な「文化的特性」の表れとして位置付けられた。

図17　吉村公三郎『夜の河』(1956) ソビエト公開時のポスター

亀井作品のなかで写実的に描かれる拷問のシーンや、選炭作業中に石炭に混じっている人間の骨を発見してしまうサヨが、それを一八年前に亡くなった夫のものだと確信して気絶をする場面に関して、『イズベスチア』紙では、「過度にナチュラリスティックな描写が多々見られるが、これは日本の芸術的伝統に由来している」との説明がなされている。†34 ソビエトの定期刊行物には、亀井が戦前のレニングラードで映画の勉強をしていた事実や、記録性やリアリズムに重点を置くその製作スタイルが、戦前のソビエト映画と深く関連していた事実は全く言及されていない。かつてのソビエト映画に特徴的だったこれらの要素は、長年ソビエト当局から厳しい弾圧を受けており、一九五〇年代にそれらは外国映画の文化的特性として、ソビエトのスクリーンに改めて導入されなければならなかった。一九五〇年代初頭のソビエト映画に定着していた身体表象の規範から大きく逸脱していた『女ひとり大地を行く』における登場人物の描写にも、一九二〇年代のソビエト映画に通ずるものがあった。主人公サヨが長男喜一の足にしがみつく印象的なシーンは、プドフキン監督の『母』で、革命運動へのめり込んでいく息子を引きとめようとするニーロヴナの動きにそっくりである。床に跪き、息子の足を両手で覆うニーロヴナの姿は、映画の宣伝ポスターにも起用された［図18］。

一九五四年にモスクワを訪れ、そこで行われた『太陽のない街』（一九五四）の試写会に出席した監督の山本薩夫は、自らの映画作品における写実的な描写が、ソビエトの映画人を大いに驚かせたことを記憶している。ソビエト映画の巨匠アレクサンドル・ドヴジェンコの妻で、女優、そして映画監督でもあったユーリア・ソーンツェワは、『太陽のない街』を観て、登場人物がお産で死ぬときの「洗面器に血がひろがるシーンは嗜虐的」で、「喧嘩するシーンは残虐」だと指摘していた。

「ソ連では、ああいう描写はしない。あれはモンタージュで逃げるべきである」というのである。

図18　フセヴォロド・プドフキン『母』（1926）ポスター。映画のなかで母がしがみつく息子の足は、ポスターではロシア帝国軍憲兵の足に描きかえられている

それに対して私は、「日本の映画では、アメリカの映画もそうだが、格闘したり、ピストルを撃ったり、血を流したりするシーンがものすごく受けている。本当は私もきらいだが、喧嘩したりする場面や血を流したりするシーンは、ある程度リアルに撮らないと、日本の観客はなかなか見てくれないのだ」という意味のことを話したのだが、「それは私たちには理解できない」ということであった。[†35]

ソビエトの映画人たちは、日本映画における写実的な描写を、本当に不愉快に思っていたのだろうか。それとも、度重なる政治的弾圧を恐れ、本心を打ち明けることが出来ずにいたのか。血の描写に批判的であったユーリア・ソーンツェワは、アヴァンギャルド時代に、女性のヌードを含む「過激な」身体表象が話題となったアレクサンドル・ドヴジェンコの『大地』（一九三〇）に自ら出演していたのだ。日本映画の写実性を評価するにあたって、ソビエトの映画人がどこまで素直になれたのかは、疑問が残る。しかし、日本映画における演出が、ソビエトのそれとは異なる極めて新鮮なものとして受け止められていたことだけは明らかである。日本の独立プロ映画を論じるにあたって、最も相応しい用語は「リアリズム」だった。しかしこの概念は、現実からほど遠い理想を写実的に描く、共産党の政治路線に忠実な作品を指すものとして多用され、その意味は歪曲されていた。ソビエトの活字メディアにおいて、日本映画が映像として持つ写実性は、「ナチュラリズム」という言葉で表現され、「リアリズム」という概念が用いられたのは、日本の映画人と民衆との繋がりを強調するためであった。

一九五〇年代初頭の日本で作られた独立プロ映画の多くがそうであったように、亀井の劇映画は、一般の労働者を映画の製作プロセスに取り込むことを目指していた。『女ひとり大地を行く』は、北海道の炭鉱労働者が一人三三円づつ出し合って作られた作品で、これは映画の冒頭でも宣伝された。ソビエトの活字メディアは、亀井作品のリアリズムを論じるにあたって、炭鉱で働く人たちが自ら映画の製作に携わっていたことを強調している。日本炭鉱労働組合に加盟していた労働者は、映画の製作費を提供するばかりでなくエキストラとしても撮影に参加し、「職場作家」として脚本の執筆に携わっていた者もいた。日本での興行目的で作られた『女ひとり大地を行く』の宣伝資料には、現地の出演協力者が「延二万人に達していた」ことが記されている。[†36]二ヶ月間に渡って続けられた夕張のロケーション撮影では、山田五十鈴や宇野重吉を含むキャストが炭鉱長屋で寝泊まりをして、炭鉱労働者の生活に関する知識を深めた。[†37]ソビエトの活字メディアにおいて、『女ひとり大地を行く』のリアリズムを作り出す要素として高く評価されたのは、こうした製作者と一般人との協力関係であった。

スターリン政権下のソビエトで力説された«народное кино»という概念は、「民族映画」とも、「国民映画」

とも訳すことができ、ソビエト国内に生きる諸民族の文化的伝統を活かした映画作りを意味する一方で、プロの映画人ではない人々を巻き込んだ「国民参加型の」映画製作をも目標としていた。国民の生活を題材とした、国民による、国民のための映画製作が公に掲げられていたが、一般のソビエト市民に実際の映画作りに携わるチャンスが回ってくることは殆どなかった。現場で働くことが出来たのは、国立の映画大学を出たごく一部のエリートであり、撮影所への道は狭き門であった。資本主義国日本で製作された独立プロ映画は、「国民性」を念頭に置くソビエト映画よりもずっと確かな形で、その理想を実現していた。『女ひとり大地を行く』のロケーション撮影中、製作者たちは、夕張炭鉱の経営会社や組合幹部とも対立を繰り返した。主人公サヨの息子喜一と駆け落ちをする文子というキャラクターが働いている設定の病院では、駆け落ちをした文子が千歳で娼婦になるという物語展開に不満を抱いた病院のスタッフが撮影をボイコットするという事件も起き、文子を演じる桜井良子が、病院で働く看護婦たちを自ら説得しに行き、彼女たちに汚名を着せるのが映画の目的ではないことを何とか理解してもらえたところで、撮影が無事再開された。夕張の炭鉱で働く人々は、自らの不満を映画のスタッフに直接ぶつけることが出来、製作者と被写体による交渉のプロセスを経て、劇場公開に漕ぎ着けた映画『女ひとり大地を行く』は、炭鉱で働く人々の期待を裏切らなかった。全国の炭鉱町における、この映画に対する評価は、プロの批評家たちとは対照的に[†38]、極めて良好であった。炭鉱で働く人々は特に、北林谷栄が演じるお花というキャラクターに親近感が湧いたという[†39]。

大衆を表象し、教育する芸術の理想を掲げるマルクス主義の影響下で製作された亀井の劇映画は、階級意識が高まりつつある日本社会のイメージを作り出すものであった。このような「労働者の国」としての日本イメージは、日ソ国交回復の交渉を進めるソビエト当局が、自国民の間で積極的に広めようとしていたものでもあった。一九六〇年に日米安全保障条約が改定されるまでのソビエト共産党は、日本を自らの勢力圏に取り込むことを諦めていなかった。日本との接近に向けて世論を準備していくにあたって、ソビエトの活字メディアは両国間における共通点を照らし出す戦略を取り、一九二〇年代後半から日本とソビエトにおける文化交流に尽力してきた亀井文夫の劇映画は、こうした目的を達成するのに相応しい作品であった。

映画『女ひとり大地を行く』における物語の構造は、ソビエトの観客にとって馴染み深いもので、映画のなかで強調される国際協力や労働者の団結、女性の解放や反戦平和思想、西洋文化や資本主義、個人主義を批判的に受け止める姿勢は、ソビエトの活字メディアでも繰り返し宣伝されてきた。それと同時に、亀井の映画作品には、ソビエトの規範に当てはまらない描写や撮影方法も応用され、主人公サヨの恋愛を描いたシークェンスは検閲の対象にもなり、『女ひとり大地を行く』におけるカメラや被写体の動きも、社会主義リアリズムのそれとは大きく異なっていた。脱スターリン化（De-Stalinization）が始まろうとしていたばかりのソビエトにおいて、亀井の劇映画は身近に感じられながらも極めて斬新な印象を与える作品であり、映画人や一般の観客に、雪解け期の到来を予期させる「シグナル」としての機能を担っていた。

亀井作品に続いてソビエトで公開を果たした日本の映画作品は、『女ひとり大地を行く』と同様に「リアリスティック」で「進歩的」な映画作品として紹介された。ソビエトの活字メディアにおいて、これらはイデオロギー的に何ら問題のない、共産党公認の芸術作品を指す婉曲表現であった。一九五〇年代のソビエト・メディアにはしかし、そうした建前での「リアリズム」に対する称賛ばかりでなく、日本映画が持つ写実的なクオリティや現実に迫っていくその力を高く評価する、ソビエト映画人の率直な意見も反映された。一九五四年にチェコスロヴァキアで開かれた第八回カルロヴィ・ヴァリ国際映画祭に出席していた、俳優で映画監督のセルゲイ・ボンダルチュクは、コンペティション部門で上映された日本映画に大いに感動する。なかでも、彼が注目したのは『一九五二年メーデー』（一九五二）という短い記録映画であった。ボンダルチュクは、この作品におけるカメラのブレやピンぼけといった「技術的な短所」が、観客とカメラマンとの同化を促し、リアリズムに依拠した力強い描写を生み出していると指摘し、「真実を映し出すルポルタージュの素晴らしい手本である」と主張していた。[†40] プロのジャーナリストではなく、自らも映画人であったボンダルチュクは、『一九五二年メーデー』のイデオロギーではなく、映像表現としての「リアリズム」を高く評価していた。一九二〇年代の日本で称賛されていたソビエト映画の記録性は、今度は日本映画を象徴する要素として、一九五〇年代のソビエト・メディアによって讃えられるようになったのである。

†1 Кино в Японии // Жизнь искусства. – 1923. – № 30. – С. 26-27.

†2 レイフェルトは、一九三一年に『東京朝日新聞』で、「ロシア漫画家の『東京見物』」という連載も行っていた。Дыбовский А.С. О карикатурах А.А.Лейферта（газета «Токио Асахи», 1931）// Известия Восточного института. – 2013. – № 1（21）. – С. 117-129.

†3 С.М. Кино в Японии // Жизнь искусства. – 1928. – № 1. – С. 19.

†4 衣笠貞之助との対談経験を持つ、ロシア国立映画博物館の初代館長、ナウム・クレイマンの証言による。二〇一七年、二月九日の会話。

†5 ГАРФ. Ф. 5283. Оп. 11, Ед. хр. 63, Л. 21.

†6 Блейман М.Ю. Смотря в упор: Японское кино в Ленинграде // Жизнь искусства. – 1929. – № 31. – С. 14.

†7 ГАРФ. Ф. 5283. Оп. 11. Ед. хр. 63. Л. 47.

†8 ГАРФ. Ф. 5283. Оп. 11, Ед. хр. 63, Л. 45. このときのデザインを担当していたのは、レニングラードを中心に活躍していた画家のニコライ・デニソフスキーとニコライ・コスチンであった。

†9 ГАРФ. Ф. 5283. Оп. 11, Ед. хр. 63, Л. 71.

†10 Блейман М.Ю. Смотря в упор: Японское кино в Ленинграде. С. 14.

†11 ГАРФ. Ф. 5283. Оп. 11, Ед. хр. 63, Л. 47.

†12 ГАРФ. Ф. 5283. Оп. 11, Ед. хр. 63, Л. 42.

†13 Мельникова И.В. Японская тема в советских «оборонных» фильмах 30-х годов // Japanese Slavic and Eastern European Studies 23（2002）: 57-82.

†14 土方与志「『大地』『ミチューリン』の監督Aドヴジェンコの思い出」『ソヴェト映画』一九五〇年三月号、一八—一九頁。

†15 Ким Р. Японская литература сегодня // Новый мир. – 1947. – № 7. – С. 250-262.

†16 終戦後のソビエトでは、日本イメージの構築に影響をおよぼしたと思われる二本のヨーロッパ映画が公開された。一九四八年にイタリアの『マダム・バタフライ』*Il sogno di Butterfly*（一九三九、ロシア語タイトル *Премьера «Чио-Чио-Сан»*）、一九五二年にイギリスで製作されたテクニカラーの『ミカド』*The Mikado*（一九三九、ロシア語タイトル *Познакомьтесь с императорским двором Микадо*）がソビエトの映画館で封切られた。両方とも、ナチス・ドイツからの戦利品としてソビエトへ持ち込まれたオペラ映画だが、一九五四年の『女ひとり大地を行く』のように、ソビエトの全国新聞で大々的に宣伝されることはなかった。一九三九年に『マダム・バタフライ』を製作したカルミネ・ガローネ監督は、一九五五年に八千草薫や田中路子が出演した日伊合作映画『蝶々夫人』*Cio Cio San* の演出にもあたっている。

†17 井上雅雄『文化と闘争——東宝争議一九四六—一九四八』新曜社、二〇〇七年、三六〇—三七八頁。

†18 РГАЛИ. Ф. 2329. Оп. 13, Ед. хр. 128.

†19 Мамонов А. Искусство большой правды // Комсомольская правда. – 1954. – 6 августа – С. 3.

†20 山本薩夫・亀井文夫・今井正・佐々木基一・梅崎春生・椎名麟三・花田清輝「座談会 映画におけるリアリズム」『新日本文学』一九五三年五月号、八六—八七頁。

†21 Заречная И. Мать Горького на японской сцене // Литературная газета. – 1952. – 15 января – С. 4.

†22 四條誠「ものがたり 母」『ソヴェト映画』一九五二年九月号、六—九頁。

†23 板倉史明「大映「母もの」のジャンル生成とスタジオ・システム」岩本憲児編『家族の肖像——ホームドラマとメロド

ラマ』森話社、二〇〇七年、一〇三―一三八頁。紙屋牧子「「聖」なる女たち――占領史的文脈から「母もの映画」を読み直す」『演劇研究』三七号、二〇一四年、六五―八二頁。

†24 一九三二年にアメリカから帰国したセルゲイ・エイゼンシテインが最初に手がけたのも、パブリク・モロゾフ事件を題材とする『ベージン草原』*Бежин луг*（一九三五）という映画であった。Catriona Kelly, *Comrade Pavlik: The Rise and Fall of a Soviet Boy Hero*（London: Granta Books, 2005）.

†25 ぬやまひろし作詞、関忠亮作曲による《若者よ》は、戦後の日本で台頭したうたごえ運動の定番曲で、一九五〇年代初頭に作られた独立プロ映画や、当時の左翼運動を見直そうとする大島渚の『日本の夜と霧』（一九六〇）のなかでも、合唱される。

†26 『女ひとり大地を行く』と『どっこい生きてる』のプリントを購入する際、ソビエト文化省は映画一本につき、それぞれ三万米ドルずつ支払っていた記録が残っている。РГАНИ. Ф. 5. Оп.17. Ед. хр. 502. Л. 66-67.

†27 野間宏・今井正・河原崎長十郎「未来を信ずるソヴェト映画の明るさ」『ソヴェト映画』一九五一年五月号、一〇頁。

†28 中ソ関係が悪化する前のことであり、映画『女ひとり大地を行く』に描かれる日中の連帯も肯定的に受け止められた。ソビエトにおける『女ひとり大地を行く』の上映が途絶えたのは、中ソ同盟が揺らぎ始めた一九五七年頃であり、これは亀井の映画作品における中国人の描写とも関係していたことが考えられる。

†29 板倉史明「『女ひとり大地を行く』［最長版］の復元」『東京国立近代美術館研究紀要』一三号、二〇〇九年、九四頁。

†30 РГАЛИ. Ф. 2329. Оп.13. Ед. хр. 2.

†31 Makino Mamoru Collection on the History of East Asian Film; Box 151, folder 127; C. V. Starr East Asian Library, Columbia University.

†32 Katerina Clark, *The Soviet Novel: History as Ritual*（Bloomington and Indianapolis: Indiana University Press, 2000）, 130.

†33 Булгакова О. Фабрика жестов. М.: НЛО. С. 221.

†34 Рогов В. Женщина идет по земле // Известия. – 1954. – 17 августа – С. 2.

†35 山本薩夫『私の映画人生』新日本出版社、一九八四年、一七四―一七五頁。

†36　Makino Mamoru Collection on the History of East Asian Film; Box 151, folder 127; C. V. Starr East Asian Library, Columbia University.

†37　山田五十鈴「女ひとり大地を行く北海道ロケだより」『いすず』二号、一九五三年、二一六頁。

†38　批評家の佐々木基一は、人間や歴史に対する亀井の理解が「かなり機械的」であると述べ、主人公サヨをとりまく人間関係や、その内面的世界が充分に描ききれていないことを指摘している。一九五〇年代半ばのソビエトで新鮮に感じられた千歳での一連の描写も、「西部劇のセットのような街、あちこちに群がっているアメリカ兵、それとサヨとの対比によるモンタージュなどは、もう古くさいし、わざらしい」ものとして非難された。佐々木基一「女ひとり大地を行く」『映画評論』一九五三年四月号、八六頁。

†39　瓜生忠夫『映画えんま帖』法政大学出版局、一九五五年、八〇–九〇頁。瓜生忠夫は「〝女ひとり大地を行く〟のむずかしさ」と題する論考のなかで、亀井作品における表現が「純粋に労働階級の階級的立場からなされようとしていた」と述べ、炭鉱で働く人々の感覚に忠実であろうとした亀井の姿勢を高く評価したうえで、そうした革新的な試みが映画言語の簡略化を招き、知識人と炭鉱労働者の亀井作品に対する認識の違いを生み出したと主張した。

†40　Бондарчук С. Советская культура. – 1954. – 17 августа – С. 4.

おわりに

本書ではこれまで、一九二〇年代から一九五〇年代の日本における映画人や評論家の「リアリズム」をめぐる見解が、ソビエト映画との対話のなかでいかに形成され、表明されてきたかを追究してきた。

Ⅰ章では、戦前の日本におけるソビエト映画への評価が、その先駆的なモンタージュばかりでなく、近代化するアジアに対する肯定的な描写や、記録性を重視するそのスタイルと不可分の関係にあったことが明らかにされた。ソビエトの映画人は、現実により近い日本の姿を国際的に発信していくうえでの適切な仲介者として認識され、一九三〇年代の初頭には、日本文化を外国向けに紹介する記録映画の製作をソビエトの映画人に依頼する企画もあがった。ところが、一九三二年に砕氷船シビリャコフ号で横浜へやってきたソビエトの映画人が捉えたのは、封建制を打開できず、西欧諸国の「真似」でしかない不完全な近代化を推し進める日本の姿だった。Ⅱ章では、日ソ初の合作映画である『大東京』が、多くの日本人を失望させた要因として、映画製作当時の日ソにおける外交路線の変化や、互いの音文化に対する認識の低さがあげられている。

Ⅲ章では、一九二〇年代のソビエト・アヴァンギャルドと、戦時下の日本で製作された亀井文夫の記録映画における連続性を明らかにしつつ、特定のイメージや運動パターン、幾何学模様の反復を通して、映画全体のテーマを浮き彫りにしていく亀井のモンタージュ美学が、日本やソビエトの文化的伝統だけに帰するものではなく、映画以外の芸術にも適用可能なトランス・ナショナルな手法であったことが例証された。Ⅳ章では、終戦直後の日本で公開されたソビエト映画が、占領期に抑圧されていた愛国心の代用物として機能していた事実や、戦後の日本における左翼的な映画人のリアリズムやドキュメンタリーをめぐる認識が、明るい未来を想像することでその到来を近付けようとする社会主義リアリズムに誘発されていたことが明示された。そしてV章では、このような理念に基づいて製作された日本の独立プロ映画と、ソビエトで支配的だった芸術規範との間に存在する様々な接点や相違が照らし出され、日本で作られた左翼的な映画が、雪解け期のソビエトに訪れようとしていた変化を先取りしていた事実が示された。

各章に纏められた研究の成果は、世界の映画史的コンテクストから孤立したナショナル・シネマとして論じられることの多い日本映画が、外国との対話のなかで発展してきた事実を改めて実証すると同時に、これまでの研究においては見落とされがちであった、日本とソビエトにおける多様な映画交流史の存在を裏付け、両国による対話のプロセスが、双方の映画史に与えてきた影響をも浮き彫りにしている。それは、具体的なスタイルや製作アプローチの翻案・借用に限ったものではなく、相手国の映画に対するイメージそのものが、より潜在的な形で、日本やソビエトにおける映画史の発展を動かすこともあった。日本とソビエトで互いの映画製作に対する関心が最も高まっていたのは、両国が重要な転換期に差し掛かっていた時期においてであり、相手国の映画はこれから目指すべき新しい映画製作のモデルとして、また逆に、過ぎ去ろうとする古い時代へのノスタルジアに浸る手段として機能していた。

一九二〇年代から一九五〇年代にかけての日ソ映画交流史において、「リアリズム」という概念との関連性において論じられてきたのは、旅を主題とする記録映画や実在しない理想郷を追い求める社会主義リアリズムに依拠したソビエトの劇映画、またその影響を受けて製作された日本の独立プロ映画など、異なるタイプの映画作品であった。そのリアリズムを支える要素として、一貫して高い評価を受けてきたのは、社会格差の是正や人種差別の撤廃、外国からの影響に動じない「民族的な」映画製作を推進していくことの必要性を説くイデオロギーであった。対話に挑んできた日ソ両国の映画人を魅了したのは、西洋へのオルタナティヴを提示する極めて特殊なリアリズムだった。両国間における映画交流を支え、それを豊かに潤してきた音楽の領域においても、注目されたのはその民族的な要素であり、戦前戦後の日本においてソビエトの音楽が称賛されたのは、西洋のクラシック音楽とソビエト各地に生きる少数民族の伝統を巧みに融合させた好模範としてであった。

ユーリ・ロトマンが提示する理論的枠組みにおいて、対話に挑む者同士の関係は「対等ではない」ことが大きな前提となっている。本書でもロトマンのモデルを採用するにあたって、日本とソビエトのどちらかを、記号圏の「中心」あるいはその「周縁」に位置する文化とみなす必要があった。ところが、戦前の日本でソビエト映画の記録性が話題になっていた一九二〇年代後半は、ソビエトの知識人が歌舞伎をはじめとする伝統的な日本文化に深い感銘を受けていた時期でもあり、両国は共に影響力の発信者であり、その受け手でもあった。日ソで作られた映画を、記号圏の「中心」ないしは「周縁」と見なすにあたって、本書ではそれらの映画作品が製作・公開された当時の国際的な評価を一つの基準として用いた。一九二〇年代の欧米諸国で映画評論家たちの注目を受けていたのは、ソビエトのアヴァンギャルド映画であり、一九五〇年代に一つのセンセーションとなっていたのは、権威ある国際映画祭で受賞した日本の映画作品であった。しかし、日ソ両国で作られた映画作品が国際的な注目の対象となったのは、特定の限られた時期においてであった。これに対して、二〇世紀を通して映画製作における随一の「中心地」であり続けたのはハリウッドである。こうした事実を念頭に置いたとき、日本とソビエトによる映画交流は、記号圏の「周縁」に位置する者同士の対話として位置付けることが可能となる。政治や経済、映画を含む文化的な領域において、世界で中心的なポジションを確立出来ずにいた両国は、互いの経験から学ぶことで、その地位向上に努めた。このような日本とソビエトによる映画を介した交流のなかで、繰り返し浮上してきた「リアリズム」という概念は、一九二〇年代から一九五〇年代にかけての映画に支配的であった日本イメージに対して、一部の知識人が抱いていた強固な不満を映し出している。メインストリームとは違った人種の表象パターンや社会の描写を求めていた日本の映画人や評論家たちは、既存の映画に欠落していた日本の「現実」をより確かな形で映し出すメソッドを、ソビエトの映画製作に見出そうとしていた。これと同様に、戦後のソビエトにおける知識人もまた、スターリン政権末期に停滞していた映画産業を活性化させ、革命後のソビエトで掲げられていたリアリズムの理想を実現していくにあたって、左翼的な日本映画を一つの指標としていた。互いの映画に対するこうした認識は、議論の対象となっていた作品の具体的な性質ばかりでなく、他の欧米諸国とは一線を画した日本とソビエトの歴史や文化、そして世界におけるその位置付けとも深く関連していた。欧米との比較に敏感な両国は、互いのことを記号圏の「周縁」と認識していたからこそ、双方における映画製作を、目指すべき「リアリズム」の象徴として受け入れることが出来た。一九二〇年代から一九五〇年代の両国における対話は、日本とソビエトの映画製作における特徴ばかりでなく、双方に対する両国の相互理解や、自己認識の変化にも新たな光を当ててくれるであろう。

『大東京』［ソビエト版］構成採録

ショット	字幕	台詞	音楽
	『大東京』 V・A・シュネイデロフ監督の探検隊によって日本で撮影されたサウンド版（звуковой）発声映画（говорящий фильм） 撮影は一九三二年の冬に、東京、横浜、日光、その他各地で行われた 監督・アイデア： ヴラジーミル・シュネイデロフ 助監督：ヤコフ・クーパー 撮影：マルク・トロヤノフスキー 助手：レフ・ヴォイトヴィチ 作曲：山田耕筰（Косак Ямада） 音楽コンサルタント： セルゲイ・ボグスラフスキー レコーディング・エンジニア： レオニド・オボレンスキー エルネスト・デルプ		リズミカルな汽笛の音。高速度で走る列車の車輪の音これに楽しげなジャズ音楽が被さる

	ステージに立つ背広姿の司会者（ミディアム・ショット）、肩にカメラをぶら下げ、眼鏡をかけている	横浜港の様子 太陽の光を浴びてきらきら光っている 水面には小さなボートが浮かんでいる 遠くには港の岸壁にそびえ立つ大型クレーンが見える
ナレーションの執筆： B・ラーピン、G・ガウズネル 解説：N・モローギン オーケストラと合唱： メジュラブポム・フィルム レコード会社：コロムビア 録音装置：ターゲフォン 製作：メジュラブポム・フィルム		
	ニホンニ 分かりますか？ ニホンニ・ゴザイマス お分かりでしょうか？ ニホンニ・ゴザイマス・イラッシャイ！ 私が言おうとしていること、お分りいただけましたか？ 日本へようこそ。そういう意味なのです。カメラをケースからお出しになる準備を始めて下さい。これから日本の撮影に入ります。 拙い私の言葉をどうかお許しくださいませ。 日本人の言葉にならって、改めてニホンニ・ゴザイマス・イラッシャイ！	ドウゾ！ どうぞ、ご覧になって下さい。これが横浜港です。皆様は横浜港にいらしたのです。こんなに暖かくて、明るい日を一二月に体験したことは、おありでしょうか。

工場の煙突が見える港のショット		
展望台から撮影されたショット 手前には瓦屋根と松の木が見える		こちら、松の木であります。 エキゾチックの極みですね。そう思いませんか？
第六萬栄丸（BANYEIMARU）や、廣順丸（KOJUNMARU）と書かれた汽船が港にとまっている		そして、これが日本帝国の商船です。今度はエキゾチックさとは無縁ですね。 「マル」は汽船という意味です。
汽船から積荷が降ろされていく		現在の日本では、アメリカと中世の世界が入りまじっています。 オイ！　もっと早く動け！ （見張りになった気分で） 袋に入っているのは、大豆であります。
休憩中にタバコを吸いながら何かを語り合っている労働者		彼らは労働者。沖仲仕です。 労働者は沢山います。その数は、運ぶ荷物の量を遥かに上回っています。だから、仕事は毎日回ってくる訳ではありません。 おや、私たちの話をしているようです。「おい見ろ。外国の汽船じゃないか。赤い旗あげて、ウラジオストクからやってきた……」
手を振り上げる見張り人らしき人物		おい！　何を面白がっているんだ。 （見張りになった気分で） ソーデスカ。そう仰いますか、使用人殿。

	ソーデスカ。日本人はこの表現を生活のあらゆる場面で用いる……	ソーデスカ。この言葉が意味するのは、「まさか」という驚き、「なるほど」という納得する気持ち、「そうだったんですね」と相手を立ててあげる気遣い。感謝、服従、そして疑いの気持ち。 ソーデスカ。 日本で貴方はこの言葉をしょっちゅう耳にするでしょう。ソーデスカ。ソーデスカ？　ソーデスカ……ソーデスカ！	
休憩を終え、仕事に戻る労働者 それを見守る使用人 横浜港や、船から荷物が降ろされていく様子が再び映し出される		横浜港は、太平洋区域で一番広い停泊地です。ソーデスカ。 なるほど、そうだったんですね。	ハーモニカの音、それに被さる低い汽笛
川岸にある線路を走っている列車 画面の奥には立派な橋が見える 川に浮かぶ小さなボート 橋を渡る列車を、船からローアングルで捉えたショット		さあ、東京へ行きましょう！　東京へ！ 東京は日本の首都であります。横浜から東京までは列車で四五分。太平洋を離れて一〇分経てば、「内陸部」のはじまりです。 屋根がモコッとした村の民家。赤い樹木。山の景色。	
	水田		
農村の風景 稲作の様子 村の子供たち 赤ん坊をおんぶする老婆			《箱根八里》（馬子唄の編曲）
自転車を漕ぐ人々。牛車や荷車で、酒や米を運ぶ人々			

古民家とその周辺に広がる田畑、道端に置いてある草履と作業着		村には電気が通っているが、農民が稲作に使える土地はごく僅かである。仕事は殆どが手作業である。水田は野菜畑のように細長く、トラクターも十分に使えない。	
川岸にある線路を走っている列車。東京ステーションホテルの看板			映画の冒頭で流れたリズミカルな汽笛、車輪の音 鐘が二回鳴る
駅前のタクシー乗り場		横浜からの列車が到着。日本の都市や村落の兄貴分である東京。それはどんな街でしょうか。	
コリント式列柱が並ぶ三井本館やモダンなデザインの丸の内ビルディング、中央電話局牛込分室、日本劇場などの近代建築のショット		ほほう、こういう街ですか。ソーデスカ。これは、まるでシカゴ！ いや、古代エジプトか、古代ローマのコロッセオのようだ！ 古い絵葉書の日本はいったい何処へいったのか？	車輪の音
東京の街を電車が高速で通過していく		皆様よくいらっしゃいました。日本式のアメリカへようこそ！	
	夜明け前の早朝		
人気がない朝の東京を車のなかから撮影。箒を持って街の掃除をしている人々		ビジネス街は東京の中心部。夜な夜な日が昇るまで、オフィスで売買取引が行われている。 カワナクテワナリマセン。オーストラリア。 オーストラリアに輸出する商品の見積、台湾に輸出する商品の見積……	

障子をバックに、蓄音機のホーンが映し出される		ラジオ放送開始。皆様ご注目ください。朝六時になりました。朝六時になりました！ お早うございます。本日も快晴です。イズオカでは、水産起業家モリタ氏の屋敷が全焼しました。我が軍隊は、中国への進攻を続けています。ご注目ください。これからラジオ体操を始めます。誰一人例外なくインストラクションに従ってください。私が言う通りに続けてください。起立。エクササイズ№1！ 手を腰に当ててスクワット。順番に数えて、いち、にぃ、さん、しぃ（ロシア語がフェードアウトして、日本語にかわる）	
東京駅付近のビル街。下町の木造建築。自転車に乗る中学生。仕事へ急ぐ職人。店を開ける女性	朝六時	いち、にぃ、さん、しぃ （山田耕筰の掛け声）	ラジオ体操の音楽
工場で働く男性。建設現場で働く労働者。稲作に励む農民たち		体操は誰一人欠かさず皆でやるものです。エクササイズ№3！ 手を前にまっすぐ伸ばして、スクワット。いち、にぃ、さん、しぃ！	
川岸で生活と仕事をしている人々の様子。これから売り出しに行く野菜を船に並べている女性、職場へ向かうフェルト帽のサラリーマンたち。工場の煙突から煙が上る。白装束に身を包んだ山伏。牛車や自転車、路面電車が行き交う通り。定食屋の店開けをしている女性や呉服店で買い物をしている女性			朝の到来を告げる壮大な音楽 工場の笛 太鼓の音 豆腐屋の売り声
	東京の衣食住を支える人々		
カメラを見つめる職人たち（ミディアム・クロースアップ）、家紋や企業ロゴがついた作業着のショット		鋳物師。港湾労働者。石工。配達人。織物女工。労働者の職種を当てるのは簡単です。その衣服には会社の印が押されていますから。	

明治製菓川崎工場の正面入り口。トラックから降ろされる小麦粉の入った大きな袋。工場の敷地内の様子		メイジ・セイカ！ この工場では、パンやお菓子、ケーキやラスクを製造しております。これらの商品は全てギンザでお求めいただけます。	
	さあ、早く！ 時は金なり		
チョコレートを素早く包装していく白衣の女工たち。パンの生地をオーブンに運んでいく男性労働者。出来上がった商品がトラックに山積みされていく様子			口笛
建設現場の様子。滑車の網を引っ張る女性たち			ヨイトマケの唄
	警察・消防所宣伝部隊		
「防火デー」の様子。火の用心を訴える演説者の声に聞き入る人々		皆さん、皆さん、皆さん！ 皆さん、皆さん、皆さん、皆さん！ 皆さん、火事を出さないよう、ご注意下さい。台所の火を付けたままにしないで下さい。女性は、家から離れてはいけません。子供がマッチで畳に火を付けたら大変です。女性は、家から離れてはいけません。商人の皆さん、会社員の皆さん、労働者の皆さん。女性は、絶対に家から離れてはいけません！	
農村や工場、建設現場で働く日本人女性の姿。「火の用心」と書いてある宣伝用の車		女性は家を離れてはいけないのです。	
銀座四丁目の交差点。和光ビルが見える。丸ビル前に並ぶタクシーと人力車			管弦楽を主調としたオーケストラ音楽

	朝九時。勤労者		管弦楽を主調としたオーケストラ音楽
丸ビルへ向かうサラリーマンたち			
車がソビエト大使館の敷地内に入っていく		おや、これは誰の屋敷ですか？在日ソビエト連邦大使館の通商代表部⁉ソウデスカ……	
大使館の玄関口付近を箒で掃く庭師		庭師の作業着には鎌と槌のロゴが入っています。ソビエト連邦のシンボルです。	
手持ちの鈴を鳴らす銀座の新聞売り。掲示板に張り出された新聞に目を通すサラリーマン。新聞のクローズアップ			楽しげな音楽 鈴の音
朝日新聞東京本社。隣接する日本劇場。そのクローズアップ。明治生命館建築現場。銀座通り（ビルの屋上から撮影）			
正午を指す時計の針			
Restaurantと書かれた看板。飲食店から仕事へ戻っていくサラリーマン			
公園で孫たちに饅頭を買い与える老人			
人力車に乗る紳士		ええと、じゃあ銀座へ行こう！（日本語で、山田耕筰の声）	
車や自転車を追い越していく人力車。賑やかな繁華街、静かな公園の並木道を映し出すトラッキング・ショット			太鼓のリズミカルな音を主張とした音楽
銀座通りの様子。行き交う人と車。路面電車			《東京行進曲》 《私の青空》 《酒は涙か溜息か》

レコードをかける女性。銀座の様子

銀座の看板

カメラを見つめる女の子。チンドン屋の行進

公園の池。公園のベンチや木の下で昼寝をしている男性たち。数人いるかのように撮影されているが、どのショットにも同じ人物が映っているようにも見える

ビルの屋上から撮影された東京駅周辺。銀座の様子

大きな樹木を荷車で運んでいく人々

お座敷での芸子の踊り

路上の広告

街中の公園

皆さんがお聞きになったのは「銀座の歌」。東京のあらゆるお店、カフェーからこの曲が流れてきます。そう、これが銀座であります。東京の目抜き通り！　東京で一番豪華な、一番美しい通りです。ソウデスカ。

我々の商品だけを！
我々の商品だけをお求めください！

街中の公園。浅草という都市部のエリアにあるものです。
失礼なことをお伺いしますが、この方は何をしていらっしゃるのですか。休憩ですか？　なるほど、休憩中なのですね。
この方も休憩ですか？　あれ、あの方も？　ソウデスカ……なんという……

ここはビジネス街。国家全体の中心部です。お金。ああ、お金よ！　全てはお金のために。

大通りを少し離れてみると、そこには古い日本の路地があります。
何時間もかけて、小型の樹木が何処かへ運ばれていく。
生活は美しくなければいけません。そう思いませんか？　ソウデスカ。

ジンタの音

伝統的な邦楽

大きな樹木が荷車で運ばれていく。路地裏の野菜市場の様子	
小さな子供をおぶって歩いている女の子。一瞬こちらをみつめるが、すぐまたカメラに背を向け、歩き出す	
	伝統的な日本の家
花を生ける着物姿の女性。障子越しにみえるその姿	
	休みの日は郊外へ日光の寺社巡りに
日光の山々、神橋、華厳ノ滝、社殿、鳥居	
	参拝の様子

俗な東京の暮らしであります……会社勤務のひとや事務職員、自営業を営む商人たち。彼らはビジネス街の召使です。	
一生懸命仕事するんだな。稼げるぞ！ どこへ行くんだい？ 食べたりはしないぞ。ほら、きみの赤ちゃんにもお菓子をやるよ。 あぁ、行ってしまった……	
庶民が生活している家でございます。ススキとライスペーパーの造りです。女性は歌います。ワタシ、それを訳します。 「赤い玉葱に、白い人参、そして料理鍋」女性は料理をしているようですね。 「ああ、私は一日中、そして一生、ずっと台所で過ごすのよ……」 庶民の生活は狭く、憂鬱で退屈です。	女性の鼻歌
	管楽器の低い音

参拝の様子	天人を初めて見る労働者。天人を初めて見るを農民		
	神社の入り口を守っている神様		
日光東照宮、陽明門にある随身像			
	獣の表情は険しい		
陽明門を飾る唐獅子のショット。階段を上る参拝者			
	餌食		
賽銭箱に小銭を投げる参拝者			小銭が賽銭箱に落ちる音
	獣が笑顔になった		
少し笑っているように見える唐獅子のショット。祈る参拝者			
	二人目の餌食		
賽銭箱のクロースアップ。手を合わせて礼をする参拝者。賽銭箱に小銭を投げる男性			小銭が賽銭箱に落ちる音
	獣は大声で笑っている		
口を大きく開けて笑っているように見える唐獅子のショット（複数のアングルから撮影）			
途切れることのない参拝者の列。陽明門にある随身像。唐獅子。子供をおぶったまま参拝にきた女性			

カメラをみつめて微笑む巫女。神職。

巫女にカット・バック

参拝にやってきた男性と神職のやり取り。男性の願いを巫女たちに伝える神職。お辞儀をしながら帰っていく男性

巫女たちの踊り

参拝者の様子。鳥居。中禅寺湖の美しい風景

農村の風景

生きている女神だ！　ソウデスカ。女神が微笑んでいる！

中世を思わせる殻竿や馬鍬

彼女は神聖なるバレリーナ。女神たちの代表者です。日光で生活している薬剤師の娘でもあります。


神社の書記と参拝者。

お祈りを捧げてもよろしいでしょうか？

はい、かしこまりました。領収証には何と書きましょう？

はぁ、家族の健康のために神聖な舞を一つお願いします。

はい、こちらが領収証になります。おーい！聞いたか？　家族の健康願いに神聖な舞一つ！

アリガトーゴザイマス。

どうもありがとうございます。


皆様に日本の神社をお見せいたしました。ここでは、全てが現世の苦労を忘れさせてくれます。でも皆様は実在する現代日本を、きっと忘れることはないでしょう。

太鼓と笛の音

三味線を用いた伝統的な邦楽

<table>
<tr><td>伝統的な農具を使って作業する人々</td><td></td><td rowspan="10"></td><td rowspan="10">《私の青空》</td></tr>
<tr><td></td><td>鉄とコンクリートで出来た高層ビル</td></tr>
<tr><td>東京の近代建築</td><td></td></tr>
<tr><td></td><td>ススキで拵えたバラック</td></tr>
<tr><td>都市部から離れた小さな建築物</td><td></td></tr>
<tr><td></td><td>富裕層の優雅な毎日</td></tr>
<tr><td>銀座、東京駅周辺の様子</td><td></td></tr>
<tr><td></td><td>東京の郊外に生きる労働者</td></tr>
<tr><td>明治製菓の様子。建設現場。東京に生きる職人と浮浪者</td><td></td></tr>
<tr><td></td><td>繁華街へ行けば、辛い毎日が忘れられるのでは？</td></tr>
<tr><td>街を行き交う人々。楽しそうに会話をしている男子学生、女性たち。足袋を販売している店でクラリネットやトロンボーンを奏でる小さなオーケストラ</td><td rowspan="2"></td><td rowspan="5"></td><td>管楽器の音</td></tr>
<tr><td>街を行き交う老若男女。下駄のクロースアップ。東京の遠景。ネオンが輝く銀座の街。映画館が立ち並ぶ浅草六区</td><td rowspan="2">《東京行進曲》（二回）
《私の青空》
《私この頃憂鬱よ》
《アラビアの唄》</td></tr>
<tr><td></td><td>仕事を終え……</td></tr>
<tr><td>「松竹トーキー」という大きなサインが出ている帝国館。映画館入り口付近の人混み（最上階から撮影）</td><td></td><td>ジンタの音</td></tr>
<tr><td></td><td>新作『若い銀行員の恋』にご期待下さい！</td><td>《酒は涙か溜息か》</td></tr>
</table>

映画館の入り口付近で混み合う人々		《酒は涙か溜息か》
	使用人は仕事の疲れを映画館で癒す	
浅草六区の様子		
	銀行員の生活は良いなぁと妄想にくれる使用人	
街を行き交う人々		
	日本にはまだ昔風の芸者がいる	
お店のショーケースの前で立ち話をしている二人の芸子		
	マダム桜	
照れながらも、カメラに向かって微笑みかける芸子A		
	マダム竹	
カメラから視線をそらし、クスクス笑う芸子B		
	ところが、今時の紳士が選ぶのはミス・エレクトリックだ	
カメラを堂々とみつめるモガ。彼女を笑っているように見える芸子たち	偉そうにしている。まるでアメリカ人のようだ	

通りを歩いていくモガ。その姿（とカメラの存在）に驚きを隠せないでいる若い男性			《東京行進曲》
燈が灯った東京の街			
輝く東京のネオン。二重露光で撮影されたショットも。地下鉄ストアビルのネオン時計		東京は愉快でしょう。そう思いませんか？ ソウデスカ！ では、さようなら！　日本語で「サヨーナラ」と言います。 サヨーナラ！	朝六時のシークェンスで流れた音楽再び 映画の冒頭で流れたジャズ音楽、列車の汽笛（完）

参考文献一覧

日本語文献

晏妮『戦時日中映画交渉史』岩波書店、二〇一〇年。

アンドリューズ、エドナ『ロートマンの文化記号論入門——言語・文学・認知』而立書房、二〇〇五年。

李英載『帝国日本の朝鮮映画——植民地メランコリアと協力』三元社、二〇一三年。

飯田審美「トゥルクシブ」『キネマ旬報』一九三〇年九月下旬号、一三三頁。

池上華絢「映画拝見(大東京)」『フォトタイムス』一九三三年九月号、九三—九五頁。

板倉史明「大映「母もの」のジャンル生成とスタジオ・システム」岩本憲児編『家族の肖像——ホームドラマとメロドラマ』森話社、二〇〇七年、一〇三—一三八頁。

——「『女ひとり大地を行く』〔最長版〕の復元」『東京国立近代美術館研究紀要』一三号、二〇〇九年、九二—一〇二頁。

伊藤愉「メイエルホリド劇場と日露交流——メイエルホリド、ガウズネル、ガーリン」永田靖・上田洋子・内田健介編『歌舞伎と革命ロシア——一九二八年左団次一座訪ソ公演と日露演劇交流』森話社、二〇一七年、二四九—二六〇頁。

稲垣一穂「生存の闘争」『映画評論』一九三一年四月号、一三九—一四〇頁。

井上雅雄『文化と闘争——東宝争議一九四六—一九四八』新曜社、二〇〇七年。

今村太平「ソビエト映画の影響——戦前の回想」『ソビエト映画の四〇年』世界映画資料社、一九五九年、三四—四五頁。

岩崎昶「中国映画の夜明けまで 革命的伝統」『ソヴェト映画』一九五二年一月号、八—九頁。

——「ソビエト映画と日本」『ソヴェト映画』一九五二年一月号、一四—一五頁。

――「『トゥルクシブ』と日本映画」『現代の目』一九五五年四月号、七頁。

岩崎昶・瓜生忠夫「1952年をかえりみて――日本映画の人と作品について」『ソヴェト映画』一九五三年二月号、四六―五三頁。

岩本憲児「日本におけるモンタージュ理論の紹介」『比較文学年誌』一〇号、一九七四年、六七―八五頁。

――『ロシア・アヴァンギャルドの映画と演劇』水声社、一九九八年。

ヴェルトフ、ジガ「われわれは(マニフェスト案)」大石雅彦・田中陽編『キノ――映像言語の想像』国書刊行会、一九九四年、一二二―一二六頁。

瓜生忠夫『映画えんま帖』法政大学出版局、一九五五年。

エイゼンシュタィン、エス、エム「日本文化とモンタアジュ(上)」『キネマ旬報』一九三〇年二月上旬号、六三―六四頁。

――「日本文化とモンタアジュ(中)」『キネマ旬報』一九三〇年二月中旬号、六〇―六一頁。

――「日本文化とモンタアジュ(下)」『キネマ旬報』一九三〇年二月下旬号、四二頁。

エイゼンシュタイン、セルゲイ『エイゼンシュタイン映画論[決定版]』第一藝文社、一九四〇年。

エイゼンシュテイン、セルゲイ「ソヴェト映画の三〇年とロシヤ文化の伝統」『ソヴェト映画』一九五〇年三月号、一二―一三頁。

――「モンタージュ一九三八年」『エイゼンシュテイン全集[7]――モンタージュ』キネマ旬報社、一九八一年、二五六―二八七頁。

大石雅彦『エイゼンシテイン・メソッド――イメージの工学』平凡社、二〇一五年。

大竹せい「冬の夜、おいしいロシア料理を!!」『ソヴェト映画』一九五一年二月号、二二頁。

太田丈太郎『「ロシア・モダニズム」を生きる――日本とロシア、コトバとヒトのネットワーク』成文社、二〇一四年。

大平陽一「日本映画に与えたロシア映画理論の影響」奥村剋三・左近毅編『ロシア文化と近代日本』世界思想社、一九九八年、一一〇―一二七頁。

大宅壮一「素晴らしいワンダー」『映画教育』一九三四年一二月号、一八―一九頁。

巨椋晋「ソヴェートロシヤのトオキイ」『映画評論』一九三二年五月、七一頁。

帰山教正「日本映画の海外進出について」『映画往来』一九二九年九月号、一二―一三頁。

加藤哲郎『モスクワで粛清された日本人――30年代共産党と国崎定洞・山本懸蔵の悲劇』青木書店、一九九四年。

加納章「大東京」『映画評論』一九三三年八月号、一一九―一二〇頁。

神近市子「組織的な自然征服」『映画往来』一九三〇年一一月号、三九―四〇頁。

紙屋牧子「「聖」なる女たち――占領史的文脈から「母もの映画」を読み直す」『演劇研究』三七号、二〇一四年、六五―八二頁。

亀井文夫「記録映画と構成」『映画評論』一九三八年六月号、五八―六一頁。

――「記録映画と真実と」『映画評論』一九三九年五月号、四一―四六頁。

――「亀井文夫、大いに語る」『映画評論』一九五九年二月号、三二―四五頁。

――『たたかう映画――ドキュメンタリストの昭和史』岩波新書、一九八九年。

亀井文夫・秋元憲・田中喜次・上野耕三・石本統吉「日本文化映画の初期から今日を語る座談会」『文化映画研究』一九四〇年二月号、一六―一七頁。

亀井文夫・河原崎國太郎・土方敬太「ソヴェト映画の印象 座談会」『ソヴェト映画』一九五〇年二月号、一八―二三頁。

川崎賢子・原田健『岡田桑三 映像の世紀――グラフィズム・プロパガンダ・科学映画』平凡社、二〇〇二年。

川西秀哉『うたごえの戦後史』人文書院、二〇一六年。

川畑直道「日本におけるソビエト映画ポスターの受容――ポスター展を中心に」『無声時代ソビエト映画ポスター《袋一平コレクション》カタログ』独立行政法人国立美術館・東京国立近代美術館、二〇〇九年、八九―九七頁。

川村湊『南洋・樺太の日本文学』筑摩書房、一九九四年。

北河賢三『戦後史のなかの生活記録運動――東北農村の青年・女性たち』岩波書店、二〇一四年。

北川鉄夫「プロキノ映画通信員について――その草案」『プロレタリア映画』一九三〇年八月号、二一頁。

北田理恵「トーキー時代の弁士――外国映画の日本語字幕あるいは「日本版」生成をめぐる考察」『映画研究』四号、二〇〇九年、四―二一頁。

衣笠貞之助「モスクワで見た「トゥルクシブ」」『映画科学芸術』一九三一年一月号、六頁。

――『わが映画の青春――日本映画史の一側面』中公新書、一九七七年。

木内嗣夫「これがロシアだ」『映画評論』一九三一年四月号、一三八―一三九頁。

木下千花『溝口健二論――映画の美学と政治学』法政大学出版局、二〇一六年。

邱淑婷『香港・日本映画交流史――アジア映画ネットワークのルーツを探る』東京大学出版会、二〇〇七年。

来島雪夫「パミール」『映画評論』一九三一年五月号、七三―七四頁。

蔵原惟人『蔵原惟人評論集［1］』新日本出版社、一九六六年、一四六―一四七頁。

黒澤亜里子編『往復書簡――宮本百合子と湯浅芳子』翰林書房、二〇〇八年。

香野雄吉「ソヴェート映画「トゥルクシブ」――コンティニュイティにそえて」『映画科学芸術』一九三一年一月号、五六―六一頁。

佐々元十「植民地映画に就て」『プロレタリア映画』一九三〇年一〇月号、一六―二七頁。

――「ソヴェート映画から何を学ぶか」『プロレタリア映画』一九三〇年一一月・一二月合併号、五六―六〇頁。

佐々木基一「女ひとり大地を行く」『映画評論』一九五三年四月号、八四―八六頁。

佐藤忠男『日本映画理論史』評論社、一九七七年。

佐藤千登勢「映画『アジアの嵐』と『トゥルクシブ』における東と西」望月哲男編『スラブ・ユーラシアにおける東西文化の対話と対抗』21世紀COEプログラム研究報告集№21、二〇〇七年、一七―二六頁。

佐藤真『ドキュメンタリー映画の地平――世界を批判的に受けとめるために［愛蔵版］』凱風社、二〇〇九年。

四條誠「ものがたり母」『ソヴェト映画』一九五二年九月号、六―九頁。

清水千代太「トウルクシブ」『キネマ旬報』一九三〇年一〇月下旬号、三三頁。

須藤五郎「随想「シベリヤ物語」その他」『ソヴェト映画』一九五〇年七月号、一八―一九頁。

スパルウィン、エヴゲニー『横目で見た日本』新潮社、一九三一年。

大傍正規「届かないメロディ――日独合作映画『新しき土』の映画音楽に見る山田耕筰の理想と現実」杉野健太郎編『映画とネイション』ミネルヴァ書房、二〇一〇年、一―三四頁。

田中純一郎『日本教育映画発達史』蝸牛社、一九七九年。

――『日本映画発達史Ⅱ――無声からトーキーへ』中央公論社、一九八〇年。

谷川建司『アメリカ映画と占領政策』京都大学学術出版会、二〇〇二年。

――――「占領下日本における米ソ映画戦――総天然色映画の誘惑」『インテリジェンス』七号、二〇〇六年、七一―八〇頁。

田村正太郎『ソ連見たまま住んだまま』丸ノ内出版、一九七八年。

ダワー、ジョン『敗北を抱きしめて――第二次大戦後の日本人［増補版］（上）』岩波書店、二〇〇一年。

長木誠司『戦後の音楽――芸術音楽のポリティクスとポエティクス』作品社、二〇一〇年。

辻智子『繊維女性労働者の生活記録運動――一九五〇年代サークル運動と若者たちの自己形成』北海道大学出版会、二〇一五年。

東京国立近代美術館フィルムセンター『ソ連映画の史的展望〈一九二三―一九四六〉（一）』東京国立近代美術館、一九七八年。

登川直樹「不死身の魔王」『キネマ旬報』一九四八年六月下旬号、三七頁。

徳永直「ソヴェト映画と日本人大衆」『ソヴェト映画』一九五一年二月号、二〇―二一頁。

富田武『戦間期の日ソ関係――一九一七―一九三七』岩波書店、二〇一〇年。

富田美香「総天然色映画の超克――イーストマン・カラーから「大映カラー」への力学」ミツヨ・ワダ・マルシアーノ編『「戦後」日本映画論――1950年代を読む』青弓社、二〇一二年、三〇六―三三一頁。

鳥羽耕史『一九五〇年代――「記録」の時代』河出書房新社、二〇一〇年。

中島信「〝不在地主〟のダイアグラム」『プロレタリア映画』一九三〇年一一月・一二月合併号、五三―五五頁。

永田靖・上田洋子・内田健介編『歌舞伎と革命ロシア――一九二八年左団次一座訪ソ公演と日露演劇交流』森話社、二〇一七年。

長塚英雄編『日露異色の群像三〇――文化・相互理解に尽くした人々』東洋書店、二〇一四年。

長門洋平『映画音響論――溝口健二映画を聴く』みすず書房、二〇一四年。

中根宏『トオキイ音楽論』往來社、一九三二年。

中野健二「トウルクシヴを見て」『キネマ旬報』一九三〇年一一月号、五二頁。

永山武臣監修『松竹百年史 演劇資料』松竹、一九九六年。

布村建「フキルム温故知新⑴『制空』は経歴上の瑕なのか？――亀井文夫の戦争」『映画論叢』二三号、二〇一〇年、一〇〇―一〇二頁。

野間宏・今井正・河原崎長十郎「未来を信ずるソヴェト映画の明るさ」『ソヴェト映画』一九五一年五月号、八―一一頁。

畑あゆみ「声の動員――一九三〇―四〇年代記録映画におけるラジオアナウンサーと弁士」『映像学』七六号、二〇〇六年、五―二四頁。

馬場栄太郎「記録映画」『映画界』一九三八年八月号、三八―四一頁。

土方梅子「ルバーシカとブルースカ」『ソヴェト映画』一九五〇年五月号、二〇―二一頁。

土方与志・亀井文夫・今井正・岩佐氏寿・時実象平・嵯峨善兵「「ベルリン陥落」と芸術記録映画 座談会」『ソヴェト映画』一九五〇年一〇月号、一一―一四頁。

土方与志・亀井文夫・今井正・岩佐氏寿・時実象平・嵯峨善兵「芸術映画の問題「ベルリン陥落」を中心に 座談会(完)」『ソヴェト映画』一九五〇年一一月号、二四―二七頁。

土方与志「『大地』『ミチューリン』の監督Aドヴジェンコの思い出」『ソヴェト映画』一九五〇年三月号、一八―一九頁。

平野共余子『天皇と接吻――アメリカ占領下の日本映画検閲』草思社、一九九八年。

平野零児「写実映画の魅力」『映画教育』一九三四年一二月号、二一頁。

平林たい子「トゥルクシブ――観覧後の素人感」『映画往来』一九三〇年一一月号、三六―三七頁。

フィオードロワ、アナスタシア「リアリズムとアヴァンギャルドの狭間で――亀井文夫監督の被爆者ドキュメンタリー『生きていてよかった』」査読制電子映画学術誌 *CineMagaziNet!* (http://www.cmn.hs.h.kyoto-u.ac.jp), No. 14 (Summer 2010)。

藤井仁子「文化する映画――昭和十年代における文化映画の言説分析」『映像学』六六号、二〇〇一年、五―二二頁。

藤本和貴夫「エヴゲーニー・ゲンリホヴィッチ・スパルヴィン(一八七二―一九三三)――ウラジオストク東洋学院教授・在東京ソ連邦大使館書記」長塚英雄編『日露異色の群像30――文化・相互理解に尽くした人々』東洋書店、二〇一四年、一三〇―一五七頁。

袋一平『ソヴェート・ロシヤ映画の旅』往來社、一九三一年。

古舘嘉「戦時下における映画監督亀井文夫の抵抗、三宅晶子編『文化における想起・忘却・記憶』千葉大学社会文化科学研究科研究プロジェクト報告書268集、二〇一四年、六二―七七頁。

帆足計・岩崎昶・今井正「平和な技術の国――ソヴェト・中国を訪ねて」『ソヴェト映画』一九五二年一〇月号、五三―六〇頁。

星野辰男編『JAPAN: A PICTORIAL INTERPRETATION』朝日新聞社、一九三二年。

細川周平「小唄映画の文化史」『シネマどんどん』一号、二〇〇二年、一二―一五頁。

ポダルコ、ピョートル『白系ロシア人とニッポン』成文社、二〇一〇年。

牧野守「ドキュメンタリー作家亀井文夫の生きた時代」『亀井文夫特集』山形国際ドキュメンタリー映画祭東京事務局・プラネット映画資料図書館、二〇〇一年、二八―四二頁。

牧野守・佐藤洋「長い回り道――牧野守に聞く その研究活動の背景」『映像学』二〇号、二〇〇六年、二―五〇頁。

松川八洲雄『ドキュメンタリーを創る』農村漁村文化協会、一九八三年。

松村正直『樺太を訪れた歌人たち――松村正直評論集』ながらみ書房、二〇一六年。

松本西三「日本映画を守るもの」『ソヴェト映画』一九五一年八月号、一四―一五頁。

道場親信・河西秀哉編・解題『「うたごえ」運動資料集』金沢文圃閣、二〇一六年一二月―二〇一七年六月。

メリニコワ、イリーナ「1920―1930年代のヨーロッパ映画における亡命ロシア人とロシアのイメージ」『言語文化』二〇一二年三月号、三五三―三七六頁。

安丸良夫『戦後歴史学という経験』岩波書店、二〇一六年。

山内光「ソヴエートト・ロシアの映画界を訪ふ」『プロレタリア映画運動の展望』大鳳閣書房、一九三〇年、二五七―二七〇頁。

山口淑子「俳優☆俳優を語るラドイニナ」『ソヴェト映画』一九五〇年五月号、一九頁。

山崎真一郎「来日するシュネーデロフ氏」『朝日新聞』一九五九年五月一一日、九面。

山下聖美「宮沢賢治と林芙美子における樺太(サハリン)」『藝文攷』一八号、二〇一三年、一四四―一五四頁。

山田耕筰「「人生案内」への「案内」」(『東京朝日新聞』一九三二年四月二七日)後藤暢子・團伊玖磨・遠山一行編『山田耕筰著作全集［2］』岩波書店、二〇〇一年、二四四―二四五頁。

――「大東京の録音」(『東京朝日新聞』一九三三年五月二七日―一九三三年五月三〇日)後藤暢子・團伊玖磨・遠山一行編『山田耕筰著作全集［3］』岩波書店、二〇〇一年、三一一―三一七頁。

――「トーキー音楽」後藤暢子・團伊玖磨・遠山一行編『山田耕筰著作全集［3］』岩波書店、二〇〇一年、三〇六―三一一頁。

山本喜久男『日本映画における外国映画の影響――比較映画史研究』早稲田大学出版部、一九八三年。

山本佐恵『戦時下の万博と「日本」の表象』森話社、二〇一二年。

山本薩夫「日本映画の抵抗精神」『ソヴェト映画』一九五一年四月号、二六―二七頁。

――『私の映画人生』新日本出版社、一九八四年。

山本薩夫・亀井文夫・今井正・佐々木基一・梅崎春生・椎名麟三・花田清輝「座談会 映画におけるリアリズム」『新日本文学』一九五三年五月号、八四―一〇〇頁。

吉住五郎「わが民族の怒り・誇り 力と闘いをえがけ」『ソヴェト映画』一九五二年四月号、一〇―一一頁。

吉田則昭「占領期雑誌におけるソビエト文化受容」山本武利編『占領期文化をひらく――雑誌の諸相』早稲田大学出版部、二〇〇六年、一三七―一五九頁。

劉文兵『日中映画交流史』東京大学出版会、二〇一六年。

ロトマン、ユーリー・M・『文学理論と構造主義――テキストへの記号論的アプローチ』勁草書房、一九九八年。

渡辺裕『歌う国民――唱歌、校歌、うたごえ』中央公論新社、二〇一〇年。

和田山茂「これがロシアだ」『キネマ旬報』一九三二年四月上旬号、四三―四四頁。

無記名「ロシアの名監督を迎へ わが国文化の映画化 松竹キネマに招かれるプドーフキン氏」『大阪毎日新聞』一九三〇年八月二三日、七面。

無記名「ロシア名画トウルクシブ」『キネマ旬報』一九三〇年九月下旬号、三二頁。

無記名「トゥルクシブを参謀本部、鉄道省推薦あそばる」『プロレタリア映画』一九三〇年一〇月号、五七頁。

無記名「ロシアから希望して来た 我が文化紹介の映画 同国名監督を招き松竹が撮影」『東京日日新聞』一九三一年八月二三日、九面。

無記名「魔の北氷洋を見事乗り切って――露国探検船横浜着」『東京朝日新聞』一九三二年一一月五日、七面。

無記名「露国大使、探検隊長ら本社写真絵画展覧会へ」『東京朝日新聞』一九三二年一一月一三日、二面。

無記名「昭和八年十一月下半期東京封切主要外国映画興信録」『国際映画新聞』一九三三年一二月五日、二五頁。

無記名「石の花」『キネマ旬報』一九四七年一一月下旬号、四―五頁。

無記名『映画演劇興行新報』一九四八年五月号、一二頁。

無記名「編集後記」『ソヴェト映画』一九五〇年二月号、二二頁。

無記名「ソヴェト映画友の會」『ソヴェト映画』一九五〇年七月号、二五頁。

無記名「ソヴェト映画鑑賞の手引 侵略者はだれか?――民族映画と合作映画」『ソヴェト映画』一九五一年四月、二五頁。

無記名「編集後記」『ソヴェト映画』一九五二年一〇月号、八〇頁。

無記名「戦前日本で封切られたソビエト映画リスト」『NFCニューズレター』二〇〇一年一一―一二月号、二〇頁。

ロシア語文献

Блейман М.Ю. Смотря в упор: Японское кино в Ленинграде // Жизнь искусства. – 1929. – № 31. – С.14.

Болтянский Г.М. Ленин и кино. – М.: Л., 1925 г.

Бондарчук С. Кинофестиваль в Карловых Варах // Советская культура. – 1954. – 17 августа. – С. 4.

Булгакова О. Фабрика жестов. – М.: НЛО.

Вертов Д. Статьи, дневники, замыслы. – М.: Искусство, 1966.

――― Творческая карточка. 1917-1947 / Публикация и комментарии А.С. Дерябина // Киноведческие записки. – 1996. – № 30. – С. 161-192.

Голдовская М.Е. Советская кинооператорская школа и ее роль в мировом кино. Автореферат диссертация на соискание ученой степени кандата искусствоведения. – М.: Всесоюзный государственный институт кинематографии, 1968.

Дерябин А.С. «Наша психология и их психология – совершенно разные вещи». «Афганистан» Владимира Ерофеева и советский культурфильм двадцатых годов // Киноведческие записки. – 2001. – № 54. – С. 53-70.

Дыбовский А.С. О карикатурах А.А.Лейферта（газета «Токио Асахи», 1931）// Известия Восточного института. – 2013. – № 1（21）. – С. 117-129.

Заречная И. Мать Горького на японской сцене // Литературная газета. – 1952. – 15 января. – С. 4.

Иконникова Е.А., Никонова А.С. Сахалин и Курильские острова в японской литературе XX – XXI веков. – Южно-Сахалинск: Издательство СахГУ, 2016.

Ким Р. Японская литература сегодня // Новый мир. – 1947.– № 7.– С. 250-262.

Кино в Японии // Жизнь искусства. – 1923.– № 30. – С.26-27.

Коваль В. Большой Токио // Киногазета（М.）. – 1933. – 19 дек.（№ 59-60）. – С. 5.

Куланов А.Е. Ощепков. – М.: Молодая гвардия, 2017.

Ленинградский мартиролог, 1937-1938: Книга памяти жертв политических репрессий. Т. 8. – СПб.: 2008.

Летопись российского кино, 1863-1929. / Научно-исследовательский институт киноискусства Министерства культуры Российской Федерации, Госфильмофонд Российской Федерации, Музей кино. – М.: Материк, 2004.

Ложкина А.С. Образ Японии в советском общественном сознании（1931-1939 гг.）. – Берлин: LAP LAMBERT Academic Publishing, 2011.

Лотман Ю.М. Семиосфера. – СПб.: Искусство-СПб, 2000.

Мамонов А. Искусство большой правды // Комсомольская правда. – 1954. – 6 августа. – С. 3.

Мельникова И.В. Японская тема в советских оборонных фильмах 30-х годов. *Japanese Slavic and Eastern European Studies* no. 23（2002）: 57-82.

——— Чей соловей? Отзвук песен русского Харбина в японском кино // Киноведческие записки. – 2012. – № 94/95. – С. 190-207.

Молодяков В.Э. Россия и Япония в поисках согласия 1905 – 1945. – М.: АИРО XXI, 2012.

Письмо из Берлина. «Афганистан» в Берлине // Кино（М.）. – 1929. – 25 июня. – С. 3.

Познер Валери, От фильма к сеансу: к вопросу об устности в советском кино 1920-30-х годов. Советская власть и медиа: Сб. статей / Под ред. Х. Гюнтера и С. Хэнсген. – СПб.: Академический проект, 2005. С. 329-349.

Попов И. Большой Токио. – М.: Издательство управления кинофикации при СНК РСФСР, 1934.

Пути кино: Первое всесоюзное совещание по кинематографии / Под ред. Б.С. Ольхового. – М.: Теакинопечать, 1929.

Рогов В. Женщина идет по земле // Известия. – 1954. – 17 августа. – С. 2.

С.М. Кино в Японии // Жизнь искусства. – 1928. – № 1. – С.19.

Собрание законов и распоряжений Рабоче-крестьянского правительства Союза Советских Социалистических Республик. Отд. 1. – 7 декабря 1929. – № 76. – С. 738.

Советские художественные фильмы. Аннотированный каталог. Т. 3. – М.: Искусство, 1961.

Чвялев Е.Д. Советские фильмы за границей. Три года за рубежом / Предисл. М.П. Ефремова. – Л.: Теакинопечать, 1929.

Эйзенштейн С.М. Монтаж 1938 [1938] // Эйзенштейн С.М. Избр. произв.: В 6-ти тт. – М.: Искусство, 1964-1971. Т. 2. С. 157-188.

«Эту фильму нужно показывать первым экраном». АРРК. 21 февраля 1929 г. Просмотр картины. «Афганистан» // Киноведческие записки. – 2001. – № 54. – С. 75-93.

Япония и Россия. Национальная идентичность сквозь призму образов / Редактор-составитель Ю.Д. Михайлова. – СПб.: Петербургское Востоковедение, 2014.

英語・その他外国語文献

Anderson, Joseph, and Donald Richie. *The Japanese Film: Art and Industry*. Expanded edition. Princeton, NJ: Princeton University Press, 1982.

Bordwell, David. *The Cinema of Eisenstein*. New York: Routledge, 2005.

Burch, Noël. *To the Distant Observer: Form and Meaning in the Japanese Cinema*. Berkeley: University of California Press, 1979.

Chan, Ka Yee Jessica. "Translating 'montage': The discreet attractions of Soviet montage for Chinese revolutionary cinema." *Journal of Chinese Cinemas* 5, no. 3 (November 2011): 197-218.

Clark, Katerina. *The Soviet Novel: History as Ritual*. Bloomington and Indianapolis: Indiana University Press, 2000.

Cook, Ryan. "Japanese Lessons: Bazin's Cinematic Cosmopolitanism." In *Opening Bazin: Postwar Film Theory and its Afterlife*, edited by Dudley Andrew and Hervé Joubert-Laurencin, 330-334. New York: Oxford University Press, 2011.

Cosandey, Roland. "Some Thoughts on 'Early Documentary'." In *Uncharted Territory: Essays on Early Nonfiction Film*, edited by Daan Hertogs and Nico de Klerk, 37-50. Amsterdam: Nederlands Filmmuseum, 1997.

David-Fox, Michael. *Showcasing the Great Experiment: Cultural Diplomacy and Western Visitors to the Soviet Union, 1921-1941*. New York: Oxford University Press, 2012.

Davis, Darrel William. *Picturing Japaneseness: Monumental Style and National Identity in Prewar Japanese Film*. New York: Columbia University Press, 1996.

Fuller, Karla Rae. *Hollywood Goes Oriental: CaucAsian Performance in American Film*. Detroit: Wayne State University Press, 2010.

Gerow, Aaron. "Narrating the Nation-ality of a Cinema: The Case of Japanese Prewar Film." In *The Culture of Japanese Fascism*, edited by Alan Tansman, 185-211. Durham: Duke University Press, 2009.

———*Visions of Japanese Modernity: Articulations of Cinema, Nation, and Spectatorship, 1895-1925*. Berkeley: University of California Press, 2010.

Hallam, Julia, and Margaret Marshment, eds., *Realism and Popular Cinema*. Manchester: Manchester University Press, 2000.

Harootunian, Harry. *Overcome by Modernity: History, Culture, and Community in Interwar Japan*. Princeton, N.J.: Princeton University Press, 2000.

Herman, David. *Poverty of the Imagination: Nineteenth-Century Russian Literature About the Poor*. Evanston, IL: Northwestern University Press, 2001.

Hirsch, Leo: Im Lande Amanullahs. In: Berliner Tageblatt, Nr. 256, 2.6.1929.

Kasza, Gregory J. *The State and the Mass Media in Japan, 1918-1945*. Berkeley: University of California Press, 1988.

Kelly, Catriona. *Comrade Pavlik: The Rise and Fall of a Soviet Boy Hero*. London: Granta Books, 2005.

Kinoshita, Chika. "The Edge of Montage: A Case of Modernism / *Modanizumu* in Japanese Cinema." In *The Oxford Handbook of Japanese Cinema*, edited by Daisuke Miyao, 124-151. Oxford: Oxford University Press, 2014.

Konishi, Sho. *Anarchist Modernity: Cooperatism and Japanese-Russian Intellectual Relations in Modern Japan*. Cambridge: Harvard University Asia Center, 2013.

Melnikova, Irina. "Constructing the Screen Image of an Ideal Partner." In *Japan and Russia: Three Centuries of Mutual Images*, edited by Yulia Mikhailova and M. William Steele, 112-133. Folkestone: Global Oriental, 2008.

Miyao, Daisuke. *Sessue Hayakawa: Silent Cinema and Transnational Stardom*. Durham: Duke University Press, 2007.

Morris-Suzuki, Tessa. "Northern Lights: The Making and Unmaking of Karafuto Identity." *The Journal of Asian Studies* 60, no.3 (August 2001): 645-671.

Nornes, Abé Mark. *Japanese Documentary Film: The Meiji Era through Hiroshima*. Minneapolis: University of Minnesota Press, 2003.

Nornes, Abé Mark. *Cinema Babel: Translating Global Cinema*. Minneapolis: University of Minnesota Press, 2007.

Oguma, Eiji. "The Postwar Intellectuals' View of 'Asia'." In *Pan-Asianism in Modern Japanese History: Colonialism, Regionalism and Borders*, edited by Sven Saaler and J. Victor Koschmann, 200-212. London; New York: Routledge, 2007.

Papazian, Elizabeth Astred. *Manufacturing Truth: he Documentary Moment in Early Soviet Culture*. DeKalb: Northern Illinois University Press, 2009.

Payne, Matthew J. "Viktor Turin's Turksib (1929) and Soviet Orientalism." *Historical Journal of Film, Radio and Television* 21, no. 1 (March 2001): 37-62.

Thompson, Kristin, and David Bordwell. *Film History: An Introduction*. 3rd edition. NY: McGraw-Hill, 2010.

Petric, Vladimir. "Soviet Revolutionary Films in America (1925-1935)." PhD diss., New York University, 1973.

Philippe, Gerard. "Gerard Philippe vous raconte sept films Japonais" *Les Lettres françaises* no. 493（December 1953）: 3-10.

Reimer, J. Thomas, ed. *A Hidden Fire: Russian and Japanese Cultural Encounters, 1868-1926*. Stanford: Stanford University Press, 1995.

Roberts, Graham. *Forward Soviet! History and Non-fiction Film in the USSR*. London; New York: I.B. Tauris Publishers, 1999.

Ryabchikova, Natalia. "The Flying Fish: Sergei Eisenstein Abroad, 1929-1932." PhD diss., University of Pittsburgh, 2016.

Sadoul, Georges. "Existe-t-il un néoréalisme Japonais?" *Cahiers du Cinema* no. 28（November 1953）: 7-19.

Skopal, Pavel. "'It Is Not Enough We Have Lost The War – Now We Have to Watch It!'Cinemagoers' Attitudes in the Soviet Occupation Zone of Germany（a Case Study From Leipzig）." *Participations: Journal of Audience & Reception Studies* 8, no. 2（November 2011）: 497-521.

Sussex, Elizabeth. *The Rise and Fall of British Documentary: The Story of the Film Movement Founded by John Grierson*. Berkley: University of California Press, 1975.

Tsivian, Yuri. "The Wise and Wicked Game: Reediting, Forgiveness, and Soviet Film Culture of the Twenties." In *Insiders and Outsiders in Russian Cinema*, edited by Stephen M. Norris and Zara M. Torlone, 23-47. Bloomington: Indiana University Press, 2008.

Wada-Marciano, Mitsuyo. *Nippon Modern: Japanese Cinema of the 1920s and 1930s*. Honolulu: University of Hawai'i Press, 2008.

Yamamoto, Naoki. "Realities That Matter: The Development of Realist Film Theory and Practice in Japan, 1895-1945." PhD diss., Yale University, 2012.

Yamamoto, Naoki. "Eye of the Machine: Itagaki Takao and Debates on New Realism in 1920s Japan." *Framework: The Journal of Cinema and Media* 56, no. 2（Fall 2015）: 368-387.

Yamamoto, Satsuo. *My Life as a Filmmaker*. Translated by Chia-ning Chang. Ann Arbor: University of Michigan Press, 2017.

アーカイヴ資料

Архив внешней политики Российской Федерации（АВПРФ）

Ф. 08. «Секретариат Карахана»: Оп. 9. П. 21а. Ед. хр. 130, 139.

Ф. 0146. «Японская референтура»: Оп. 30 П. 286 Ед. хр. 59; Оп. 31. П. 296. Ед. хр. 60, 61; Оп. 44. П. 315. Ед. хр. 44.

Государственный архив Российской Федерации（ГАРФ）

Ф. 5283. «Всесоюзное общество культурных связей с заграницей（ВОКС）»: Оп. 1а. Ед. хр. 195, 213; Оп. 4. Ед. хр. 35, 51, 52, 68, 314; Оп. 11. Ед. хр. 63; Оп. 19. Ед. хр. 545, 546.

Российский государственный архив литературы и искусства（РГАЛИ）

Ф. 631. «Союз пиателей СССР（СП СССР）（Москва, 1934-1991）»: Оп. 2. Ед. хр. 13.

Ф. 2329. «Министерство культуры СССР（Москва, 1953-1992）»: Оп.13. Ед. хр. 2, 128.

Ф. 2496. «Всероссийское фотокинематографическое акционерное общество “Совкино”（Москва, 1924-1930）»: Оп. 2. Ед. хр. 1.

Ф. 2918. «Всесоюзное объединение по экспорту и импорту кинофильмов “Совэкспортфильм”（Москва, 1945-1991）»: Оп. 2, Ед. хр. 72.

Ф. 3050. «Шнейдеров В.А.»: Оп. 1. Ед. хр. 139.

Российский государственный архив новейшей истории（РГАНИ）

Ф. 5. «Фонд аппарата ЦК КПСС»: Оп.17. Ед. хр. 502.

Makino Mamoru Collection on the History of East Asian Film, C. V. Starr East Asian Library, Columbia University.

Box 151: Kamei Fumio.

あとがき

本書は、二〇一四年に京都大学大学院人間・環境学研究科に提出した博士論文“Japan's Quest for Cinematic Realism: from the Perspective of Cultural Dialogue between Japan and Soviet Russia, 1925-1955”を日本語に訳し、大幅に改訂したものである。いままでの研究を、こうして一冊の本にまとめることが出来たのは、多くの方々の支えがあってのことである。本書が完成するまで、沢山のご教示を頂き、励ましてくださった先生や同僚、友人たちに心からお礼を申し上げたい。

まずは、京都大学で私の指導教官であった加藤幹郎先生に深い感謝をささげたい。学部時代の専門が政治学であった私を、研究室に暖かく受け入れ、映画学の面白さ、テクスト分析の奥深さを教えてくださった加藤先生のご指導がなければ、この研究は成り立たなかったであろう。博士論文の副査を務めてくださった松田英男先生、服部文昭先生には、ご専門とされているそれぞれの領域を対象に、貴重なアドバイスを頂いた。お二人の鋭いご指摘は博士論文を加筆修正していくなかで大切な原動力となった。

博士論文と本書の執筆に際しては、多くの方々からご意見と励ましの言葉をいただいた。日本学術振興会特別研究員PDとして私を迎えて下さった、北海道大学スラブ・ユーラシア研究センターの望月哲男先生、越野剛先生には、二〇世紀のロシア文化、日本とロシアにおける文化交流を研究していくうえで、かけがえのない助言とガイダンスを賜った。本書をまとめていくなかで、イェール大学東アジア言語・文学科の客員研究員としてアメリカで過ごした一年は、実り多きものだった。私の留学を応援してくださり、日本映画に対する多様な研究アプローチをご教授くださったアーロン・ジェロー先生に深い感謝を申し上げる。日本における映画や音楽、大衆文化をめぐる木下千花先生、細川周平先生の斬新な研究には、多大なインスピレーションを受け、お二人を囲んでの知的で楽しい会話にはいつも励まされた。亀井文夫という映画監督の存在を私に教えてくださった大石雅彦先生、日本の記録映画に関する幅広い知識を共有して下さったマーク・ノーネス先生、本書で紹介する研究に対して、重要なコメントを賜った平野共余子先生、加藤哲郎先生、吉田則昭先生に深く感謝している。京都大学でお世話になった諸先輩方、ゼミの後輩や同期、世界各地の学会や映画祭で巡り会えた仲間たちとの交流は、刺激に溢れ、研究を続けていくうえでの支えとなった。大学院へ進学する勇気を私に与えてくださった母校・同志社の先生方、友人たちにも感謝したい。

日本で映画関連のリサーチを進めていくにあたっては、映画文献学の第一人者である牧野守先生から、ひとかたならぬご支援とご教示を賜った。亀井文夫監督との交流や、終戦直後の日本におけるソビエト文化の受容、生まれ育った樺太の思い出話まで、何でも聞き出そうとする私の強引さに耐え、親切に付き合ってくれた牧野先生には、一次資料と向き合っていくことの大切さ、その収集・分析のなかでのみ得られる特別な喜びを教えられた。亀井監督が戦後に設立した映画会社「日本ドキュメントフィルム」の後継者である阿部隆さん、亀井文夫の次男である亀井節さんと知り合えたことは、著者にとって大きな幸せだった。渋谷のギャラリー「東洋人」で過ごした亀井夫妻との和やかなひととき、節さんのご自宅近くで食べた美味しいラーメン、青葉台の事務所で阿部さんにご馳走して頂いた湘南のミカン。研究のなかで得られたこれらの思い出は、私の大切な宝物だ。亀井監督の作風や略歴、戦後の日本における独立プロの歩みについては、自らも映画製作者である伊勢真一さんや、山本駿さん、山本洋子さんに貴重なお話をうかがうことが出来た。篤い御礼を申し上げる。

資料の閲覧・収集の際は、日本の国内外にある数多くの機関に大変お世話になった。東京国立近代美術館フィルムセンター、川崎市市民ミュージアム、神戸映画資料館、松竹大谷図書館、プランゲ文庫が入っているメリーランド大学図書館、膨大な「マキノ・コレクション」が所蔵されているコロンビア大学東アジア図書館、モスクワとサンクト・ペテルブルグにある数多くの公文書館で働いておられるスタッフの方々に感謝の意を表したい。本書のベースとなった博士論文の執筆は、日本とロシアの両国で調査を行うことで初めて可能となった。ロシアにおける日本学コミュニティーに私を暖かく迎え入れて下さったアレクサンドル・メシェリャコフ先生とマリア・トロプィーギナ先生、モスクワでの研究活動をサポートしてくださったナウム・クレイマン先生、ナタリア・ヌシーノワ先生をはじめとするロシア国立映画大学（VGIK）の教職員の方々に深く感謝したい。

本書の出版は、京都大学「平成二九年度総長裁量経費人文・社会系若手研究者出版助成」を受けられたことで可能となった。関係各位に感謝したい。出版へむけての作業を進めていくにあたっては、森話社の五十嵐健司氏に大変お世話になった。本書の企画から編集の最終段階まで、手厚くサポートして下さった氏に深く御礼申し上げる。また、私の勤務校である高等経済学院（Higher School of Economics）東洋学・西洋古典学研究所（Institute for Oriental and Classical Studies）で本書の出版を応援してくださった同僚たち、研究員の一人ひとりが落ち着いて学業に打ち込めるよう、日々努力されているイリヤ・スミルノフ所長に心より感謝申し上げる。

そして最後になったが、私の研究活動を支えてくれた家族に感謝したい。映画と政治の面白さを教えてくれた両祖父母、そして最愛の両親に本書をささげる。

二〇一八年二月

フィオードロワ・アナスタシア

北京［1938］125, 135, 139, 140, 143, 145-147, 151, 153
伯林大都会交響楽［*Berlin: Die Sinfonie der Großstadt* 1927］102
ベルリン陥落［*Падение Берлина* 1949］188

ほ
暴力の街［1950］217
北進日本［1934］57, 61, 66
僕の村は戦場だった［*Иваново детство* 1962］238
ポスト・マスター［*Коллежский регистратор* 1925］31
北極光［1941］59
北方の富源 樺太の産業［1925］61, 65

ま
魔街［*Катька – бумажный ранет* 1926］159
マダムと女房［1931］93
マダム・バタフライ［*Il sogno di Butterfly* 1939］247
満蒙建国の黎明［1932］94

み・む・め
ミカド［*The Mikado* 1939］247
三つの邂逅［*Три встречи* 1948］198
無名戦士［*Le Sergent X* 1931］51
村八分［1953］192
明治の日本［1897-1899］112

も
蒙古の獅子［*Le Lion des Mogols* 1924］51
モスクワ［*Москва* 1927］138, 139
モスクワの音楽娘［*Антон Иванович сердится* 1941］181
桃太郎 海の神兵［1945］179
桃太郎の海鷲［1943］179

や・ゆ・よ
やまびこ学校［1952］217
誘惑［1948］178
夜明け［*Мусоргский* 1950］185, 198
夜馬車［*Ночной извозчик* 1928］121-123
夜の河［1956］239, 240

ら・る・れ・ろ
羅生門［1950］204
流刑先のレーニン［*Места ссылки Ильича* 1929］32, 33
黎明［1928, 未公開］94
ロマノフ王朝の崩壊［*Падение дома Романовых* 1927］136

わ
若き親衛隊［*Молодая гвардия* 1948］193
わが青春に悔いなし［1946］224

大東京［*Большой Токио* 1933］16, 18, 42, 75-78, 81, 83, 85, 87, 91-96, 98-112, 114, 141, 210, 251
太陽［*Солнце* 2004］157
太陽のない街［1954］190, 241
戦ふ兵隊［1939］118, 125, 128, 129, 132, 133, 135, 143, 148, 149, 151, 153, 163
韃靼海峡氷原航海大正十二年二月［1923］61, 62, 64

ち

チェリュースキン号の最後［*Герои Арктики (Челюскин)* 1934］42
誓いの休暇［*Баллада о солдате* 1959］238
チタ―サハリン［*Чита - Сахалин* 1930］61
チャング［*Chang: A Drama of the Wilderness* 1927］44
中国人民の勝利［*Победа китайского народа*／中国人民的胜利 1950］190
蝶々夫人［*Cio Cio San* 1955］247
珍説 吉田御殿［1927］207

つ・て

鶴は翔んでゆく［*Летят журавли* 1956］238
帝国の破片［*Обломок империи* 1929］124, 159
デルス・ウザーラ［*Дерсу Узала* 1975］9

と

東京行進曲［1929］104
東京物語［1953］225
頭目ボグダン［*Богдан Хмельницкий* 1941］185
トゥルクシブ［*Турксиб* 1929］33, 37, 40, 42, 45-48, 50, 52, 57, 58, 71, 110
ドクトル・マブゼ［*Dr.Mabuse, Der Spieler* 1922］125
どっこい生きてる［1951］217, 228, 229, 248
怒濤を蹴って［1937］129

な・に

何が彼女をさうさせたか［1930］28, 207
ナヒモフ提督［*Адмирал Нахимов* 1946］218
南京［1938］145
ニコライ二世のロシアとレフ・トルストイ［*Россия Николая II и Льва Толстого* 1928］136
にごりえ［1953］217
日本少女の恋［*Любовь японки* 1913］9
日本の悲劇［1946］119, 225
日本の夜と霧［1960］248
人間みな兄弟:部落差別の記録［1960］162

は

白魔［*Der weiße Teufel* 1930］51
ハッピイ・デイズ［*Happy Days* 1929］113
母［*Мать* 1926］24, 30, 41, 123, 221, 223, 224, 241, 242
パミール［*Памир (Подножие смерти)* 1929］42, 50, 51, 78
パラマウント・オン・パレード［*Paramaunt on Parade* 1930］113
春［*Весной* 1929］32, 33, 43
はるかなる愛人［*Далекая невеста* 1948］184, 190

ひ・ふ

非常時日本［1933］98
ヒロシマの声［1959］162
不在地主［1930］40
不死身の魔王［*Кощей Бессмертный* 1944］176-181, 199

へ

ベージン草原［*Бежин луг* 1935］248

こ
小犬をつれた貴婦人［*Дама с собачкой* 1960］238
恋は魔術師［*Весна* 1947］188
高層［*Высота* 1958］238
幸福の港へ［*К счастливой гавани* 1930］33, 125, 127, 130, 160
コーカサスの花嫁［*Свинарка и пастух* 1941］199
精神（こころ）の声［*Духовные голоса* 1995］157
異なる運命［*Разные судьбы* 1956］238
小林一茶［1941］118, 129, 131, 136, 140, 141, 143, 149, 150, 153, 155-157
コンスタンティノープル［*Константиополь* 1928］126

さ・し
サハリン［*Сахалин* 1939］61
産業の樺太［1935頃］61, 65
サンクト・ペテルブルグの最後［*Конец Санкт-Петербурга* 1927］36, 41
自転車泥棒［*Ladri di Biciclette* 1948］217
シベリア物語［*Сказание о земле Сибирской* 1947］173, 175, 176, 184, 198
ジャズ・シンガー［*The Jazz Singer* 1927］93, 100, 101
JAL空の旅シリーズ［1964-1967］129, 162
上海［1938］125, 129, 135, 137-139, 143-145, 151, 153
上海ドキュメント［*Шанхайский документ* 1928］125, 126, 130, 131
十月［*Октябрь* 1927］36, 132, 138, 139, 142
十字路［1928］208
受胎［1948］178
勝者の道［*Дорогой побед* 1934］61, 66, 67
少年遊撃隊［소년빨찌산 1950］191
真空地帯［1952］218
新女性線［*Гигиена женщины* 1931］33
人生案内［*Путёвка в жизнь* 1931］48, 93, 101, 104, 105, 109
シンバ［*Simba: King of Beasts* 1928］44

す
ストライキ［*Стачка* 1925］143
頭脳の構造［*Механика головного мозга* 1926］41
スポーツ・パレード［*Всесоюзный парад физкультурников: 12августа 1945 года* 1945］170, 198

せ・そ
制空［1945］119, 158
生存の闘争［*Битвы жизни* 1928］33, 56, 57, 72, 73
世界の屋根 パミール［*Крыша мира (Памир)* 1928］126, 128
世界の六分の一［*Шестая часть мира* 1926］33
せむしの仔馬［*Конёк-Горбунок* 1947］198
戦艦ポチョムキン［*Броненосец Потёмкин* 1925］24, 30, 36, 69, 111, 140-143
一九五二年メーデー［1952］245, 246
先駆者の道［*Пирогов* 1947］185
全線［*Старое и новое* 1929］140, 143
戦争と平和［1947］159
草原の英雄［*Алишер Навои* 1947］190
ソユーズキノジュルナール№. 1［*Союзкиножурнал № 1* 1935］61
———№. 4/503［1934］61, 66
———№. 15［1933］61
———№. 32［1934］61
———№. 97［1939］61

た
大学の若旦那［1933］207
大事業同盟［*С.В.Д.* 1927］159
大地［*Земля* 1930］140, 224, 242, 247

映画作品名索引

主要な映画作品名を立項し、［　］内に原題（外国映画）と製作年を付した。

あ

アエログラード［*Аэроград* 1935］108, 214
アジアの嵐［*Потомок Чингисхана* 1928］30, 31, 36, 41, 48, 49, 71, 101, 110, 140
アジアの彼方で［*Далеко в Азии* 1931］126
新しき土［1937］114
アテナ・ライブラリー第五十篇 大氷海［1931］60-62
アフガニスタン［*Сердце Азии (Афганистан)* 1929］44, 126, 160
荒海に生きる［1958］162
アラン島［*Man of Aran* 1934］162

い・う

生きていてよかった［1956］128, 160
石の花［*Каменный цветок* 1946］170, 172-174, 176, 177, 218
イワン［*Иван* 1932］36
イワン雷帝（第1部）［*Иван Грозный* 1944］142
ヴァリャーグ［*Крейсер «Варяг»* 1946］199
ヴォロチャエフスクの日々［*Волочаевские дни* 1937］214, 215

お

大いなる生活［*Большая жизнь* 1939］238
オズの魔法使［*Wizard of Oz* 1939］171
女［1948］178
女ひとり大地を行く［1953］17, 19, 157, 161, 193, 204, 205, 216, 218-239, 241, 243-245, 247, 248

か

外套［*Шинель* 1926］159
海豹島［1926］61
輝く皇軍［1932］82
風と共に去りぬ［*Gone with the Wind* 1939］171
蟹工船［2009］111
カムチャッカとサハリンを行く［*По Камчатке и Сахалину* 1929］61, 63-65
カメラを持った男［*Человек с киноаппаратом* 1929］24, 35, 41, 43, 55, 56, 72, 102
からくり娘［1927］207
カルメン故郷に帰る［1951］171

き

汽車は東へ行く［*Поезд идёт на восток* 1947］198
キノ・プラウダ［*Кино-Правда* 1922-1925］188
京洛秘帖［1928］125, 207, 209, 210
極圏を越え［*За полярным кругом* 1927］126
極北に進むソヴェート［*Курс Норд* 1930］42, 57
極北のナヌーク［*Nanook of the North* 1922］43
キング・オブ・ジャズ［*King of Jazz* 1930］114
近代武者修行［1928］125, 208, 209, 210

く

熊の結婚［*Медвежья свадьба* 1926］159
狂った一頁［1926］208
黒い砂［*Оазис в песках* 1933］42

く

け・こ

さ

し

す・せ・そ

た・ち

て

と

な・の

主要人名索引

［著者略歴］

フィオードロワ・アナスタシア（Anastasia FEDOROVA）
京都大学大学院人間・環境学研究科博士課程（人間・環境学博士）、全ロシア国立映画大学博士課程（芸術学博士）、日本学術振興会特別研究員 PD、イェール大学客員研究員を経て、国立研究大学高等経済学院（National Research University Higher School of Economics）東洋学・西洋古典学研究所（Institute for Oriental and Classical Studies）准教授。
専門は映画史、日露文化交流史研究。

著作に“The Aesthetic of Montage in the Films of Kamei Fumio”（『映画研究』10 号、2015 年所収）、“Big Tokyo（1933）and the Ideology of Sound”（*Japanese Slavic and East European Studies* Vol. 35, 2015）、「自分の詩（うた）に立ち塞がった男――亀井文夫の戦後作品『生きていてよかった』（『neoneo』第 5 号、2015 年所収）、『ソヴェト映画［復刻版］』総目次・解説・索引（不二出版、2016 年）など。

リアリズムの幻想――日ソ映画交流史［1925-1955］

発行日……………………………2018 年 3 月 29 日・初版第 1 刷発行

著者………………………………フィオードロワ・アナスタシア

発行者……………………………大石良則

発行所……………………………株式会社森話社
〒 101-0064 東京都千代田区神田猿楽町 1-2-3
Tel 03-3292-2636
Fax 03-3292-2638
振替 00130-2-149068

印刷………………………………株式会社厚徳社

製本………………………………榎本製本株式会社

ISBN 978-4-86405-128-6 C1074

歌舞伎と革命ロシア
——一九二八年左団次一座訪ソ公演と日露演劇交流

永田靖・上田洋子・内田健介編　1928 年（昭和 3）、二代目市川左団次一座はなぜソ連で歌舞伎初の海外公演を行ったのか。本書は、公演実現に至るまでの日ソ双方の事情や背景をさぐるとともに、公演後にソ連から贈られた新聞・雑誌の記事や批評のスクラップブックを翻訳することによって、歌舞伎という演劇を初めて見たソ連側の関心や反応を明らかにした労作。
A5 判 392 頁／本体 4800 円 + 税

映像の境域——アートフィルム／ワールドシネマ

金子遊　【第 39 回サントリー学芸賞受賞［芸術・文学］】
映像と言語、映像と芸術、映像と記録、政治と前衛、土地と伝統、民俗と信仰、その境域にたちあがる現代の相貌。映像表現の可能性を拡張したアヴァンギャルド映画や、様々な問題を含みこむ現代映画をその背景からとらえ直し、イメージの生成を探る、渾身の映像論集。四六判 280 頁／本体 2900 円 + 税

松本俊夫著作集成 I —— 一九五三 — 一九六五

阪本裕文編　日本実験映画界の重鎮であり、理論面でも前衛芸術運動を牽引した松本俊夫の著作活動を年代順に網羅した集成（全四巻）。
I 巻では『記録映画』『映画批評』等の雑誌に掲載された著作に加え、単行本未収録の論文・記事を多数収録。A5 判 616 頁／本体 6000 円 + 税

日本映画の海外進出——文化戦略の歴史

岩本憲児編　戦前の西欧に向けた輸出の試み、戦時下の満州や中国での上映の実態、『羅生門』『ゴジラ』など海外に日本映画の存在を知らせた戦後映画の登場、海外資本との合作の動向など、日本映画の海外進出の歴史をたどり、それを推進し、紹介に寄与した人々の活動を明らかにする。
A5 判 384 頁／本体 4600 円 + 税

エジソンと映画の時代

チャールズ・マッサー著／岩本憲児＝編・監訳　仁井田千絵・藤田純一＝訳
19 世紀末、エジソンの発明した覗き見式キネトスコープなどを機に始まった「映画の時代」。エジソンとその映画事業に関与した人々の活動を中心に、開発、製作、表現、興行などの多様な視点から、アメリカ初期映画成立の歴史を描く。
A5 判 296 頁／本体 3500 円 + 税